习凿齿研究丛书

习凿齿家族家风研究

吴直雄 著

暨南大学出版社
JINAN UNIVERSITY PRESS

中国·广州

图书在版编目（CIP）数据

习凿齿家族家风研究/吴直雄著.—广州：暨南大学出版社，2016.9
（2017.5 重印）
（习凿齿研究丛书）
ISBN 978 - 7 - 5668 - 1934 - 5

Ⅰ.①习…　Ⅱ.①吴…　Ⅲ.①习凿齿—家族—史料　Ⅳ.①K825.6

中国版本图书馆 CIP 数据核字（2016）第 211397 号

习凿齿家族家风研究
XIZAOCHI JIAZU JIAFENG YANJIU
著　者：吴直雄

- -

出 版 人：徐义雄
策划编辑：苏彩桃
责任编辑：牛　攀　何镇喜
责任校对：黄志波　周海燕
责任印制：汤慧君　周一丹

出版发行：暨南大学出版社（510630）
电　　话：总编室（8620）85221601
　　　　　营销部（8620）85225284　85228291　85228292（邮购）
传　　真：（8620）85221583（办公室）　85223774（营销部）
网　　址：http：//www.jnupress.com　http：//press.jnu.edu.cn
排　　版：广州市天河星辰文化发展部照排中心
印　　刷：佛山市浩文彩色印刷有限公司
开　　本：787mm×960mm　1/16
印　　张：18.5
字　　数：306 千
彩　　插：13
版　　次：2016 年 9 月第 1 版
印　　次：2017 年 5 月第 2 次
定　　价：78.00 元

（暨大版图书如有印装质量问题，请与出版社总编室联系调换）

習鑿齒公畫像

謝雲生畫

习凿齿公画像

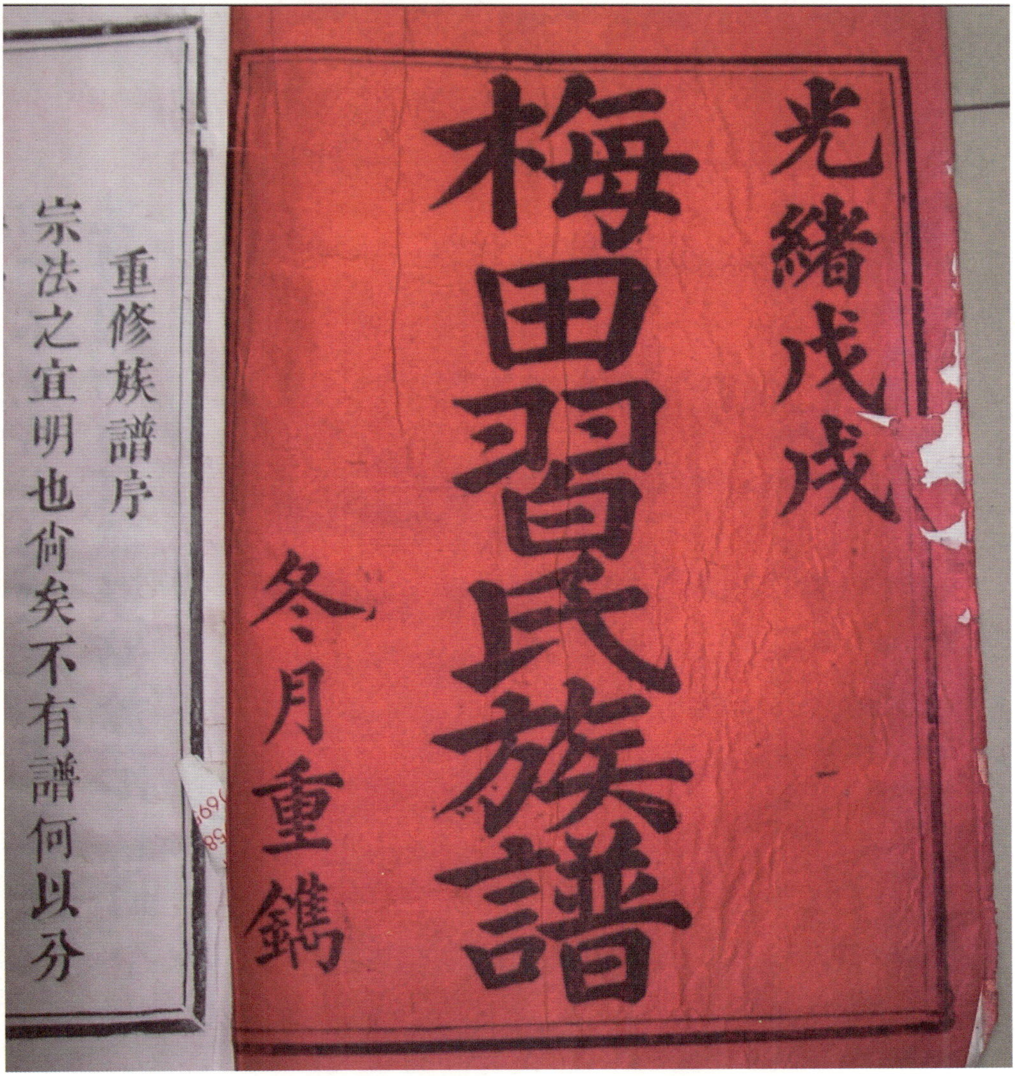

光緒戊戌

梅田習氏族譜

冬月重鐫

重修族譜序

宗法之宜明也尚矣不有譜何以分

《梅田习氏族谱》封面，光绪戊戌（1898年）冬月重镌

《梅田习氏族谱》封面及习凿齿像，民国戊辰（1928年）夏月重镌

　　习凿齿（328—412年），生于东晋咸和三年戊子（328年）一个"宗族富盛，世为乡豪"、有着深厚家学传统和注重家风族风的家庭。不足18岁即被桓温召为从事，28岁累迁至别驾。因为官正直而与桓温不睦，出守衡阳、荥阳。约在兴宁元年（363年）被解职归襄阳老家。兴宁三年（365年）至太元四年（379年）在襄阳协助释道安弘扬佛法并从事著述。太元四年（379年）二月间被前秦皇帝苻坚"舆至"长安，三月设法脱离苻坚，隐居于江西万载书堂山从事著述和教育工作。一年后徙居江西新余白梅，仍从事著述和教育活动直至义熙八年（412年）逝世。葬于安成郡宜阳县枣木山（今江西省分宜县）。主要著作有《汉晋春秋》《襄阳耆旧记》等，总计达74卷。

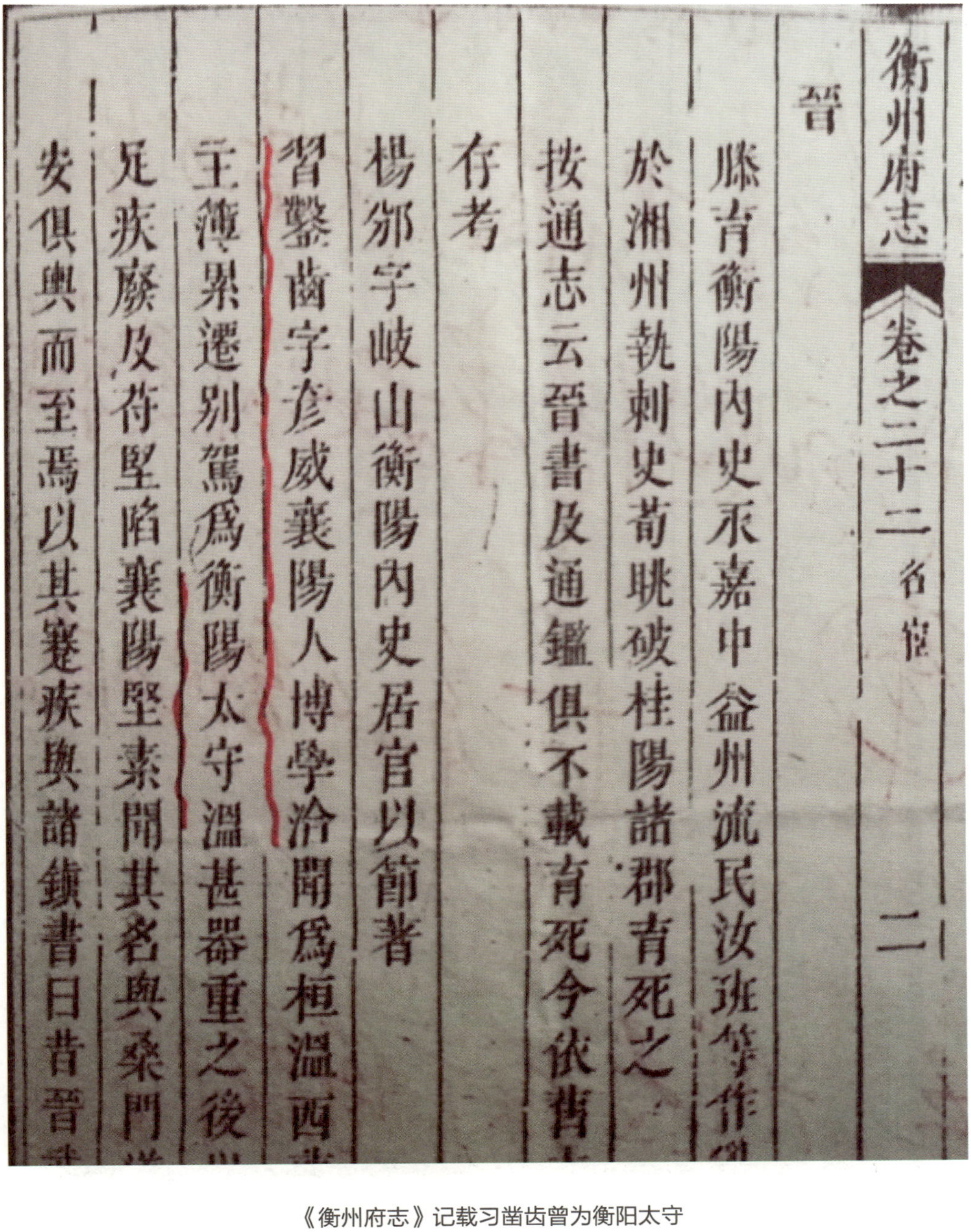

晉

滕脩衡陽內史承嘉中益州流民汝班肇作亂

於湘州執刺史苟眺破桂陽諸郡脩死之

按通志云晉書及通鑑俱不載脩死今依舊

存考

楊邠字岐山衡陽內史居官以簡著

習鑿齒字彦威襄陽人博學洽聞為桓溫西曹

主簿累遷別駕為衡陽太守溫甚器重之後以

足疾廢及苻堅陷襄陽堅素聞其名與桑門道

安俱輿而至焉以其蹇疾與諸鎮書曰昔晉

《衡州府志》记载习凿齿曾为衡阳太守

四部叢刊續編史部

嘉慶重修

一統志 二〇

嘉庆重修《一统志》

擧明敏英邁〇有文武才〇歷官至西安同知〇順治乙
酉擢授巡撫盧鳳淮揚等處地方加意撫綏威惠
蒞著以疾歸〇
卒祀鄉賢〇

流寓晉

習鑿齒 襄陽人〇因符堅亂避
地萬載今墓在分宜

宋 陳瓘 沙縣令
徽宗時
除名編管袁州靖康初
贈諫議大夫諡忠肅〇
師古錄木傳其書〇
為人所託流袁州〇
知淶 淶上書聲其冤流袁州〇

吳師古 宜興人〇紹興初胡
銓上書乞斬秦檜
人岳飛下大理獄

陳九淵妻

列女元

龍均用妻陳氏 兵亂被掠自刎死
萬載人〇至元三年
兵亂自縊而死〇

明孫氏

袁氏 分宜人〇元李兵亂〇邑萬戶王同者闖
女 宜春人許配陽道哲陽當戍萬
美姿容欲娶袁遂自刎〇 戶王同者闖

女 宜春人許配
別婚孫自縊而死〇 孫氏女 分宜人〇許
蕎當戍父議他適即自鑑且曰 常氏女
及吾夫未去使知吾無異志也〇 配歐陽蕎
七渴鄉賊欲辱之〇 載今年十
拒罵甚厲賊磔之〇 陳壽妻某氏得惡疾其
父遣媒

四部丛刊续编本嘉庆重修《一统志》中关于习凿齿的记载

襄阳习家池，习郁建、习凿齿曾隐居于此

江西新余白梅村，约太元六年（381年），习凿齿徙居于此

凿齿观云图

习凿齿为魏晋时著名文学家、史学家，有史笔遒春秋之誉。半山揽胜，韶秀之誉。

岁在辛卯年仲秋密生写于毕一轩

凿齿观云图

邓州习氏始祖思敬公画像

习思敬，元末江西新淦人，峡江县湖洲习氏始祖习有毅后裔。邓州习氏始太祖思敬公夫妇墓碑记载："余族，祖籍江西，临江府新淦县人也。自明洪武初来迁于兹……"最近发现的民国二十年(1931)邓州《习氏家谱序》中记载："予族原籍江西新淦县花楼门人也。明时习思敬迁居河南邓县堰子里居焉。"

习凿齿故乡——江西新余白梅

习氏齿故乡——江西新余白梅全景图

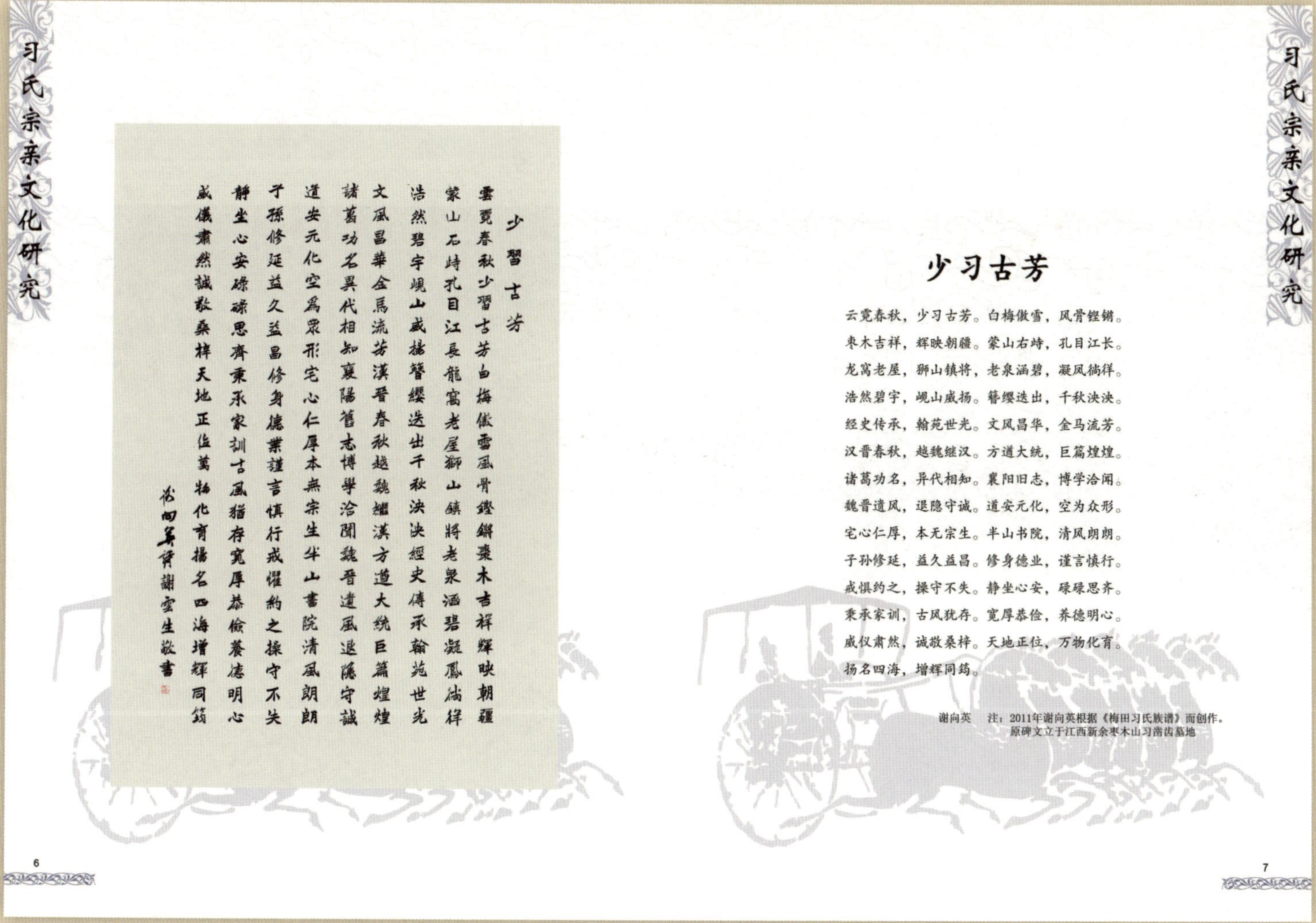

少习古芳

云龙春秋，少习古芳。辉映朝辉，风青铿锵。
东来吉祥，白梅傲雪，家山右峙，孔目江长。
龙驹老星，砚山镇扬，老来涵昱，千秋决决。
浩然碧宇，砚山芬武，锦绣逸出，金马坡坡。
经史传承，翰苑世光，文凤昌华，巨篇煌煌。
诸葛功名，昊代相和，方道大统，博宇洛闻。
魏晋遗风，退隐守诚，本无宗生，丰山书院，清风朗朗。
宅心仁厚，本无宗生，丰山书院，清风朗朗。
子孙续延，直名显昌，操守不失，诚言慎行。
我祖约之，修身积业，绿绿思芳。
来禾家训，静坐心安，宽厚桑梓，养德明心。
杨名四海，诚敬桑祥，天地正位，万物化育。
威仪肃然，滋浩同药，增辉同药。

注：2011年谢向英根据《梅田习氏族谱》而创作，原碑文立于江西新余禾山习氏的墓地。

谢向英

《少习古芳》谢向英诗、谢云生书

序　见微知著　重识凿齿

中国是一个历史悠久、文化资源丰富的大国。正因为如此，中国人一向重视历史知识的教学、研究与普及，这些历史知识在民族历史传承、文化意识凝聚、国族文化认同等方面一直发挥着无可替代的作用。无论是多卷本通史类著作的编纂、专题性论著的撰写还是生动活泼的传记写作、深入浅出的普及类读物的传播，对于促进学术研究的深入、历史知识的普及和大众的启蒙，其意义均不可估量。

如果说宏大的叙述有助于我们对社会历史规律的认识和历史意识的养成的话，那么，以宏观历史为背景、以区域文化为中观的历史参照，对于家族史等微观问题的挖掘，必将裨益于我们。具体而微、见微知著，对家族史的研究不仅还原历史，而且让历史"复活"，从事件到人物、从人物到思想、从思想到文化，活灵活现。从这个角度说，家族史完全可以成为激活历史的一个重要切入点。

在中国，尽管朝代更迭、战争变乱、天灾人祸等因素造成了包括文化在内的断裂现象，然而，一直有不少大家望族绵延不绝，成为中国历史进程中的一大文化景观。

本书主要采取的是文化传承的视角，即习凿齿家风族风文化的传承。作者以习凿齿家族的变迁为基础，从丰富的文献资料入手，追本溯源，以习凿齿、习嘉言等名贤为主角，重点考察"凿齿之风"的形成、赓续和光大。本书既有鲜活的人物言行，又有丰富的文化内涵。

本书作者吴直雄研究员是一位道德、文章堪可称道的优秀学人，勤勤恳恳、著作等身，尤其在党史研究和诗联研究领域贡献卓著。由于隔行如隔山的缘故，我原本与吴先生素不相识。2014 年 10 月，我终于有缘与吴先生夫妇在京相遇，虽专业有异，年龄有别，然相聚甚欢，相见恨晚。吴先生的热情、耿介、率真、执着，尤其是其兢兢业业于学问的"拼命三郎"精神，令

人印象至深。先生已出版大部头的《破解〈习凿齿传〉〈汉晋春秋〉千年谜》①，如今，先生不负众望，化繁为简，深入浅出，撰就本书。

我本人虽数十载以学史为业，但最近十多年因职业角色转换而非史非法，和大多数人一样，对习凿齿家族史所知寥寥。今有幸拜读本书，不胜慨叹。在向吴先生道贺的同时，一并向吴先生表达由衷的敬意。

杨玉圣

2016 年 1 月 7 日

于中国政法大学逸夫楼办公室

杨玉圣：法学博士，中国政法大学法学院暨新闻传播学院双聘教授，河南大学兼职教授暨法学院讲座教授。

---

① 广东人民出版社 2013 年版。

目　录

习凿齿研究丛书

习凿齿家族家风研究

第一章　习凿齿家族变迁

巍巍中华文明五千年，谱牒璀璨穷无边。现当代著名学者卞孝萱有言："记载一姓世系和人物的谱籍，称为家谱，又称族谱、宗谱、家乘。中国家谱，由来已久。殷商之甲骨、金文已有家谱刻辞。战国末流传的《世本》是家谱的开山之作。汉、晋以下，家谱日益兴盛。宋以前，主要是为官修，体现了'别选举，定婚姻、明贵贱'的社会政治功用；宋以后，发展为私修，转变为'尊祖、敬宗、收族'的伦理道德功用。明、清以及民国，家谱普及，现存于海内外的中国家谱超过四万种，具有多方面的价值，被誉为'史界瑰宝'。"① 由此可知，中国族谱文化真可谓源远流长！

修族谱的作用之一是明血统、序昭穆。族谱是记载一个家族繁衍发展的一家之史。它是宗族建构的一个重要标志，故而，族谱的核心内容无不要论及祖源。笔者要撰写顺序为"襄阳习"→"白梅习"→"新淦习"→"邓州习"的"习凿齿家族家风研究"，必须考察习凿齿家族的先祖，并对当今习姓诸说的情况有所梳理，以弄清其来龙去脉，以表明本书所要撰写的"襄阳习"至"邓州习"的时限与简要内容。

关于习氏的始祖，说法甚多，有网上的②；有相关论著的③和多家《习氏族谱》中的各种说法。对于上述材料中的种种说法，笔者细读其中的多种记载，深感有必要作大致的归纳并略作考证，以见从"襄阳习"至"邓州习"的"习凿齿家族家风研究"中习氏起源之大略，以期对其家风族风的形成作概述，以证"襄阳习"至"邓州习"历经数千年而不坠且益久益

---

①　卞孝萱：《"家谱研究"专栏主持人语》，《淮阴师范学院学报》2009 年第 1 期，第 50 页。
②　http：//www. sogou. com/sie？hdq＝Afl2151&query＝习姓的来源 &p＝50040111&oq＝&ri＝－2。
③　中国艺术家专项基金《文化中国》编辑部、《归云轩》编辑部编辑出版的《习氏宗亲文化研究系列·习氏宗亲文化探究》。

昌的原因。

一、习凿齿家族考略

"人本乎祖，犹水之有源也；本支分派，犹水之有流。溯源别流，此谱之所由作也！"① 大凡修谱，必追其族源，必写其开基祖。同样，要撰写好家族的简史，要撰写好该族之由来，必追及其姓氏渊源。"家之有谱，犹国之有史也。国有史则有以知朝廷之盛衰，政事之得失。家有谱则有以明根本之分流，昭穆之秩序。是家之谱与国之史，不同为重务乎！"② 习凿齿家谱，支脉甚多，必须先辨其支脉。

（一）关于习凿齿家族的始祖

国名、地名是中华姓氏的一个重要来源。习氏的缘起，截至今日，计有九说，各有渊源。而其中有的记述，因年代久远，谱载或相关典籍中时见舛误，且与本书所论之是否相关，实需厘清，故有必要试作论说。

1. 以"国名为姓，其姓源于姜姓"说

此说称中国古代有个诸侯国叫习国，灭国后，其公族有的以国名为姓，遂为习姓。其根据是东汉·应劭（约153—196年）所著《风俗通义》中的记载，说"习"是一个古国名，汉代有习响（"响"当为"飨"——笔者注），曾出任陈相。中国古代的这个习国，以地为名，是封予炎帝后裔的诸侯国，君主名叫习侯。所在地就在现在的陕西省丹凤县武关附近的少习山一带。习氏后人尊习飨为习姓的始祖。

为什么又说源于姜姓呢？姜姓起源于岐水，祖宗为神农氏。东汉·许慎（约58—约147年）所著的《说文解字》中记载："神农居姜水，因以为氏。"唐宪宗时宰相李吉甫命林宝修撰的《元和姓纂》中记载："炎帝生于姜水，因氏焉，生太公，封齐，为田和所灭，子孙分散，后为姜氏。汉出以豪族徙关中，遂居天水。"北宋·陈彭年、丘雍等编撰的《广韵》记载："神农居姜水，以为姓，其后为齐、甫、申、吕、纪、许、向、芮。"

① 参见《永丰冈下习氏族谱旧序》。
② 参见《古城习氏族谱源流旧序》。

由此看来，姜姓是以水名命姓的。炎帝神农氏（炎帝与神农氏是否为同一个人，学术界争议甚多，至今未果，笔者姑且用此称呼之）因生于姜水而姓姜。习侯为炎帝后裔，当为姜姓。故有是说。

又，习国灭亡后，在其公族子孙以及国民中有以故国名为姓氏者，称习氏。到了东汉时期，汉和帝刘肇在章和二年（88年）改故楚地淮阳（今河南淮阳）为陈国，敕封西平王刘羡为陈王，同时给刘羡配任的陈国宰相就叫作习饷。习氏族人多尊奉习饷为得姓始祖。

笔者以为此说当有误。笔者曾查相关史料并发动相关专家查找相关史料，未见此说中的记载。再是习郁发迹于光武之时，史已明载，习氏后人当尊奉习郁，而不会去尊奉习郁之后的所谓"习饷"。

再，"据考证，习饷所属的这支习氏源于姜姓，出自古习国。古习国位于今陕西省商洛市东一带，是周王室封于炎帝后裔的小诸侯国。习国在春秋初即被秦国吞并，其地成为秦国的商邑。战国时期还一度成为著名法家、政治改革家卫鞅（约前395—前338年）的封邑，因此卫鞅又称商鞅。习国亡国后，其公族子孙以及国民以故国名为姓氏，称习氏"①。《花门楼习氏族谱》明载：习饷，秦时入汉，高祖初，官陈州相。

此亦可证实习饷为东汉时人之误。

2. 以"国名为姓，其姓源于息夫躬"说

该说称：习氏源于国名，出自西汉时期大臣息夫躬，属于因避难而改姓为氏。

此说云：在夏商时期，在今河南息县之地就有一古息国。周武王灭殷商之后，在帝辛五十三年（前1022年），大封姬姓侯爵，将周文王第三十七子羽达封在古息国之地，称息侯，建有息国。

息国曾强大一时，兵强马壮，是监督中原四周诸侯国的军事力量，号称千乘之国。在春秋时期，息国北结齐、郑、鲁等大国，专门南抗楚国，后息国内乱，国势急剧衰败。从楚文王熊赀执政开始（前689年），息国就持续攻击阻碍楚国向中原发展称霸。到了周僖王姬胡齐二年（楚文王十年，前680年），楚军终于攻破息国，灭了其国，息国之地成为楚国的息县。

① 参见毛润根主编：《习氏花门楼——中国历史文化名村湖洲探源》，南昌：江西省方志出版印刷有限公司2014年版，第115~116页。

息国灭亡后，其王族后裔以及国民中有以故国名为姓氏者，称息氏，世代相传至今。到了西汉王朝时期，息氏族人中出了一位著名人物，叫息夫躬。息夫躬是个怎样的人呢？

息夫躬（？—前1年），字子微，河内河阳人（今河南孟州）。息夫躬是西汉末期著名的大臣。他早年为博士，在西汉末期汉哀帝刘欣执政时期（前6—2年），他与皇后之父孔乡侯傅晏、汝南太守孙宠关系密切，且交游甚广。后擢升为光禄大夫、左曹给事中，封宜陵侯。

息夫躬性格耿正，曾数次上书言事，议论无所避，众畏其口，见之侧目。他还曾建议修缮京师长安的水利设施，增广灌溉、利通漕运。后因与丞相王嘉政见不合，遂被免官就国（今江苏扬州江都宜陵镇），后被以"悖污朝纲"之罪诬陷，入狱冤死。

在息夫躬被捕入狱后，其后裔子孙为避牵连之祸，四散迁逃，其中有改息姓的谐音字"习"为姓氏者，称习氏，世代相传至今。

息夫躬在蔡东藩的《中国历史通俗演义·前汉演义》（是书作者称是以史料写成的演义）中，是以一种令人不齿的形象出场的。这个我们且不去管它。但是，笔者有理由说明，"息"之"习"只是习姓中的一个来源，与笔者所论及的"襄阳习"→"白梅习"→"新淦习"→"邓州习"无关。下文中的论说足见，此不赘述。

3. 以"国名为姓，其姓源于西梁国"说

此说称：习氏源于国名，出自南北朝时期西梁国，属于以国名为氏。

西梁国（南北朝时的小国后梁曾称西梁国，与春秋时的西梁国同名），公元555—587年，是南北朝时期出现的地方割据政权，国都建于江陵（今湖北荆州），史称"后梁"。

西魏恭帝拓跋廓元年（554年），西魏军队攻陷江陵，杀了南梁国梁元帝萧绎。西魏恭帝在次年（555年）将属下的梁王萧察立为梁皇帝，成为西魏政权的臣皇帝。

由于西梁国土狭小，属地仅有江陵及其附近数县八百里地，因此先后成为西魏、北周和隋朝的附庸国。但是，西梁国一直自居为南朝正统，因而长期与南朝陈国对立。西梁国由于承续了故南梁国的文化，因而是一个文化高度发展的国家。

西梁国共传梁中宗宣帝萧詧、梁世宗明帝萧岿、梁惠宗靖帝萧琮三世，到了隋文帝杨坚开皇七年（587 年），隋文帝废黜了西梁国制，西梁国因此灭亡，在历史上仅存在了三十三年。

西梁国灭亡之后，其皇族后裔中多有改故国名为姓氏者，称西梁氏，后为避隋朝的迫害，又有改西梁氏首字"西"，以谐音字"习"为姓氏者，称习氏，世代相传至今。该习氏是习姓中的成员，是说可信，但显然不是笔者所论及的"襄阳习"→"白梅习"→"新淦习"→"邓州习"。

4. 以"国为氏"说

习五一《读史札记：习姓联典·族谱源流》（2013 年 2 月 17 日"新浪博客"）中称："以国名为氏。据《风俗通义》《名贤氏族言行类稿》所载，中国古代有习国，其后人遂以为氏。"

5. 以"地名为姓"说

该说称：春秋时期有地名少习，在今陕西省商洛市东 180 多里，后称为武关，居其地者，有人以地名为习姓。其依据是春秋末年左丘明的《左传》杜预注上的记载，习氏，是以地为氏的姓氏。少习原是一个地名，在析县（今西峡县，古有白羽城）东之武关。

又，西晋·杜预（222—285 年）所著的《春秋释例》云："少习，上雒商县武关也。""少习"即名少习山（今陕西省丹凤县），当地的居民就以地名为姓氏，称为习氏。

又，习五一《读史札记：习姓联典·族谱源流》中称："以地名为氏。据《姓氏考略》《左传》杜预注、《战国策·楚策》所载，春秋时有地名少习，故城在今陕西丹凤东武关，居其地者遂以为氏。"

6. 以"官位'习学公事'为姓"说

此说称：习姓源于官位，出自宋朝时期官吏"习学公事"，属于以官职称谓为氏。"习学公事"的职责史有详载，不赘述。

到了北宋神宗熙宁三年（1070 年），重新设置"检正五房公事"一名，该官员又称"都检正"。为此，在五房吏各置"检正公事"二人，各自掌管本房事务，简称"检正"。

所有的"都检正""检正"皆由京官充任，已经被皇帝选定为充任者，就叫作"习学公事"，经由吏部审核之后，分派至相应岗位进行见习，待

前任"都检正""检正"离任后继任，其后便称"都检正"或"检正"。如若在任的"都检正"或"检正"处于重大国事期间而一直不离任他调（如大规模战争、大范围自然灾害、持续宫廷内乱等），"习学公事"就一直在岗"见习"，不得他调。

到了北宋元丰年间（1078—1085年），宋神宗对朝廷职官制度进行了一次重大改革，史称"元丰改制"。其间，"都检正""检正"之官称被废，其职能分归"中书舍人""给事中""尚书左司郎""尚书右司郎"，但"习学公事"之称仍旧保留。到了南宋高宗建炎三年（1129年），"检正诸房公事"二人又重新恢复，第二年又废除。到了南宋绍兴二年（1132年），再重新设置"检正"一名。

该职官模式在辽国、金国、西夏国等少数民族政权中皆有仿设，职能亦相仿。

在习学公事的后裔子孙中，有以其官职称谓为姓氏者，称习氏，世代相传至今，其中不乏少数民族政权中相应官裔汉化冠改汉姓者。这也是习氏中的一大成员。

7. 以"官位'教习'为姓"说

此说称：习姓源于官位，出自明清时期官吏"教习"，属于以官职称谓为氏。

"教习"是明朝初期明太祖朱元璋为教育诸王子而专门设置的官员的名称，后成为官学教师的官名。其职能在史籍《明史·职官志》《清通志·职官略》中皆有详细记述。徐连达编《中国历代官制词典》对"教习"有大略的解说。

明朝时期，朝廷先选一些优秀的进士入翰林院学习，时称庶吉士，给这些庶吉士教授课程的官员就被称作"教习"。自明宣德五年（1430年）开始，命学士充任。明万历元年（1573年）以后，专以礼、吏二部侍郎兼掌"教习"。

清朝时期沿用明制，在翰林院设庶常馆，由满、汉大臣各一人任教习，选侍讲、侍读以下官员任小教习。各亲王府、官学中亦设有教习。清朝末期，政府出面大力兴办学堂，其教师也沿称为"教习"。这种称谓一直沿用至民国初期，后被当时的教育总长蔡元培统改为"教师"，一直沿

用至今。

清朝时期的满族教习的后裔子孙中，有以其官职称谓为汉姓者，就称习氏、教氏，世代相传至今。如清康熙年间著名的江宁巡抚哲伯·玛祜，哲伯氏，满语为 Jebe Hala，满洲镶红旗人，世居罕楚哈（今中俄交界绥芬河上游地区），初为淳亲王府教习，清康熙八年（1669 年）特别提授江宁巡抚，他一生为官清廉勤劳，曾上密折指责康熙皇帝的爱臣曹寅（曹雪芹的祖父）银饷亏空，其后裔子孙中即有习氏。这也是习氏中的一个成员。

8. 源自他族说

习五一《读史札记：习姓联典·族谱源流》中称："出自他族。今彝等民族有习姓。"

9. "习氏源渊至夏的以国为姓"说

此说称："树有根，水有源。邓州习氏源渊，可追溯到三千多年前的夏朝。那时，在今陕西省丹凤县东南武关一带有一个少习国，因当地有少习山、少习关（战国时改为武关）而得名。是封予炎帝神农氏后裔的一个诸侯国。……便以国为姓，即为习氏……"①

《元和姓纂·二十五辑》有云："《风俗通义》云：'习，国名也。汉习响，为陈相。襄阳：晋衡阳太守习凿齿，著《汉晋春秋》五十四卷。《左传》：齐大夫习明（直雄按：查手头上的《春秋左传》，未能查到习明，可能是与唐时版本不一样之故）。《史记》：齐习虚，田成子时人。'"据前后文之意，《元和姓纂·二十五辑》是将首迁襄阳后直街之习明视为齐大夫习明的。但笔者以为并非如此。因为若首迁襄阳后直街之习明就是齐大夫习明，一般都会注明其"大夫"这一职位的，况且据笔者推算，确定习氏族谱的始迁祖习明非齐大夫习明。习氏族谱中的始迁祖习明，无简单职务的记载。习氏宗祠通用的古联是："源自习国；望出襄阳"，说明襄阳习氏缘起很早，可证杨德堂先生的说法。

从族谱的发展历程来看，"谱学在魏晋南北朝到隋唐时期，还曾一度居于显学地位，尤其是魏晋南北朝时期，几乎是家家要讲谱学，人人要懂谱学，否则在社会上就无从交往，地方官若不懂谱系之学，则无从履行其任官职责，因此，统治者也高度重视，并设有专门机构管理，还先后产生

---

① 杨德堂：《邓州习氏·邓州习氏源流考（代序）》，《邓州习氏》2012 年自印版，第 3～4 页。

了一大批著名谱学家和谱学著作"①。襄阳习氏家族，代有名人高士，对于《习氏族谱》的修撰，理所当然会高度重视，纵使战乱兵燹之灾失其族谱，其始迁祖习明于周代首迁襄阳后直衔的记载，诚当不忘、诚当可信，亦可证杨德堂先生的说法和古联的真实性。

以上九说，当以"国名为姓，其姓源于姜姓"说和以"地名为姓"说及"习氏源渊至夏的以国为姓"说为最古、分支最多、人数最众，在诸"习"之中最具代表性。而笔者所要撰写的《习凿齿家族家风研究》中的"习氏"，拟以"襄阳习氏"为对象和代表。因为该"习氏"几乎可与上述以"国名为姓，其姓源于姜姓"说和以"地名为姓"说相衔接，是上述说法的事实支撑。

（二）习凿齿的先祖

在说到习氏的迁徙时，习五一《读史札记：习姓联典·族谱源流》中称：

《辞源》载："武关，楚人谋北方将通于少习以听命，少习，商县武关也，商洛县东有少习，秦谓之武关。"据考证，习地确切位置在今陕西丹凤武关附近的少习山一带，习姓即源于此。此地有丹江水道通于今湖北襄樊，古属襄阳郡，两汉三国两晋间，该地习姓名家辈出，人口繁盛，成为后世播迁于全国各地的习姓摇篮，是故后世习姓有以襄阳为其郡望堂号者。习姓见诸史册之第一人是习响，为汉时陈相，据此可推断应为西汉时人。据《襄阳记》所载，东汉初年，刘秀建武年间（25—56），有习郁功封襄阳侯，曾于苏岭山立神祠，刻两个石鹿于夹神道口，俗称之为鹿门庙，后以庙名山，称苏岭山为鹿门山。此习郁与东汉习融之子习郁恐非一人，应早于习融。三国时，有襄阳人习珍、习祯入仕于蜀，其后人有落籍于今四川之地者。另此际亦有襄阳人习温入仕于吴，其后入籍于今江浙一带。两晋南北朝至隋唐间，习姓除继续繁盛于襄阳郡外，还在东阳郡（治今浙江金华）繁衍兴旺发达，其人丁兴旺，为东阳郡之大族。南宋偏安江南后，襄阳成为兵家必争之地，岳飞北伐曾多次从襄阳起兵，后来，金

---

① 参见仓修良：《家谱概述》，《淮阴师范学院学报》2009年第1期，第55页。

兵、元兵均与宋兵在襄阳激烈征战，作为荆楚门户的襄阳几度焚于战火，作为襄阳大姓的习姓无奈背祖离乡，或西入巴蜀，或南迁湘江，亦有北徙于陕豫，后部分又辗转入迁晋冀。元代以后，习姓在北方的山东、甘肃、宁夏等地，以及南方的江西、广东、安徽、广西等地都有所散布。明初，山西习姓作为洪洞大槐树迁民姓氏之一，被分迁河北、山东、北京、天津、陕西等地。明末清初的湖广填四川，有两湖之习姓入迁于今四川、重庆之地。历有清一代，湘川等地有习姓迁居云南、贵州，闽浙等地有习姓入迁台湾，山陕等地有习姓播迁内蒙古、宁夏，冀鲁等地有习姓徙居东北三省。历民国至今，习姓在全国散布之区域愈广。如今，习姓在全国分布较广，其中尤以湖南、陕西等地为多。目前习姓人口列全国第二百九十六位。

习五一上述论证的价值在于说明了习氏在全国各地分布的大致情况。但是，她怀疑"习融与习郁的父子关系"是不妥的。因为习凿齿的《襄阳耆旧记》已明载其事，笔者在后文亦有论述，此不赘述。再是她忽略了东晋习凿齿入赣这一对习氏家族影响重大的事件。正因为习凿齿的入赣，由"襄阳习"繁衍出了"白梅习""新淦习""邓州习"这一"华夏习氏家族"。也正是因为这一家族千百年的优良家风族风不坠，才使这个家族人才遍及全国各地。如习五一在《读史札记：习姓联典·族谱源流》中谈及习书琢与习书磨。她这样写道：

习书琢：字玉，号逸庵，书磨胞兄，元英宗元年辛酉八月十五未时生，原系江西吉安府泰和县炭木乡，官历西蜀藩府，因遭遇不合，伯仲偕隐，明洪武八年徙居湖广德安府云梦县，继迁长沙益邑三里长江村落业，洪武十五年迁戌九月十二戌时故，葬本村花园台亥山巳向，石人守墓，埋志，勒碑墓前，有图。原配，胡氏，元英宗二年迁戌七月初十子时生，明洪武十七年甲子正月二十九酉时故，葬合夫右同向，附碑，附传。附图，子二：合纹；合斌。

始迁祖：习书磨，字怀瑾，号卧江，琢公胞弟也，元泰定二年乙丑正月十二酉时生，官历贵州哈州州牧，明洪武八年偕兄迁益邑三里长江村落

9

业，洪武二十六年癸酉九月初十酉时故，葬长江村虎形上排第二穴丙山壬向。石人守墓，埋志，勒碑墓前，有图。赵氏，元泰定二年乙丑二月十日卯时生，明洪武二十一年戊辰十月初十申时故，葬长江村虎形上排第一穴丙山壬向，附碑，附图。子一：合俅。副室：朱氏，元文宗元年己巳五月十三申时生，明建文年庚辰九月十八酉时故，葬长江村虎形上排第三穴，丙山壬向，附碑，附图。是为习氏东阳堂始祖。

习书琢：字玉，号逸庵；习书磨：字怀瑾，号卧江。明洪武八年自江西泰和县炭木乡隐居益阳三里长江村。后裔有分徙汉寿、澧县、临湘等地。是为湖南益阳习氏始迁祖。

习书琢、习书磨兄弟，其先祖就源自于江西新余白梅，他们是习凿齿的十世孙习义章之后。现引如下两段为证：

20世纪80年代中，有湖南省桃江县鸬鹚渡习家代表数人，辗转寻根到白梅。对照双方族谱，《湖南习氏（东阳堂）七修族谱》（下称"湖南习谱"）"源流图"载：其先祖习光祖（南朝宋为鄞州佥判）系凿齿七世孙，习义章（南朝梁为平江长史）系凿齿十世孙，与白梅习谱所载完全一致。白梅习谱载，光祖、义章解组归田，卒葬白梅坟山。义章二子：长庚、长春。长庚名下传至第26世，长春无后世记载。湖南习谱载，义章十三传（即凿齿第23世孙）习广能；白梅习谱23世兄弟10人，也是广字辈。湖南习氏自南朝梁时离别白梅后，经历几十代人，曾徙迁吉安、泰和、湖北云梦，最后定居湖南桃江鸬鹚渡。其始迁祖逸庵（元进士）、卧江（元举人）于明洪武八年（1375年）迁云梦时，白梅均谦尚未着手修谱。可是，两支凿齿后裔，别离后互不通音讯1400多年之久，其各自重修族谱，23世前世系竟十分一致！它证实：一是他们的共同祖先，在1400年前从凿齿到义章在白梅已生活了十代人的时间。二是义章生前白梅就有了家谱，并规定了统一字派。①

① 参见白梅实：《真作假时假充真——评叶植先生指白梅习氏"造假"的伪学术实质和反逻辑手法》，《萍乡高等专科学校学报》2012年第5期，第66页。

北宋宝元元年（1038年），习凿齿后裔……白梅和湖洲又有多支族人相继迁徙到江西多处和河南、湖南、湖北、江苏、云南、贵州、河北、陕西等地。……从明洪武二年至今，历经644年。邓州习氏已经繁衍成为近四千人的一大支族，其中居住邓州境内的近三千人。可以说，在全国每二十个习姓人中，就有一个邓州习氏。从1882年至今，富平习氏经历一百三十余年，已繁衍五代五十余人，成为邓州习氏的一支重要族群。①

由此可见，习凿齿入赣，对"襄阳习"后来的发展和繁盛，是何等的重要！同时，以凿齿为开基祖的"白梅习"在全国习氏族群中起着勇于开拓的表率作用。

现在我们就从这一家族的关键人物习凿齿着手研讨。

习凿齿的先祖依次是：习明首迁湖广襄阳后直街→习仁，曾任司徒→习贞→习镰→习沧→习榁，曾为县令→习煌，曾为县令→习坤→习闇→习称，曾任职枢密院→习飨，由秦入汉。高祖初，官陈州相→习崇→习莆，曾任职枢密院→习简→习苓→习郁，光武时官侍中→习铉，曾为广州教授→习凿齿→习辟强（才学优长，绰有父风，东晋元兴元年位至骠骑从事中郎）、习辟简（衍袁州派）……（据《湖洲习氏十一修族谱·习氏源流图》。括号中文字及文中"→"号为笔者所加）。

从现有的谱籍材料来看，当以《湖洲习氏族谱》为最古老。运用这古老的族谱中为其先祖记下的官衔可以证实习氏这个家族发展的大致脉络。族谱中的始迁祖习明未标官职，我们就不能武断地认定此习明就是《左传》注中的齐大夫习明。故从习明后面的习氏任职者论述之，族谱中有一处所标的习称、习莆曾"任职枢密院"。"枢密院"这一机构，据目前的资料，首设于唐，可能是其时的修谱者根据其所担任的职务、职能未曾详加考证就加上去的，显然有误。如无误，则应找到例证，故暂且不论。至习凿齿、习辟强，生卒年基本清楚，与推论其始迁的年代关系不大，亦不论。

1. 西周习仁

习仁之后标明曾任司徒。

司徒，徐连达《中国历代官制词典》载称：西周始置。据文献记载，司

① 参见杨德堂：《邓州习氏源流考》，载杨德堂主编：《乡情》，2014年版，第13～21页。

徒主管民事。金文所见，如《免簠》……多作"司土"，《永盂》《扬簠》……多作"司徒"。官司籍田及林衡虞牧，负责征发徒役并兼管劳役和田地耕作。一说"土"即"徒"之借字，与土地无关。一说司土以主管土地为主，司徒以教导民众为主，"土"改为"徒"，可能反映西周中后期土地关系的变化。春秋时沿用，据《左传·桓公六年》记载，晋国因僖侯名司徒，乃改司徒为中军。西汉哀帝元寿二年（前1年），丞相更名"大司徒"，东汉改名"司徒"，为三公之一，主管教化。后世沿置，隋唐时三公参议国事，但仅为虚衔，不预朝政。至明废。

西周始置此官，且此官职延续时间如此之长，为什么笔者确定习仁就是西周时人呢？因为襄阳习氏先祖有的任职标有比较明确的年代，到两汉时，习氏先祖所处的年代情况则更为明朗。

如习飨就标明由秦入汉高祖幕。秦朝是一个短命王朝，我们完全可以将习飨算作秦时人，即公元前221年前后的人。习凿齿卒于公元412年，约在公元380年入赣。据此，从习飨至习凿齿，襄阳习氏在襄阳生活了大约600年。从习飨至习凿齿，标明有习氏八祖（从笔者所掌握的资料来看，很可能只是标了开基祖）。而从习明至习飨，标明有习氏十一祖（也很可能只标开基祖），由此大致上推，习明至习飨，习氏在襄阳生活了大约900年，约到西周共王这个年代。据此，从习明迁徙至襄阳，到习凿齿入迁江西之时，习氏在襄阳生活了大约1 500年。从"白梅习"至"邓州习"，习氏散迁全国各地已有1 600余年，由此可以大致推定："襄阳习"→"白梅习"→"新淦习"→"邓州习"，是一个有着3 000余年历史的家族。

关于习氏家族的变迁，于后还有大致的推算，在此不一一说明。引文中有的字无法打出，在不影响文意的情况下，笔者以"……"代之。当然，有的条目不必全引，亦用"……"省之，特此说明。

2. 战国习楷

习楷之后标明曾任县令。为什么以首设"县令"确定习楷为战国时人，前文已有大致论述，此不再赘述。

徐连达《中国历代官制词典》载称："战国时各国皆有县的设置。县有县令，为一县的行政长官。"《史记·赵世家》："千户都三封县令。"

《史记·孟子荀卿列传》："齐人或谗荀卿，荀卿乃适楚，而春申君以为兰陵令。"《战国策·魏策一》："西门豹为邺令。"《韩非子·内储说上》："卜皮为县令。"李学勤《战国题铭概述》引三晋铜兵器铭文有"肖（赵）令邯郸……""……氏令吴庶""宅阳令……""高都令陈愈"等。秦制：县置令、长，万户以上为令，不及万户为长。汉沿置。《后汉书·百官志》本注："皆掌治其民，显善劝义，禁奸罚恶，理讼平贼，恤民时务，秋冬集课，上计于所属郡国。"魏晋以后皆如汉制。晋大县令有治绩，官报以大郡，不经宰县，不得入为台郎。县令一职，至明清沿用。

3. 秦汉习飨

习飨之后明确标明：他是由秦时入汉，高祖初官陈州相，其为秦汉时人无疑。

相，徐连达《中国历代官制词典》载称："古代执事赞礼之人。"地方长官称"相"，"至隋唐始废"。

刘邦于公元前202年2月称帝。习飨在秦时即入汉高祖幕，后被封为"陈州相"。据上述对"相"的诸种诠释，习飨当为汉时在陈的诸侯王之相，详情亦有待细考。

在习飨之前，列有其先祖十位。如果每一位之间不以有"断代"计算（从后面的人物来看，习凿齿之前，每位列名者，实际上是其开基祖，显然是有"断代"的），各代之间仅以70年计算，习明当是西周共王十四年前后的人物。如果各代之间仅算断有四代的话，习明则是周共王十四年前的人物。这与认定习仁为西周时人的推定大致相近。这样看来，此习明就不是"齐大夫习明"。如果日后有更古老的能接续其代际的习氏谱牒文献资料发现，习明的生年可能更在前列，襄阳习氏无疑是中华民族中最为古老的姓氏之一。

4. 东汉初习郁

习郁之后明确标明：光武时官侍中。

徐连达《中国历代官制词典》载称："秦始置，本为丞相属吏，以往来殿内东厢奏事，故称为侍中。两汉沿置。……参阅《汉书·百官公卿表上》《文献通考·职官四·侍中》。"习郁为光武侍中事，地方志亦有载，这是可信的。

5. 广州教授习铉

习铉之后明确标明：广州教授。

徐连达《中国历代官制词典》载称："教授学官。汉唐所置博士，即后世教授的起源。"

笔者为什么又说习姓几乎可与以"国名为姓，其姓源于姜姓"说和以"地名为姓"说及"源渊至夏"说相衔接呢？这一说法的事实根据是什么呢？除了由"襄阳习"始迁祖习明的生活年代推断其当为西周共王时期的人物之外，理由还有以下四点。

（三）上述结论之依据

1. 宗祖敬宗乃人之本性

水有源，树有根，叶落也归根，为人必寻根。谁会不尊敬自己的祖先呢？在没有文字以前，人们通过世代口传心授"口述家谱"。我们可以在《山海经》《史记》等典籍中找到多例。如"炎帝之妻，赤水之子听訞生炎居，炎居生节泣，节泣生戏器，戏器生祝融。祝融降处于江水，生共工。共工生术器。……共工生后土。后土生噎鸣"。"炎帝之孙伯陵，伯陵同吴权之妻阿女缘妇。缘妇孕三年，是生鼓、延、殳。"（《山海经·海内经》）"后土生信，信生夸父。"（《山海经·大荒北经》）"炎帝之孙，名曰灵恝。灵恝生氐人。"（《山海经·大荒西经》）无文字之时，人们能口传心授记下自己的先祖，有了文字后的习氏，当然也会记下自己的先祖。

2. 中国家谱起源早

撰修家谱，起源很早。有关专家综合诸多谱例事实研究后断言："早在夏朝即已有家谱档案的存在。"① 并指出："在魏晋南北朝时期，大大小小地主无不热衷于以门第相夸耀，无不热衷于修纂用以表明自己家世、门第的家谱。于是乎家谱一时大兴。正如清代学者王鸣盛所说：'壮史凡一家之人，必寓于一篇，而昆弟子孙后裔，咸串成之，令国史复为家谱。'郑樵《通志·氏族略序》也说：'自隋唐以上，官为簿状，家有谱系。官之选举，必由于簿状，家之婚姻，必由于谱系。'"② "家谱在中国延续了

---

① 欧阳宗书著，武新立审定：《中国家谱》，北京：新华出版社1992年版，第53页。
② 欧阳宗书著，武新立审定：《中国家谱》，北京：新华出版社1992年版，第69页。

3 000 多年，已成为我国的三大文献（国史、地志、族谱）之一……家谱最早可以追溯到夏商周时期，殷墟出土的甲骨文就有记载姓氏的骨片。"[①]"谱牒堪称中华文明形成以来最真实、最长久、最重要的原始记录或历史凭证；无论是国史还是方志，都以谱牒为原始档案资料，这正是中国家国同构传统文化特色的体现。"[②]

襄阳习氏家族，宗族富盛，世代显赫，从古新淦花门楼习氏在北宋时所修谱的源流图来看，襄阳习氏定期修谱乃为理所当然之事。从习明至习凿齿，代代有谱，也是顺理成章之事。

3. 家谱纂修必与"古谱"接续

从习明至习凿齿中的习氏人物，来源于《湖洲习氏十一修族谱·习氏源流图》。

《湖洲习氏族谱》始修于北宋元符三年（1100 年）。主修此谱的习仁德作此源流图，当是以古谱作为依据的。这是笔者目前所见习氏最早的族谱，不能否认纂修者习仁德是不曾见过载有从习明至习凿齿的习氏"古谱"的。

习嘉裕考证："义章生前白梅就有了家谱，并规定了统一字派。"[③]

习义章，南朝梁时为平江长史。这说明南朝梁时，习氏就保存有习凿齿之前后所修的家谱。习氏"古谱"是能够保留其"源"的。

4. 习凿齿当是看过自家家乘的

习凿齿出生、成长于襄阳，由从事当到别驾是在襄阳，协助道安弘法也是在襄阳。他对襄阳的情况是了如指掌的，他对襄阳的感情是深厚的，必然会对自家之谱的纂修与保管更为上心。他撰写的《襄阳耆旧记》中，涉及的习氏人物达 14 人之多。一般说来，是有自家之谱作为依据的。从这个角度来看，从习明至习凿齿本人的谱载，他大致是清楚的。

依据上述，"襄阳习"→"白梅习"→"新淦习"→"邓州习"，是习姓中最古老、人数最多、最具代表性的一支。

---

① 刘羡珠：《家谱的研究与利用》，《福建图书馆理论与实践》2010 年第 4 期，第 54 页。
② 汪兵：《谱牒：最具中国特色的历史档案》，《天津师范大学学报》2012 年第 1 期，第27～28页。
③ 参见白梅实：《真作假时假充真——评叶植先生指白梅习氏"造假"的伪学术实质和反逻辑手法》，《萍乡高等专科学校学报》2012 年第 5 期，第 66 页。

二、习凿齿谱系梳理

襄阳习氏发展到了东晋时，由于笔者在系列论著中所论及的种种历史原因，习凿齿不得不向外迁徙。习凿齿自落籍白梅后，逐渐繁衍为江西的一个习氏大家族——"白梅习"。这个家族是以"白梅习氏"为荣耀的。江西白梅习氏最后发展到海内外，其谱系分支甚多。今笔者择其中最富于特点的一支试论。从习凿齿的"白梅习"至"邓州习"的谱系大致如以下所列。

（一）习凿齿先祖追溯

1. 习明为"襄阳习"的始迁祖

习凿齿的先祖依次是，"襄阳习"：习明首迁湖广襄阳后直街（中间是否有断代待考）→习仁，曾任司徒（中间是否有断代待考）→习贞（中间是否有断代待考）→习镰（中间是否有断代待考）→习沦（中间是否有断代待考）→习框，曾为县令（中间是否有断代待考）→习煌，曾为县令（中间是否有断代待考）→习坤（中间是否有断代待考）→习阍（中间是否有断代待考）→习称，曾任职枢密院（中间是否有断代待考）→习飨，由秦入汉，高祖初，官陈州相（中间是否有断代待考。但这里标明了习飨所处的朝代，这是认定襄阳习氏源远流长的一大关键）→习崇（中间是否有断代待考）→习莆，曾任职枢密院（中间是否有断代待考）→习简（中间是否有断代待考）→……

2. 习郁、习珍、习凿齿事迹逐渐明了

习简（中间是否有断代待考）→习苓……中间历七传至习融（中间明载有断代。《襄阳耆旧记》明载：习郁是习融之子）→习郁，光武时官侍中（中间是否有断代待考）→习铉，曾为广州教授……中间历四传→习珍（为蜀汉死节）……中间历四传→习凿齿。[据《湖洲习氏十一修族谱·习氏源流图》《湖南习氏（东阳堂，有误，当为襄阳堂）七修族谱》等材料]

（二）"白梅习"至"邓州习"的谱系梳理

1. 习凿齿为"白梅习"的始迁祖

"白梅习"：习凿齿到江西新余白梅后，习氏先祖依次是：习凿齿（一世）→生习辟强（二世）（才学优长，绰有父风。这里的"绰有父风"，亦当包括凿齿立下家规族规后所形成的家风族风。东晋元兴元年位至骠骑从事中郎）、生习辟简（二世）（衍袁州派）；习辟强→生习安邦（三世）、生习安国（三世）（回襄阳）、生习安民（三世）（二十五世后不详）；习安邦→生习昌祖（四世）；→生习峦（五世）；→生习崇文（六世）；→生习光前（七世）；→生习炳星（八世）；→生习成谟（九世）；→生习焕章（十世）；→生习长发（十一世）；→生习学易（十二世）；→生习维鳞（十三世）；→生习孟深（十四世）；→生习元达（十五世）；→生习宥权（十六世）；→生习继贤（十七世）；→生习笙（十八世。住白梅东头）、生习簧（十八世。住白梅西田）；习簧→生习乔道（十九世）；→生习坤佐（二十世）；→生习岳（二十一世）；→生季达（二十二世）；→生习广能（二十三世）；→生习宏宙（二十四世）、生习宏富（二十四世）、生习宏宇（二十四世）；习宏宙→生习寿朋（二十五世）；→生习邦鲁（二十六世）、生习邦延（二十六世。居吉安）、生习邦彦（二十六世。住鹄山龙窝）；习邦鲁→生习宗远（二十七世）、习宗高（二十七世。失考）、习宗先（二十七世。居抚州乐安）；习宗远→生习庆源（二十八世。有子五）、庆流（二十八世。有子三。现仅以该支为对象接续下去）；习庆流→生习大名（二十九世）、生习大功（二十九世）、生习大位（二十九世）；习大位→生习敬宗（三十世）；习敬宗→生习有良（三十一世）、生习有毅（三十一世。是为湖洲花门楼始祖远公）。

2. 习有毅为"新淦习"的始迁祖

习敬宗→生习有良（三十一世）、生习有毅［三十一世。是为湖洲花门楼始祖远公。湖洲花门楼，明嘉靖五年（1526年）之前归新淦］即"新淦习"；习有毅→生习俊（三十二世。有子一）、生习僚（三十二世。有子四）、生习信（三十二世）；习信→生习仁富（三十三世）；习仁富→生习善德（三十四世。有子一）、生习善福（三十四世。有子二）、生习善

敬（三十四世。有子三）、生习善广（三十四世。有子三）、生习善明（三十四世。有子四）；习善福→生习文正（三十五世。有子一）、生习文德（三十五世。是为新淦塘头村始祖。有子二）即"塘头习"；习文德→生习政甫（三十六世）、生习荣甫（三十六世）；习荣甫→生习开祥（三十七世）；习开祥→生习绍烈（三十八世。有子二）；习绍烈→生习国璋（三十九世）、习延璋（三十九世）；习国璋→生习舜翁（四十世。有子二）；……"从宋时习远迁临江府新淦县湖洲（即今峡江湖洲），到五世后因人口繁衍陆续外迁，近则县内西村、山西、小安，后来的邻县（直雄按：峡江花门楼原属新淦）新淦塘头、界埠、井下、习家坊等地，远则苏州吴门、河南邓州等外埠，再由邓州分迁陕西富平……"① 习思敬，元末江西新淦人，湖洲习氏始祖习有毅后裔。《邓州习氏太祖思敬公夫妇墓碑记》载："余族，祖籍江西，临江府新淦人也。自明洪武初迁于兹……"最近发现的民国二十年（1931 年）邓州《习氏家谱序》中记载："予族原籍江西新淦县花楼门人也。明时习思敬迁居河南邓县堰子里居焉。"邓州民俗把民居院落大门称为楼门或楼门头。雕花的楼门自然称为花楼门。这与江西湖洲称谓的花门楼应是一个意思的两个叫法。② 凡从新淦外徙者，皆自称"花门楼人"。习思敬迁徙于河南邓州（四十二世。是为河南邓州堰子习营村始祖）即"邓州习"。

3. 习思敬为"邓州习"的始迁祖

习思敬（四十二世。是为河南邓州堰子习营村始祖）即"邓州习"：习思敬→生习汝华（四十三世）；习汝华→生习希诚（四十四世）；习希诚→生习元闻（四十五世）；习元闻→生习钦俊（四十六世）；习钦俊→生习栋（四十七世。有子五）；习栋→生习应凤（四十八世）、生习应榜（四十八世。有子三）、生习应旗（四十八世。有子二）、生习应仁（四十八世）、生习应义（四十八世）；习应旗→生习伦（四十九世）、生习常（四十九世）；习常→生习念世（五十世）；习念世→生习斌（五十一世）；习斌→生习文中（五十二世。有子四）；习文中→生习传（五十三世。有

---

① 参见毛润根主编：《习氏花门楼——中国历史文化名村湖洲探源》，南昌：江西省方志出版社印刷有限公司 2014 年版，第 10 页。

② 参见杨德堂：《邓州习氏源流考》，载杨德堂主编：《乡情》，2014 年版，第 13 页。

子二)、生习科（五十三世）、生习福（五十三世）、生习扬（五十三世）；习科→生习国科（五十四世。有子四）；习国科→生习玉策（五十五世）、生习平盈（五十五世。有子二）、生习玉（五十五世。有子二）、生习老大眼（五十五世）；习玉策→生习永生（五十六世。有子三）；习永生→生习宗仁（五十七世。有子四）、生习豹子（五十七世）、生习宗长（五十七世。有子二）；习宗长→生习中凯（五十八世。有女三）、生习中勋（五十八世。有五子二女）　〔据《白梅习氏八修族谱·凿齿公习氏总世系图》《湖洲习氏十一修族谱·习氏源流图》《新干塘头习氏族谱》《邓州习氏世系表》等材料〕

第二章　习凿齿前人事迹概述

　　襄阳习氏，自西周习明迁徙至襄阳，至习凿齿离开襄阳到江西新余白梅。其间，如果姑且将习明算作西周共王十四年时的人物的话，那么襄阳习氏在襄阳生活了 1 543 年。在这段时间内，计有十八位习氏先祖列有名字，我们通常以 20 年至 30 年为一世，如果每一位先祖之间，笔者只计作两世略多一点的话，平均每两位先祖之间姑且相隔 70 年以上。按照修谱的惯例推论，这十八位先祖很有可能都是长期居住在襄阳一带的开基祖，其中有六位注明任有官职。

　　《晋书》卷四十三《山涛附子简传》亦说："诸习氏，荆土豪族，有佳园池。"清人卢弼的《三国志集解·孙休传》则云："习氏为襄阳巨族。"

　　这样一个一千五百余年的襄阳望族、巨族，之所以能够扛过这千余年间的种种天灾人祸而不曾衰败且代有名宦，说明襄阳习氏除"宗族富盛"之外，更有颇高的文化素养，有良好的家教、家风、族风。这漫长的一千五百余年，襄阳习氏外迁者肯定不少。这一切，本来可以通过当时的《习氏家谱》去查考的。

　　然而，令人遗憾的是，由于时代久远与兵燹之灾等种种原因，中国谱牒这一举世闻名的重要典籍，唐代以前的大多荡然无存。其他外迁他乡者，已不可考。特别是十年"文革"动乱期间，谱牒被当作"四旧"的封建糟粕而被烧毁，这是宝贵的中国宗亲文化遗产的重大损失！习氏族谱也不例外。所幸的是，习凿齿的著作《襄阳记》《襄阳耆旧记》记录了其先祖自东汉至西晋中在襄阳的十余位习氏人物，兼查有关史料，我们从中可以窥见这一时期襄阳习氏的一些情况，包括外出做官而外迁者的情况。

　　从这些内容中，笔者以为可概括"襄阳习"的两大显著特点：一是博学多才；二是忠烈重德。而忠烈重德则更为难能可贵。由此我们可以窥见造就习凿齿这样一个"顶级名人"的家族家风因素。

一、博学多才

博者，广博也；谓学问高深，知道得多；才者，才能也。"博学多才"，简言之，谓学识广博，有各方面的才能。襄阳习氏人物的博学多才，我们可以借助先贤的评价、其本人的言论及其任职状况等事实得知实况。

（一）从习凿齿的直接记述与评价来看

习凿齿《襄阳耆旧记》卷一《人物·习询习竺》载云："习询、习竺，才气锋爽。"就是说二人才华横溢且气概俊朗。《襄阳耆旧记》卷一《人物·习承业》载云："习承业，博学有才鉴。"言其学识广博有才干，识鉴能力强。《襄阳耆旧记》卷一《人物·习蔼》载云："习蔼，有威仪，善谈论。"就是说，习蔼这个人举止庄重且很有辩才。

（二）从因博学多才而升职的情况来看

《襄阳耆旧记》卷二《人物·习暇传》载云："习暇，字彦云，为临湘令。山简以暇才有文学，转为征南功曹，莅官，止举大纲而已，不拘立法，时人号为'习新妇'，简益器之，转为记室参军。"山简本人是重人才之人，习暇博学多才，办事有方，因而得到山简的提拔。

（三）从先贤针对习氏人物与名人的比对情况来看

《三国志》卷四十五《杨戏传·季汉辅臣赞》曰："孔休、文祥，或才或臧，播播述志，楚之兰芳。"又云："（习）文祥名祯，襄阳人也。随先主入蜀，历雒、郫令，广汉太守。"裴松之注引《襄阳记》曰："习祯有风流，善谈论，名亚庞统，而在马良之右。"

前贤用了三个大名人来比对习祯：

1. 比敌殷观

殷观何许人也？前面说的孔休即殷观。《三国志》卷三十二《先主传》及同书卷四十五《杨戏传·季汉辅臣赞》中载：孔休是殷观的"字"，为荆州主簿。建安十五年（210年），刘备"至京口见权，绸缪恩纪。权遣

使云欲共取蜀”，孙权的这一招是非常厉害的。刘备的手下有人说应该照办，殷观非常冷静地提出相反的意见。他向刘备分析其中利害：如果替吴国做先锋，进不能攻克蜀地，退则给吴国以可乘之机，那大事就完了。现在只可以赞成他们征伐蜀地，而自己说刚占据各郡，不能兴师动众，吴国必定不敢越过我们而单独夺取蜀地。这样的进退之计，可以得到削吴、占蜀的好处。刘备听从了其意见，孙权果然中止了其取蜀的计划。殷观的计谋为刘备所赏识，刘备升殷观为别驾从事。

杨戏将殷观与习祯并列在一起称颂，说他们两人多才、美善，是荆楚一带的兰芳。其评价何其高也！

2. 名亚庞统

《襄阳记》中称习祯"名亚庞统"，就是说其名气仅次于庞统。庞统何许人也？庞统（179—214 年），字士元，荆州襄阳（今湖北襄阳）人。东汉末年刘备帐下谋士，官拜军师中郎将。其才智与诸葛亮齐名，道号"凤雏"。在进围雒县时，统率众攻城，不幸被流矢击中去世，时年三十六岁。追赐统为关内侯，谥曰靖侯。庞统死后，葬于落凤坡。庞统早年便以"凤雏"（就是凤的雏，小凤凰，假以时日，一定会高翔于九天，清鸣于云中，这是别人给他的一个绰号）之名与诸葛亮（卧龙）齐名于荆州。当时徐庶评价他的经典言语是："卧龙凤雏，得一而可安天下也！"庞统曾与东吴陆绩、顾劭等臧否人物，自谓曰"论帝王之秘策，揽倚伏之要最，吾似有一日之长"（《庞统传》）。习祯的名气仅次于庞统，可见习祯的博学与才气之大。

3. 马良之右

《襄阳记》中又称习祯的名气在"马良之右"。古人以右为尊，如常说的"无出其右"。在马良之右，就是说其名气在马良之上。马良（187—222 年），字季常。襄樊宜城人，蜀汉名臣。兄弟五人，俱有才名。马良眉中有白毛，乡里有谚语道："马氏五常，白眉最良。"历官从事、左将军掾、侍中。他与诸葛亮的关系很好，这可以从两件事上看出：一是诸葛亮随刘备入蜀，马良给诸葛亮写信说，雒城（今四川省广汉市）已攻下，吾兄应大展宏图，乘胜前进。据此，人们推测，他与诸葛亮或结为兄弟，或有亲戚关系。诸葛亮年长，故他称亮为兄（马良与诸葛亮的关系说引于裴

松之注《三国志》)。二是马良奉命出使东吴,他请诸葛亮写引荐信,诸葛亮要他自己起草,亮签名。最后两句是希望孙权"降心存纳,以慰将命"。孙权见信后,敬待了他。章武元年(221年),刘备派他到武陵(今湖南省西南一带)联结"蛮夷"助蜀伐吴,功成,深受刘备器重。后在夷陵之战中,刘备兵败,马良亦遇害。习祯的名气在马良之上,可见习祯的博学与才气之大。

(四)从由受重任而知其博学多才的情况来看

唐·陆龟蒙撰《小名录》卷上引《襄阳耆旧传》云:"习竺字文辉。为刘备治中。"治中,主众曹文书,"居中治事",当是刘备的亲随,当为博学多才者。《襄阳耆旧传》明确了习竺为东汉末年之人。而在黄惠贤《校补襄阳耆旧记》的"习竺条"和舒焚、张林川《襄阳耆旧记校注》的"习竺条"中,均无此内容,可见,《襄阳耆旧传》为与《襄阳耆旧记》内容有别的另一版本。

又,《襄阳耆旧记》卷一《人物·习承业》中云:"习承业,博学有才鉴。历江阳、汶山太守,都督龙鹤诸事(诸事当为诸军事)。"这里记载的是:习承业随刘备入蜀后,即任江阳太守,当陈震调任犍为郡太守后,习承业便由江阳太守调任汶山郡太守。"都督龙鹤",即担任边郡要职,即都督龙鹤诸军事。① 紧随刘备,后又担任安边要职。

习忠,为习祯之子,官至尚书郎(东汉之制,选拔孝廉中有才能者入尚书台,初入台称守尚书郎中,满一年称尚书郎,三年称侍郎,主作文书起草)。习忠官至尚书郎,可见其才能。②

由上可见,襄阳习氏的博学多才,确非一般家族所能企及!

二、忠烈重德

人若无德难立于世,国若无德难于久兴。家族家庭忠厚重德,则传家

---

① 参见余鹏飞:《汉末三国时期襄阳习氏家族考释》,《襄樊学院学报》2009年第3期,第14页。

② 参见余鹏飞:《汉末三国时期襄阳习氏家族考释》,《襄樊学院学报》2009年第3期,第17页。

久远。"忠烈重德"，当是"忠义壮烈、忠诚刚正，以品德为重"之意。东汉·阮瑀《吊伯夷文》中有云："东海让国，西山食薇，重德轻身，隐景潜晖。"襄阳习氏的"忠烈重德"之风，表现得相当突出，这是习氏家风族风立世久长的基础。

（一）拒仕昏君与篡政者，一生忠于明主

《襄阳耆旧记》卷一《人物·习融·子郁》所载简译是：习融，是襄阳人。他的道德品质很好，但是他不肯出来做官。他的儿子习郁，字文通，任黄门侍郎。后来在任侍中之时，曾经跟随光武帝刘秀前往黎丘，被授以秩中二千石，为九卿之一的大鸿胪的职位；光武帝综合他前后历次的功劳，封他为襄阳侯。他在岘山以南按照范蠡养鱼的方法建造了鱼池。鱼池边筑有高高的围堤，堤上全部都种了竹子和高大的楸树，鱼池里面有荷花覆盖水面，是一个有名的游赏饮宴之所。他临死时，嘱咐他的儿子说："一定要靠近鱼池埋葬我。"

为什么说习融不肯出来做官，就是品德很好，而习郁当了高官，却要重重地赋上一笔呢？

笔者以为，古之谚语有云："良禽相良木而栖，贤臣择明主而佐。"习融与习郁均为贤臣也！习融所处的年代，正是王莽秉政、篡政，朝廷腐败、群魔乱舞之时。习融虽然有才能，但他重德行，不肯仕于昏君，值得称道；而习郁，正处光武帝刘秀之时，刘秀扫平战乱，一统天下，实现了光武中兴。从光武帝给予习郁如此高的赏赐来看，他忠于光武帝，有功于东汉王朝，是一位辅佐光武帝的贤臣。这些史实，多载于《习氏族谱》。习融、习郁父子的作为，是习氏忠烈重德家风族风之表率。

（二）临大节显忠义壮烈之志

这里有一个"忠烈就义"与"助敌肆虐"的鲜明对比。

刘备的亲随潘濬在刘备兵败之后最终投降，并对刘备残余部队置之死地而后快。《三国志》卷六十一《潘濬传》载，武陵汉寿人潘濬，"弱冠从宋仲子受学。年未三十，荆州牧刘表辟为部江夏从事"。"刘备领荆州，以濬为治中从事。备入蜀，留典州事。孙权杀关羽，并荆土，拜濬辅军中

郎将，授以兵。”注引《江表传》载："武陵部从事樊伷（'樊伷'即《襄阳耆旧记》卷一《人物·习珍》中说到的'樊胄'。习珍"乃阴约樊胄等举兵，为权所破"），诱导诸夷，图以武陵属刘备。"被潘濬率五千兵所镇压。从"越魏继汉"要实现国家大一统的观点来看，说潘濬最终"助纣为虐"当不为过！

《襄阳耆旧记》卷一《人物·习珍》中的习珍又怎样呢？习珍与潘濬苦战月余，面对潘濬的劝降，不予理睬。当潘濬面对面劝他投降时，他斩钉截铁地说："我必为汉鬼，不为吴臣，不可逼也。"在箭尽粮绝之时，他义无反顾地说道："珍受汉中王厚恩，不得不报之以死；诸君何为者！"即仗剑自裁。《襄阳耆旧记》载称，对于这样一位具有伏节死义英雄气概与不怕牺牲的英勇精神的人物，时人赞之，对贼挖其先人冢，时人痛之，足见习珍的作为深得人心。刘备则立"忠烈堂"并为之发丧，追赠其为邵陵太守。时人与刘备的作为，均是对其忠烈精神的褒奖。习珍的事迹几乎为所有的《习氏族谱》所载，"忠烈堂"是习氏所立诸多"堂号"中最为显著的一个。习珍的所作所为，是为习氏忠烈重德家风族风之基础。

（三）为官忠烈刚正且注重德行

为官者拉帮结派，相互吹捧，相互勾结，钩心斗角，是官场中的一大痼疾与毒瘤，也是朝政是否腐败的表征。是否有诸种恶习，是检验一个官员优劣的试金石。《襄阳耆旧记》卷一《人物·习温》载云："习温，识度广大，历长沙、武昌太守，选曹尚书，广州刺史。不立名迹，不结权豪。"习温为官，一直是居于独当一面、手握重权的要职，他能这样做，可见其为官忠烈刚正且注重德行。

为官者自己能做到公正公平不徇私，已属不易，而要保证"官二代"的子女不违法乱纪，实属更难。自古以来，官员徇私庇护，纵容子女违法乱纪，最后与之一道跌倒官场者，并不鲜见。

习温教子，可谓世人学习之榜样。《襄阳耆旧记》卷一《人物·习温》又载云："（习温）长子宇，为执法郎。曾取急归，趋车乘道，宾从甚盛。温怒，杖宇，责之曰：'吾闻生于乱世，贵而能贫，始可以亡患；况复以侈靡竞乎。'"习温见长子作为一个检查监督执法的官员，只是为了回家就

宾客随从甚众，十分恼怒，即一面挥棍棒打习宇，一面训斥道："吾闻生于乱世，贵而能贫，始可以亡患；况复以侈靡竞乎?"清廉之风，德泽孔长。习氏这种节俭门风，保留至今。

（四）习氏忠烈重德巾帼不让须眉

1. 习祯妹守养弱女

在《襄阳记》《襄阳耆旧记》等史籍中，多有习氏女性事迹的记载。《襄阳耆旧记》卷一《人物·庞林妇习氏》载云："庞林妇，同郡习祯妹。祯事，在杨戏《辅臣赞》。曹操之破荆州，林妇与林分隔，守养弱女十有余年。后，林随黄权降魏，始复集聚。魏文闻而贤之，赐床帐衣服，以显其义节。"其夫庞林也得到了提升。《三国志》卷三十七《庞统传》云："（庞）统弟林，以荆州治中从事参镇北将军黄权征吴，值军败，随权入魏，魏封列侯，至钜鹿太守。"

黄权、庞林降魏是怎么回事呢？庞林随黄权降魏一事，事出有因。《三国志》卷四十三《黄权传》载云：章武元年（221年），刘备为报关羽之仇，不顾赵云等将领的反对，一意孤行率部东下攻吴。当刘备领兵从秭归出发时，益州治中从事黄权苦谏道："吴人悍战，又水军顺流，进易退难，臣请为先驱以尝寇，陛下宜为后镇。"但刘备志在吞吴，故只当其言为耳边风，便"以权为镇北将军，督江北水师以防魏师；先主自在江南。及吴将军陆议乘流断围，南军败绩，先主引退。而道隔绝，权不得还，故率将所领降于魏"。曹操于建安十三年（208年）取荆州，至黄权、庞林"降吴不可，还蜀无路"，迫不得已于公元221年降魏。当刘备手下知黄权降魏，要捉拿黄权妻子之时，刘备言："孤负黄权，权不负孤也！"到此，庞林妇习氏与庞林团聚，为时已十三年矣！

习祯妹庞林妇是如此贞节重德，而习竺女、李衡妻习英习忠烈重德，犹显巾帼不让须眉。

2. 习英习足智多谋且贵而能贫

《三国志》卷四十八《孙休传》云：永安元年（258年）冬十月，孙休下诏曰："丹阳太守李衡，以往事之嫌，自拘有司。夫射钩斩祛，在君为君，遣衡还郡，勿令自疑。"裴松之接下引《襄阳记》作注约570字，写了两件大事展现习英习的忠烈重德。

第一件事是劝李衡"负荆请罪"忠于吴国。言李衡为官时曾经对孙休执法，逼迫孙休向皇帝孙亮请求徙他郡，亮命孙休徙会稽郡。孙休当了吴国的皇帝后，李衡害怕遭到打击报复，试图叛吴降魏。习英习劝其向孙休"负荆请罪"，终于得到了孙休的谅解并委以重任。

第二件事是制止李衡为官时千方百计地为子孙敛财，提出"人患无德义，不患不富，若贵而能贫，方好"的观点。

习英习忠烈重德的言行，真是巾帼不让须眉。此事后详，此不赘述。

第二章

习凿齿前人事迹概述

第三章　习凿齿其人其风

前述襄阳习氏人物为官重德、为人持重等品格，实乃其家风族风使然。历经千余年所积淀的这些良好的家风族风，至习凿齿时得到了进一步的发扬光大。然而由于历史的原因，关于习凿齿生卒年等若干问题，古人留给我们不少的谜。但他是上承习氏数百年优秀家风族风，下启习氏"凿齿之风"的关键人物，同时也是东晋名人，理清楚他的生平行踪，有利于弄清楚与其相关的若干历史问题。因此，对他的情况必须据实再作考证。

一、习凿齿生卒年考

1 600 余年以来，习凿齿的生年均是以"？"表述，其卒年则是以"383 年？"或"384 年"表述。然而实际上不该如此。为解学者与读者之疑，笔者细考。

1. 凿齿生卒年，陈说千百年

关于习凿齿的生卒年问题，迄今为止，无论是在网上还是在新近的诸多论文与著作中，特别是在辞书中，多是以"？—383 年？或 384 年"表述。

笔者检索"中国知网"发现，自 1957 年至 2012 年底，有关习凿齿研究的论文计 118 篇，平均每年约发表 2 篇。

笔者又检索中国期刊全文数据库、中国重要会议论文全文数据库，1979 年至 2011 年 9 月统计：关于习凿齿研究的论文仅 102 篇，关于习凿齿研究的硕士、博士学位论文仅 3 篇。

这些论文论及习凿齿的生卒年皆是"？—383 年？或 384 年"。

关于习凿齿的生卒年，诸多辞书无传，少有的几本辞书只是写作：习凿齿（公元？—384 年）。如：

1979 年出版的《辞海》，习凿齿未列条。1988 年商务印书馆出版的《辞源》，在该书的第 1361 页"习凿齿"条中云：习凿齿（公元？—384 年）。

南京大学历史系编写的《中国历代名人辞典》第 123 页"习凿齿"条中云：习凿齿（？—约 383 年）。

对于习凿齿的里籍及其生卒年问题，柯美成先生在其著作中开篇即云：

> 习凿齿，字彦威，襄阳人。东晋史学家、文学家。其生卒年说法不一：一说约生于晋元帝建武元年（317 年），卒于晋孝帝太元九年（384 年）；一说约生于晋明帝太宁三年（325 年），约卒于太元十八年（393 年）；更有一说生于晋成帝咸和三年（328 年），卒于晋安帝义熙九年（413 年）等等。本前言叙事暂取第一种说法。①

本人之说，在上述三说之外，即持（328—412 年）之说。此说曾与相关学者进行过论辩，自以为问题已经解决，然并非如此，为正学术是非，只能再论。因所论问题联系紧密，为使读者阅读时不觉突兀和资料的翻查之劳，有的论题，在关键证据的运用上，难免有"重用"之处，特此说明。

2. 笔者考证习凿齿的生卒年（328—412 年）的成果已为社会承认

第一，湖北省有关部门也采信了笔者论著中的内容及相关研究成果，在襄阳新修建的习凿齿祠堂中的"习凿齿像"下面的人物简介这样写道："习凿齿（公元 328—412 年），字彦威，东晋时期襄阳（今湖北襄阳市）人，史学家……东晋收复襄阳后，……后举家迁至江西万载，后再迁至新余，卒葬于新余白梅村。……"（见如下照片）

---

① （晋）习凿齿著，（清）汤球、黄奭辑佚，柯美成汇校通释：《汉晋春秋通释》，北京：人民出版社 2015 年版，第 1 页。据笔者所掌握的资料，几乎众口一词称习凿齿于公元 384 年卒于襄阳，因此有必要详加论说。

人物简介
——习凿齿

习凿齿（公元328—412年）字彦威，晋时期襄阳（今湖北襄阳市）人。东汉末至两晋之际就学博学多闻，以文著名人显出。曾经擢任东晋大将、荆州刺史桓温幕僚，以入幕从事，转任西曹主簿、别驾，甚得桓温器重。因忤逆桓温，遣为户曹参军，后出江陵郡守。字，以足疾辞官，还归襄阳。东阳后，被推举任长史。廷命他编修国史，未行。后举秀通至新余，卒卒于新余白帽村。载，后再遣至新余，卒卒于新余白帽村。著有《汉晋春秋》五十四卷，优秀的人物阳言旧记》是中国最早的人物志之一。撰已佚。裴注《三国志》多有引用。所作《人物秘书》——文，存《晋书本传》，原有悉已佚。

——据《晋书·习凿齿传》

第二，《晋书·习凿齿传》（以下简称《晋书》"出版说明"中所言："《晋书》的修撰，从贞观二十年（646年）开始，二十二年（648年）成书，历时不到三年。……唐代以前写成的晋史有二十多种，在唐初，除沈约、郑忠、庾铣三家《晋书》已亡佚外，其余都还存在……在修撰《晋书》时所能见到的晋代文献，除上述专史外，还有大量的诏令、仪注、起居注以及文集，可供采择的资料应当说是很丰富的。但该史编撰者只用臧荣绪《晋书》作蓝本，并兼采笔记小说的记载，稍加增饰。对于其他各家的晋书和有关史料，虽然也曾参考过，却没有充分利用和认真加以选择考核。因此成书之后，即受到当代人的指责，认为它'好采诡谬碎事，以广异闻；又所评论，竞为绮艳，不求笃实'。刘知几在《史通》里也批评它不重视史料的甄别去取，只追求文字的华丽。……前后矛盾，失去照应，叙事错误、疏漏之处，指不胜屈。"①

---

① （唐）房玄龄等撰：《晋书》（第一册），北京：中华书局1974年版，第1～6页。

上述这些批评具体落实到《晋书》中，显得尤为典型、尤为到位、尤为切合事实。

具体来说，《晋书》虽然没有明确地说习凿齿未死于"襄邓反正"，但是这里用的记述手法是补叙法。补叙法在政论文中也常见，而在小说中的运用能使故事更易于读者理解。笔者在应邀讲学时说到这个问题。《晋书·习凿齿传》中先言凿齿"襄邓反正"后被征典国史，因习凿齿"会卒"而"未果"。何时"会卒"呢？后文专门补叙在30余年之后。

第三，关于习凿齿公元384年未卒的时间、地点、去向的明确记载有六：

一是《晋书·习凿齿传》曰："是时（桓）温觊觎非望，凿齿在郡，著《汉晋春秋》以裁正之。"这里的"著"，如果姑且算作"著成"的话，笔者已经考证：习凿齿是公元363年4月荥阳失守之前不为官的①，即在郡的时间可算作公元363年3月。后又于襄阳、谷隐山赋闲（实际上是协助道安弘法和从事著述）15年。按照清代晋史专家汤球等将"越魏继汉论"算作《汉晋春秋》里面的重要篇章来计算，《晋书》接着曰："而身微官卑，无由上达，怀抱愚情，三十余年。"这三十余年，姑且算作33年的话，习凿齿约至公元412年才死，故而说其死于"襄邓反正"的公元384年是误载。

二是《晋书》运用补叙手法，说是看到了习凿齿"怀抱愚情，三十余年"的上书后，才请其典国史的，尔后才知习凿齿去世了（因后有分析，出处从略）。

三是与习凿齿死后相距时间不太长的郦道元的《水经注》中载有《汉晋春秋》记下的公元383年11月苻坚淝水之战大败时的史实，说明习凿齿在公元384年时未死。

四是《世说新语·忿狷第三十一》中云："王令诣谢公，值习凿齿已在坐，当与并榻。王徙倚不坐，公引之与对榻。去后，语胡儿曰：'子敬实自清立，但人为尔多矜咳，殊足损其自然。'"查其三人生卒年及任职时间，习凿齿与王献之同在谢安家是公元385年1月至8月间的事。再查谢安行踪，此时三人同坐，具体当是这一年的七八月的某日，有待新的资料

---

① 参见吴直雄：《习凿齿及其相关问题再考辨》，《南昌大学学报》2011年第2期。

发现。习凿齿与谢安，早在释道安弘法襄阳之时，就有书信往来，足见他们关系较好，且王献之到来之前，他与谢安已经在坐。可以推定，久居白梅的习凿齿通过谢安，对淝水之战的种种情况是清楚的，尤其对朱序在此次战役中的作用也当是了如指掌的。据此，笔者将《汉晋春秋》中关于"淝水之战"中这一小插曲，安排在太元十年（385 年）七月至八月间或以后，当是可以的。也说明习凿齿公元 385 年尚在人世。

五是习凿齿之子习辟强拟反刘裕事可证。据《魏书·王慧龙传》载："慧龙年十四，为沙门僧彬所匿。百余日，将慧龙过江，为津人所疑，……遂西上江陵，依叔祖忧故吏荆州前治中习辟强。时刺史魏咏之卒，辟强与江陵令罗修、前别驾刘期公、土人王腾等谋举兵，推慧龙为盟主，克日袭州城。"查王慧龙生于太元十五年（390 年），卒于北魏太平真君元年（440 年）。王慧龙 14 岁去依从习辟强，即公元 404 年去见习辟强。据多部《习氏族谱》载称："辟强，字中立，晋元兴元年（直雄按：公元 402 年。是年正月，晋诏讨桓玄，以司马元显为骠骑大将军、征讨大都督，刘牢之为前锋都督）骠骑从事中郎。"① 据此可知，习辟强竟有如此胆量和势力，可能他近 33 年的为官（《习氏族谱》载：辟强生于公元 350 年 1 月，公元 404 年时的习辟强 54 岁。谱载，辟强 21 岁为官，54 岁时已为官 33 年了），一直是在荆州任上。晋代以"孝"治天下，义葬当归里，至今民俗亦如此。如果其父习凿齿真的是死于公元 384 年 10 月，这个在荆州任上已近 33 年的孝子，怎么不将其父的墓建在荆州的襄阳，而是在公元 412 年建墓在江西新余分宜的枣木山？正是因为习凿齿于公元 379 年逃离了襄阳，来到了江西万载后又到了白梅的结果，这就是在襄阳没有习凿齿墓的根本原因！也是习凿齿"襄邓反正"后并未死去的坚证！

六是，如果从表现手法来看，《晋书》还明载了习凿齿不仅未死于襄阳，而且是于襄邓反正 30 余年后才去世的。且看：

寻而襄邓反正，朝廷欲征凿齿，使典国史，会卒，不果。临终上疏曰：臣每谓皇晋宜越魏继汉，不应以魏后为三恪。而身微官卑，无由上达，怀抱愚情，三十余年。今沈沦重疾，性命难保，遂尝怀此，当与之朽

烂，区区之情，切所悼惜，谨力疾著论一篇，写上如左。①

笔者以为，"襄邓"是东晋王朝的"西大门"，对于东晋王朝来说，是一个非常重要的军事地域，但对于史籍编修者们来说，则更是一个重要的时限概念。这个时限，并不一定是说，襄邓一反正，立即招凿齿典国史。如果是这样短的一个时限，则与后面的"怀抱愚情，三十余年"相抵牾。实际上，东晋典国史，事在义熙二年（406年）至义熙十年（414年），这与凿齿"怀抱愚情，三十余年"后的上书几乎是一致的。显然，《晋书》的编撰者不会看不出这是一大矛盾，而当是在襄邓反正较长时间之后，在看到凿齿"怀抱愚情，三十余年"的上书后，朝廷想到请凿齿典国史。惜"会卒，不果"。这是《晋书》的编撰者运用补叙手法的本意，这种补叙手法有两个作用：一是展现了习凿齿对朝廷之忠，临终而不忘上书；二是从语境上限定了朝廷是在看到习凿齿"怀抱愚情，三十余年"的上疏后，拟请其典国史，才发现习凿齿真的是临终时上的书，所以"会卒，未果"。实有凸显习凿齿高尚政治品格之妙，习凿齿死于公元412年当是无误的事实。

第四，笔者对习凿齿并未卒于襄阳从以下七个方面论证：

一是习凿齿并非在襄阳落泊（此时之习凿齿当是赋闲、著述和协助道安弘法）十年，而是弘法十五年。笔者在《习凿齿及其相关问题再考辨》中论定：习凿齿于公元365年4月5日邀请释道安来襄阳，他一直往来于襄阳与谷隐山，从事著述和协助道安弘法。到公元379年离开襄阳，他在襄阳前后算来约十五年。

二是在东晋政权看来，苻秦是敌国、伪国，苻坚是这个敌国的魁首。为这个敌国魁首所重视的习凿齿在其治下的襄阳待到公元384年，一般说来，东晋政权会对他产生警惕，应该不会征他典国史。

三是在中国历史上，任何一个封建政权都不会认为自己政权的存在不具有合法性。君不见北宋政权来自欺君幼小搞政变而得，想得多是怎样"安内"防覆辙，哪里有汉武、唐宗的雄心去统一中国？置交趾、大理诸地而不顾，对辽只是妥协纳贡。故黄裳议云："然考其实，则赵宋以柴氏

---

① （唐）房玄龄等撰：《晋书·习凿齿传》，北京：中华书局1996年版，第2154页。

之臣，欺孤儿寡妇以取其国，初不能并契，复唐故地，而其后嗣君与契丹通好，其实事之。夫欺夺柴氏，是不能正天下之不正也；实事契丹，是不能统天下之不一也。"① 司马光敢尊崇习凿齿的大一统论吗？他敢于提出"思汉唐"吗？故其《资治通鉴》中关于"三国"的主旨是"帝魏而寇汉"。习凿齿的"越魏继汉论"，实际上亦隐含了对晋司马氏政权的尖锐批评（见吴直雄《习凿齿及其相关问题再考辨》），其《汉晋春秋》中有讽刺司马懿"'畏蜀如畏虎，奈天下笑何！'宣王病之"[《汉晋春秋》（汤球辑本）]。又云："死诸葛走生仲达。"（出处同上）记司马昭篡政之心切云："司马昭之心，路人所知也。"（出处同上）揭露司马炎曰："桓、灵卖官，钱入官库，陛下卖官钱入私门，以此言之，殆不如桓、灵也。"[《汉晋春秋》（黄奭辑本）]其中"死诸葛走生仲达""司马昭之心，路人所知也"，已成成语，耳熟能详。请批判其开基祖的习凿齿典国史，叶植先生说就是欣赏他的"越魏继汉论"，有何事实作为根据？此不多述。

四是就目前的史料而言，习凿齿的"理论"只能是"越魏继汉论"。是论的要害是"晋宜继汉"而不当"继魏"，对晋史的编撰来说是颠覆性的。叶先生说晋廷已知这"一套解决晋朝政权合法性的史学新理论"当是习凿齿的临终上书，习凿齿之子辟强一直在荆州任职，又怎么会找不到习凿齿呢？又怎么还会要他这个"临终"之人去典国史呢？又怎么会欣赏他对晋史编撰的颠覆性批评呢？

五是习凿齿为完成自己的系列著作，为协助道安弘扬佛法，曾往来于襄阳城和谷隐山十五年，不久又被苻坚"请"往长安。其间，他根本就未病到"临终"的地步，何曾上书朝廷？朝廷又从哪里知道他有"一套解决晋朝政权合法性的史学新理论"？

据上述资料所载，一篇《晋书》，因"寻而襄邓反正"这个时限后紧接着用了"会卒，未果"，后面用补叙手法客观地记下了"怀抱愚情，三十余年"，还是清楚地表明了朝廷见他精心修改、临终呈上的《汉晋春秋》，惜真是"临终"所上，故而请其典国史，而东晋典国史，事在义熙二年（406年）至义熙十年（414年），故知其不久而卒，因而未果。

六是诚如笔者前述，习凿齿"自以其意修《汉晋春秋》，帝蜀汉而寇

---

① 饶宗颐：《中国史学上之正统论》，北京：中华书局2015年版，第368页。

曹魏。倡言正统之说，非不善也！然晋受魏禅，魏统非正，晋实关焉！遂用谮言而罪凿齿，凿齿既得罪，尤惧祸未解，埋名谷隐，复因苻坚寇襄阳，走避渝川山谷间……"①

曾鹤龄在其《习氏族谱后序》中不仅指出习凿齿乃新余习氏之开基祖，而且指出其"越魏继汉论"在当时就遭到了诬陷与中伤，指出这是习凿齿离开襄阳的潜在原因之一。现在叶植先生说东晋政权重视习凿齿的临终上书，这只能说明习凿齿在襄邓反正之公元384年10月未死，除此无其他解释。

七是习凿齿晚年隐居江西新余白梅、卒葬枣木山有如下事实为证：

（1）首修者习均谦，他修谱不是凭空杜撰，而是"愍旧谱之残失也，乃旁稽博考，修谱以示后"〔王直《新余西田习氏族谱序》（直雄按："西田"即"白梅"），载《新余西田习氏族谱》，1378年刊本〕，这说明习均谦修谱，是以习氏残谱为底本的。"魏晋南北朝时期，是我国家谱发展的极盛时期。"② 不修谱会被视为大不孝。一般而言，习辟强及其后人是不会不修谱的。残谱再残也不会将其开基祖习凿齿暮年遁隐江西新余白梅、卒葬枣木山的大事"残失"掉、"疏忽"掉。

习均谦，生于元致和元年（1328年）九月二十日辰时，卒于明洪武二十六年（1393年）二月二十五日，③ 享年65岁。他在元代生活了近41年，在明代生活了近25年，其时《大元一统志》未佚，而《大明一统志》未面世，习均谦修谱，记载其开基祖习凿齿在江西的行迹，既可以参考"残谱"，又可以参考记载有习凿齿暮年遁隐白梅、卒葬枣木山的关于袁州事迹的郡志、《大元一统志》等史料。故其在洪武十一年（1378年）正月在修完谱后记下相关史料，并明确写道：

……凿齿始为襄阳主簿，后陟升荥阳太守。苻坚寇襄阳，屡以书征。凿齿不屈，携妻及子隐于万载之书堂山，而终卜居于斯焉！由晋而唐、而宋、而元明，历世久远，遗迹犹存。观故地基址、祖葬茔丘及古志山水地

① 曾鹤龄：《习氏族谱后序》，《梅田习氏族谱》，1378年刊本。
② 欧阳宗书著，武新立审定：《中国家谱》，北京：新华出版社1992年版，第66页。
③ 参见《高山习氏族谱》，1948年刊本。

域，可知先世之托处于斯土也久矣！余幼时常从叔祖允亨游于逍遥兰若（直雄按：即进贤寺）：有古钟焉。其所铭记，乃李唐国号。而喻邑（直雄按：即新余）隶于袁，其列施之名，习姓尤多……（直雄按：以下记其二世祖辟强子孙自晋至刘宋、至萧梁……代代相传的去向明确、脉络清晰）①

读完全篇，知其谱系十分清楚可信。

余先生称本人"用《白梅习氏家谱》作为论据，来说明习凿齿为逃避战乱确实到了沧洲，直到最后去世，是缺乏史实依据的"。难道郡志、《大元一统志》《大明一统志》《嘉庆重修一统志》《四库全书》等正史明载习凿齿落籍江西新余白梅就不是史实依据吗？

（2）首修之谱的首位作序者——梁寅，新余人。生于元成宗大德七年（1303 年），卒于明洪武二十二年（1389 年），享年 87 岁。他是元、明时期的大学者，著作等身，《明史》中有其传。② 梁寅在其序中，遵从作"谱序"的基本要求，充分肯定了习凿齿是白梅习氏的开基祖及习均谦修谱的严谨性，像这样能抛弃通过元朝廷的科举考试为官的机会并以双亲年老为由辞去元朝廷给予的官职而正直自处、潜心学问的大学者，其序当可信。梁寅作于洪武壬戌（1382 年）孟秋月的序云：

习氏之居渝州（直雄按：即新余）者，惟白梅之族为盛。……襄阳诸习称豪盛。凿齿文学该赡，望隆四海。习之显人，后无逾之者。而白梅之习氏，世为其后。故其里有凿齿祠，里近有凿齿墓，在分宜之枣木山，距白梅十里许，自此距墓又百里有书堂山，在万载西境，山麓旧有书堂，后因为祠。即凿齿避地授徒处，事载袁州《郡志》［直雄按：显然，曹学佺的《舆地名胜志》中关于习凿齿在江西的遗迹的记载，除了受《大明一统志》（而《大明一统志》又是以《大元大一统志》为蓝本）的影响外，很有可能其书中的凿齿遗迹就来自袁州的《郡志》。惜叶植先生未留意这一重要事实］……均谦愍其谱之残阙，与其昆弟议而编次之，又从而自序之。由其学问之邃也！识趣之端也！立言之信也！故其为谱者，先后有

---

① 参见《玉梅习氏族谱引》，《高山习氏族谱》，1948 年刊本。
② 参见谭正璧：《中国文学家大辞典》，上海：上海书店出版社 1981 年版，第 948 页。

序，分析有条，记注必审，有疑必缺。而其自序也，不妄援为以为夸，不凿空以失实……①

读完这位大学问家的序言，当知凿齿遗迹之可信。

（3）首修之谱的第二位作序者——黄子澄，名湜。他是与新余临近的分宜县人。生于元至正十九年（1359年）十二月二十六日，死于明建文四年（1402年），《明史》中有传。他是欧阳贞、周与学、梁寅的学生，明洪武十八年（1385年）会试第一，探花及第，官至太常寺卿。在与齐泰同参国政削藩的过程中，为燕王朱棣所擒，后不屈而被杀，年仅43岁便死于"靖难之役"，400余人受到株连，100多人被杀。② 像这样刚烈的政治家兼学者，按"谱序写作要求"所作《习氏族谱序》云：

　　……其世族渊源，则为东晋凿齿之后。……夫习之受姓卜居，其源远矣！此凿齿避符坚之难，隐于万载书堂山，再徙居于临江之新余白梅，子孙遂为新余人……③

是序作于洪武二十年（1387年）中秋月。其所见资料当包括《大元大一统志》、袁州的郡志等较为原始可信的史籍。

（4）次修之谱的首位作序者——王直，字行俭（一作行检），江西泰和县人。生于明太祖洪武十二年（1379年），卒于明天顺六年（1462年），享年84岁，《明史》中有传。王直不仅是位正直的大官（英宗时累拜吏部尚书，秉权十四年，奉职公允），同时还是一位大学者，有《抑庵文集》13卷、《抑庵文集·后集》37卷行世，其诗文典雅纯正，富有宋元遗风。按照作"谱序要求"其序云：

　　新余于唐，属袁州。白梅习氏为东晋习凿齿之后。盖其里有凿齿祠。分宜之枣木山，有凿齿墓。去白梅十余里万载书堂山乃凿齿授徒处，旧有

① 参见（明）梁寅：《习氏族谱序》，《高山习氏族谱》，1948年刊本。
② 参见分宜县博物馆编：《黄子澄纪念馆陈列大纲》，2008年刊本。
③ 参见（明）黄湜：《习氏族谱序》，《高山习氏族谱》，1948年刊本。

书堂，后因以为祠。其迹可考如此，见石门梁先生所作谱序中。凿齿本襄阳人，以博学洽闻名重海内，曾为桓温从事，出守荥阳，既而以足疾废。符坚陷襄阳，喜得之，聘与道安同载。凿齿鄙之，俄以疾辞归，偕其子辟强，远觅避秦之所，由襄阳而康乐（直雄按：当时的宜春亦曾称为康乐），履书堂（直雄按：即江西万载的书堂山。其地原名俨田，因习凿齿在此开馆授徒读书，后人改俨田之名曰"书堂山"），过白梅（直雄按：此地原名缑山，因习凿齿而改其名，有的支谱写作梅岭），见其山水清幽，谓然曰："此桃源别境也！"遂家于斯焉。是时史不及载。今考其墓与祠，俱隶白梅。白梅族其为后裔无疑。……①

是序作于明正统四年（1439年）春三月朔日。其所见资料当包括《大元一统志》及有关袁州事迹的郡志等较为原始可信的史籍。细览王直之序，还可知他对《晋书·习凿齿传》是精读过的，也是颇有研究的。王直在序中对习凿齿为官的德行和学问多有赞誉，王直自己也是一个为官端正者和大学问家，给人以"惺惺惜惺惺"之感！王直在其序中亦十分明确地回答了习凿齿"未卒"于襄阳的问题。

（5）次修之谱的第二位作序者——曾鹤龄，字延年，一字延之，他也是江西泰和县人。生于明洪武十六年（1383年），卒于明正统六年（1441年），享年59岁。永乐十九年（1421年）进士，官至侍讲学士。鹤龄工于文，著有《松臞集》28卷行世。② 曾鹤龄其序云：

渝川习氏之族，惟白梅里最盛。而白梅之先，自凿齿避地始。具见袁州《郡志》暨梁大史孟敬序文。以此观之，则渝川后裔之盛，一本诸凿齿矣！凿齿字彦威，世为襄阳豪族。而凿齿独以文学杰出，望重四海，亦何伟也！凿齿初事晋，桓温擢为荥阳守。自以其意修《汉晋春秋》，帝蜀汉而寇曹魏。倡言正统之说，非不善也！然晋受魏禅，魏统非正，晋实关焉！遂用谮言而罪凿齿，凿齿既得罪，尤惧祸未解，埋名谷隐，复因符坚

---

① （明）王直：《习氏族谱序》，《高山习氏族谱》，1948年刊本。
② 参见谭正璧：《中国文学家大辞典》，上海：上海书店出版社1981年版，第1006页。

寇襄阳，走避渝川山谷间……①

    曾鹤龄在其后序中不仅指出习凿齿乃新余习氏之开基祖，而且指出其"越魏继汉论"在当时就遭到了诬陷与中伤，并指出这是习凿齿离开襄阳的潜在原因之一。

    （6）白梅实在其《真作假时假充真——评叶植先生指白梅习氏"造假"的伪学术实质和反逻辑手法》② 中说道：

    20世纪80年代中，有湖南省桃江县鸬鹚渡习家代表数人，辗转寻根到白梅。对照双方族谱，《湖南习氏（东阳堂）七修族谱》（下称"湖南习谱"）"源流图"载：其先祖习光祖（南朝宋为郢州金判）系凿齿七世孙，习义章（南朝梁为平江长史）系凿齿十世孙，与白梅习谱所载完全一致。白梅习谱载，光祖、义章解组归田，卒葬白梅坟山。义章二子：长庚、长春。长庚名下传至第26世，长春无后世记载。湖南习谱载，义章十三传（即凿齿第23世孙）习广能；白梅习谱23世兄弟10人，也是广字辈。湖南习氏自南朝梁时离别白梅后，经历几十代人，曾徙迁吉安、泰和、湖北云梦，最后定居湖南桃江鸬鹚渡。其始迁祖逸庵（元进士）、卧江（元举人）于明洪武八年（1375年）迁云梦时，白梅均谦尚未着手修谱。可是，两支凿齿后裔，别离后互不通音讯1 400多年之久，其各自重修族谱，23世前世系竟十分一致！它证实：一是他们的共同祖先，在1 400年前从凿齿到义章在白梅已生活了十代人的时间。二是义章生前白梅就有了家谱，并规定了统一字派。

    由此可见，南朝时远在湖南的习凿齿子孙就修有习氏家乘，明载习凿齿在江西白梅的繁衍情况。

    检索《梅田习氏族谱》，仅仅在明正统、景泰年间，赞白梅习氏为人公正好学等题诗赋文者，多有提及习凿齿事迹的，诸如杨荣、杨溥、杨士奇、于谦等一百余名臣学者。难道这些饱学之士一致肯定习凿齿落籍白

---

① 曾鹤龄：《习氏族谱后序》，《高山习氏族谱》，1948年刊本。
② 《萍乡高等专科学校学报》2012年第5期，第66页。

梅，也是没有事实依据的吗？

上述诸多名人学者对诸多史料、史迹的肯定是可信的，习凿齿晚年隐居江西新余白梅、卒葬枣木山的事实还有很多，此不赘述。

（7）习凿齿在自己的著作中，也"自述"太元九年（384 年）十月他活得好好的、正在新余白梅完善他的《汉晋春秋》和《襄阳耆旧记》等著作。

这有大量的史实为证：

一是：习凿齿的《汉晋春秋》写到了东晋太元八年（即公元 383 年 11 月时）的人物与事件。而习凿齿则早在公元 363 年 4 月以前就罢归里巷，故而其《汉晋春秋》完成于其在郡之时是不太可能的。

二是在《四库全书·集部·总集类·元文类》卷三十三、《四库全书·集部·总集类·文章辨体汇选》卷二百八十六等史籍中，均明确记载不是在郡完成《汉晋春秋》的。现引元·郝经的《郝氏续后汉书·自序》中的内容予以说明：

> 汉建安末，曹氏废汉自立称魏。孙氏据江左僭号称吴。昭烈以宗子继汉即位于蜀，讨贼恢复卒莫能相一，而折入于晋。晋平阳侯相陈寿，故汉吏也。汉亡仕晋作《三国志》，以曹氏继汉而不与昭烈，称之曰蜀。鄙为偏霸僭伪。于是统体不正，大义不明，紊其纲维。故称号论议皆失其正。哀帝（直雄按：公元 362—365 年在位）时，荥阳太守习凿齿著《汉晋春秋》，谓三国蜀以宗室为正，魏虽受汉禅晋，尚为篡逆。蜀平而汉始亡。上疏请越魏继汉，以正体统。……①

三是在论及在郡完成《汉晋春秋》这一问题时，从《晋书》看似前后矛盾的记载中发现完稿在白梅。

一方面，《晋书》云："是时（桓）温觊觎非望，凿齿在郡，著《汉晋春秋》以裁正之。"这里的"著《汉晋春秋》以裁正之"就是完稿并发表以裁正，就会如后面道及孙盛《晋阳秋》揭露桓温"枋头大败"并委祸于部下袁真等卑鄙行径、惹得桓温大怒一样。

---

① （元）郝经：《郝氏续后汉书·自序》，《四库全书·子部·类书类》。

但习凿齿并未遭"孙盛之祸事"，可见其著《汉晋春秋》目的是要裁正桓温，并不是那么直接与"露骨"。接下来就写道："临终上疏曰：'臣每谓皇晋宜越魏继汉，不应以魏后为三恪。而身微官卑，无由上达，怀抱愚情，三十余年。今沈沦重疾，性命难保，遂尝怀此，当与之朽烂，区区之情，切所悼惜，谨力疾著论一篇，写上如左。'"① 笔者已经分析过，习凿齿从政之时，正是17岁至35岁的中青年时期，也是其仕途由高峰期逐渐走向低谷期直至归隐林泉之时。在其罢郡荥阳而归以前这一段时间内，从未见其有病的记载，更谈不上"临终"。足见在郡著《汉晋春秋》只能是在著的过程中而已。

四是习凿齿的《晋宜越魏继汉不应以魏后为三恪论》，是清人汤球《汉晋春秋辑本》所辑《汉晋春秋》中最为重要的一篇，是其临终忧国之论，从该论的深层次内容来说，实际上是对晋室的总体性批判之论，85岁的习凿齿，当然不可能是35岁临终，所以在郡著成《汉晋春秋》之说就不能成立了。

五是桓温的野心虽曾多次暴露，但其军政权力最大之时与事件之暴露，主要还是表现在习凿齿被罢郡荥阳之后。

例如公元351年12月，习凿齿当仍在桓温幕中，那时"桓温得知朝廷以殷浩抗己，故声言北伐，拜表后率众四五万顺流而下，移军武昌（今湖北鄂城）。朝廷大惧"②。但经司马昱等一批朝臣苦谏之后数日，即自行谢罪收兵还镇。

到公元363年5月，"晋诏加征西将军桓温大司马、录尚书事，假黄钺。以袁真都督司、冀、并三州诸军事"③。至公元368年12月，"晋诏加大司马桓温殊礼，位在诸侯王之上"④。至公元371年，桓温专权废帝，怀有篡夺野心，尝抚枕叹曰："男子不能流芳百世，亦当遗臭万年！"到这年11月，"桓温入建康，废晋帝为东海王，以丞相、会稽王司马昱为帝，是

① （唐）房玄龄等撰：《晋书·习凿齿传》，北京：中华书局1996年版，第2154页。
② 参见张习孔、田珏：《中国历史大事编年·三国两晋南北朝隋唐》，北京：北京出版社1997年版，第158页。
③ 参见张习孔、田珏：《中国历史大事编年·三国两晋南北朝隋唐》，北京：北京出版社1997年版，第163页。
④ 参见张习孔、田珏：《中国历史大事编年·三国两晋南北朝隋唐》，北京：北京出版社1997年版，第66页。

为太宗简文帝，改元咸安。桓温继而杀东海王三子，废武陵王晞、新蔡王晃，又杀庾倩、殷涓及其一族。12月，桓温降封东海王为海西（今江苏连云港南）县公"①。

这时的习凿齿早已罢郡，他不可能在郡预知其后事而著成《汉晋春秋》以裁正桓温，要说他著《汉晋春秋》有裁正桓温的意思的话，那只能是在其罢郡赋闲之后。

六是若以汤球《汉晋春秋辑本》中所辑习凿齿《汉晋春秋》中的《晋宜越魏继汉不应以魏后为三恪论》和《临终上前论疏》为例证，而这一论一疏，是习凿齿一生的理论要点和精华。对于称颂、尊崇"将死不忘忧社稷，正辞动于昏主，明戒验于身后，謇谔足以励物，德音没而弥彰，可不谓忠且智乎"②的习凿齿来说，就是在他生命的尽头，仍然不忘国家大事，故在临终前还要奉一论一疏于皇上。如此，则《汉晋春秋》当完稿于东晋义熙八年（412年）以前，或此前不久。此时，习凿齿早已隐居江西新余白梅33年了！

七是《临终上前论疏》中有"而身微官卑，无由上达，怀抱愚情，三十余年"之语。这也向我们昭示：习凿齿是在江西新余白梅临终前上书的。因为其《汉晋春秋》写到了公元383年11月苻坚之乱至败后之事，至少其《汉晋春秋》在公元363年罢郡只能出初稿。公元379年初步定稿（愍帝后又有添加），如果我们将"怀抱愚情，三十余年"中的"三十余年"估算为33年的话，则其《汉晋春秋》在公元412年才最终修订完稿。在其完稿之后，因要进呈皇上，所以又经过反复推敲修改，正合其在江西新余白梅生活了30余年的时光。

八是习凿齿作为一个尊崇仁爱贬斥分裂、尊崇忠义贬斥奸诈、尊崇一统、忠于朝廷的鸿儒，他娶生于咸康元年（335年）乙未初八的罗氏为妻，有子辟强。习氏家谱皆载：辟强生于永和六年（350年）庚戌岁正月十八寅时。辟强任职为"骠骑从事中郎"是在元兴元年（402年），其时年龄为52岁，其任此职的始年当是晋安帝（司马德宗）元兴年间（402—404

---

① 参见张习孔、田珏：《中国历史大事编年·三国两晋南北朝隋唐》，北京：北京出版社1997年版，第136页。

② （晋）陈寿撰，裴松之注：《三国志》（第三册），北京：中华书局1975年版，第717页。

年）。习氏家谱和《晋书·习凿齿传》中均载其任"骠骑从事中郎"（骠骑，即骠骑将军；"从事中郎"亦当为要职）。辟强生有三子名曰：安邦（生于东晋太元元年即 376 年，生有二子）、安国（生卒年不详，回襄阳承其宗祀）、安民（生卒年不详，生有三子）。[①]

"人之将死，其言也善。"像习凿齿这样忧国忧民之鸿儒，其言其行必善。习凿齿绝对不会为了强调自己理论的重要，而冒杀头灭族的欺君之罪去欺骗皇上。

再是有辟强在骠骑将军幕下为"从事中郎"官，由他自己或是委托辟强向皇上敬呈奏疏，也不是什么难事。据《汉晋春秋》的实际内容并非终于愍帝，及临终上书之举，则习凿齿《汉晋春秋》的最终完稿时间当在其临终时的安帝义熙八年（412 年）之前或此前不久，由此也可以说，其《汉晋春秋》的最终完稿当在江西新余白梅。

九是习凿齿的"晋宜越魏继汉不应以魏后为三恪"论，虽说习凿齿在申述此论时给司马氏加上了不少闪亮的光环。但是，细心人一看便知：在这光环的后面，总体上所凸显的是对司马氏"继篡逆""伤皇德""开乱将来"的尖锐批评。

"前事不远，吾属之师也！"刘邦曾分封同姓子弟为王，但最终"尾大不掉"，然文、景、武帝对这些同姓王的处理基本上是成功的。司马炎视天下为一己之私，系统地继承着刘邦的"错误"，但他和他的"接班人"们无能至极，将一个统一的晋王朝搞得分崩离析，最后偏居江南一隅的东晋王朝，延祚至公元 412 年已近百年，甚至连像阿斗刘禅这样"支持"诸葛亮、为一统江山而奋斗的后代和忠臣良将一个也没有（两晋虽说人才济济，但因两晋制度特别腐败，要么权臣反叛，要么忠臣冤死……），这是司马氏王朝搞分封制的可悲下场，也是因其对人民犯下滔天罪行而遭到的报应……从这个角度去考虑，习凿齿的上书实冒杀头之祸。远的不说，曾与之同在桓温幕下、同为桓温青睐的孙盛（约 302—374 年），因在其《晋阳秋》中客观地记下了桓温在公元 369 年 7 月至 9 月的"枋头大败"，大败之后又归罪于部下袁真等人，导致袁真不服造反等卑鄙秽行。桓温知悉此事后，要诛杀孙盛全家。此事在《晋书·孙盛传》等史

---

① 乾隆十二年《梅田习氏族谱总图》，1747 年刊本。

籍中均有记载。

历来良吏难为、真话难讲。对此，习凿齿是了然于心的。如果有奸猾之人在皇帝面前揭破与挑拨，习凿齿必遭诛灭九族之祸。鉴于孙盛险遭灭门，从这个角度上说，习凿齿在选择何时上书的问题上，不得不费时"三十余年"去思考，不得不在哀叹"沈沦重疾，性命难保"之际对朝廷尽忠，借以隐去其对晋廷无能的"泣血"批评。为保性命，为保子嗣，为使"越魏继汉论"不至湮灭，习凿齿在江西新余白梅反复思虑后直至临终上书是理所当然、毋庸置疑的。

习凿齿撰写的《襄阳耆旧记·朱序条》《晋书·朱序传》以及许嵩的《健康实录·朱序条》（可以反证习凿齿公元384年未卒）等史料，均证太元九年习凿齿未殁。

《襄阳耆旧记》终稿白梅，因为习凿齿将朱序的事迹写到了公元393年。现只补充其所著《襄阳耆旧记·朱序条》，以当作其公元384年10月未死的铁证！习凿齿这样写道：

朱序，字次伦，义阳人。初，拜使持节、监沔中诸军事、南中郎将，镇襄阳。丕围序，序母韩自登城覆行。谓西北角当先受弊，领百余婢并城中女丁，于其角斜筑二十余丈。贼攻西北，溃，便固新城。襄人谓之"夫人城"。序累战破贼。守备少懈，序陷于苻坚。后坚败，得归。拜征虏将军，复还襄阳。太元十八年卒。

太元十八年，即公元393年。我们可以幽默地说，或许这就是习凿齿对后人说他于公元384年10月已经去世的自我"申辩"！

此外，南朝梁、隋、宋、明、清等大量的方志、家谱史料皆明载习凿齿墓地、讲学地，生卒年是公元328年至412年。家谱、方志、国史、正史四者之间，家谱缘起最为古老，说它是"方志""国史""正史"的"老祖宗"，当之无愧，它虽非严格意义上的史料，然在正史或某种个人著作有错或不明确时，笔者以为还是应该相信"老祖宗"的重要佐证作用。因为："了解家谱内涵的人会告诉你：中国的许许多多珍贵的历史资料，

就是从幸存下来的家谱中发掘出来的。"①

第一，万载书堂山，古为张氏族群居地。近年张氏统修族谱，即有"书堂派张氏"一支。《张氏全国统谱·48 书堂派张千岳·书堂张氏族谱文献堂》在述其由来时称：

……晋贤习襄阳侯凿齿，读书于馆，其地原名偃田，因苻坚陷襄阳而居。此谷深邃，虽霁恒存云雾，墨池书迹存。凿齿为桓温别驾，字彦威，确读不辍于此，后人名为书堂山，在县西八十里。《袁州郡志》言：彦威避乱，卒葬分宜枣木山。……分宜有墓即古凿齿之墓也。……书堂始祖，千岳，字仁翁，行一郎，慕书堂为晋贤乐隐读书之地，遂鼎居书堂之南溪……②

清乾隆二十八年（1763 年）进士、江西万载高村人、廉吏李荣陛（1727—1800 年）论证习凿齿当在江西，曾为《习氏族谱》记录下来。李荣陛的论证是很有价值的。他称：习凿齿绕道经过万载也不是不可能的事。它不是"漠无踪迹之蔺村可比也"。蔺村，原名蔺家庄、向阳村，相传村民为战国名相蔺相如后人，为避战祸，改蔺姓为刘姓。而习凿齿到万载是有迹可考的。李进士写道：

《寰宇记》："万载县习凿齿书堂在县西八十里深谷中，虽霁，常有云雾。"

《名胜志》："晋治中习凿齿墓在分宜县北枣木山。避苻坚之乱隐居万载书堂山，卒葬于此。"

《江西通志》："书堂山在万载县西八十里，山谷深郁，虽霁，常有云雾。世传习凿齿因避陷襄阳，避地读书于此。"

《袁州府图志》："书堂山在万载县西八十里，世传习凿齿读书之所。又，习凿齿墓在分宜县十八都，地名塘西梅仙岭下，四畔山势高峻，茔冢今存。"

---

① 倪义省：《家谱文化是民族文化的根基》，《炎黄纵横》2008 年第 2 期，第 1 页。

② 《水尾衙背张氏族谱世系与诸种张氏族谱的校对若干差异》，http://547687.bokee.com/6207274.html。

《分宜县丘墓志》："习凿齿墓在邑北枣木山。避苻坚之乱，隐居万载书堂山，卒葬于此。又，宜春县卢肇书堂山云：'万载西八十里，亦有书堂山。习凿齿避此处。'"

《万载县志》："习凿齿，字彦威，襄阳人，为桓温别驾。晋末秦苻坚寇陷襄阳。时习凿齿避地于邑之山谷，诵读不辍，后人遂名所居之山为书堂山。今分宜有习墓。"

按：习襄阳。《郡志》载其避苻坚，居万载，卒葬于分宜之枣木山。而《舆地志》亦云分宜有习墓。及按《晋史》："桓温有异志，凿齿为著《汉晋春秋》：裁桓温逆萌，后竟以脚疾废。苻坚陷襄阳，闻释道安与凿齿名，为舆而致之，与语大悦曰：'吾破汉南，得士才一人有半。'以病脚故云。其居万载，因以书堂名山，则其脚废之后，不终为坚所污，犹能读书于此，信山川之得人而传也。"

一生为官廉洁的李荣陛，在做学问时，亦独具只眼：在肯定习凿齿曾在万载读书不辍的同时，亦对习凿齿的人品情操表示肯定与钦佩。

第二，习凿齿落籍白梅是经明清两朝皇帝"宸断"的史实。习凿齿晚年落籍江西新余白梅的史料，既有正史可证，又为景泰皇帝"宸断"，当是高于一般正史材料的。什么是正史？所谓正史，严格地说，就是经过皇帝御批之史，如："清代乾隆年间编辑《四库全书》，确定以纪传体史书为正史；并规定凡不经'宸断'（皇帝批准）的不得列入，诏定二十四史为正史。"[①] 习凿齿晚年落籍白梅之事，通过疏奏等一定的形式，可以说是向皇上报告过了的，当时是有御批可查的。

一是明朝代宗皇帝朱祁钰，对习凿齿落籍白梅之事有过御批：

习嘉言于明代宗景泰二年（公元 1451 年）请求为他的始祖习凿齿墓田免税的《请恩宠祀疏》中说："臣有始祖习凿齿于东晋时出守荥阳，忠贞存心，耿介矢念。……厥后始祖脚疾，解组归于襄阳，而犹有汉晋论陈上，上嘉纳焉。复征辟修辑国史，而始祖已避于袁（州），再徙于（新）喻，未几而卒，葬于宜阳（注：晋时宜春县改名为宜阳县，其时，分宜地

① 《辞海》，上海：上海辞书出版社 1979 年版，第 3121 页。

尚属宜阳县所辖）枣木山之巅，距臣家十里许。坟之前后左右行龙以下、洞口以内，约计数十余丈可耕可种，援为圭田，如宏周制，恳颁恩赐免税供租，少充祭具，照伊川先生六礼大略，于冬至日独祭始祖于家之堂，以尊所自，以表不忘。……"

奉旨："依议钦此。"①

由此疏可知：习凿齿暮年遁隐江西新余白梅，是千真万确的事实。因为，如果没有公认的史实为依据，仅仅为了一点墓田去造假，习嘉言是不敢冒诛灭九族之险去欺骗代宗皇帝的。他要是没有证据，而向后来权倾朝野的严嵩老家要祭田，只要严嵩父子一句话，就会招致诛灭九族之祸。像这样的御批，当为信史。

二是自明至清时隔三百余年后，乾隆皇帝钦定《四库全书》，其中有文章涉及习凿齿晚年落籍白梅事，堂堂正正地载入其中：

新余于唐属袁州，白梅习氏相传为东晋习凿齿之后，盖其里有凿齿祠，分宜之枣木山有凿齿墓，墓去白梅十余里，万载书堂山乃凿齿授徒处，旧有书堂，后因以为祠，其迹可考如此，见石门梁先生所作谱序中。凿齿本襄阳人，以博学洽闻，名重海内，尝为桓温从事，出守荥阳，既而以足疾废。符坚陷襄阳，喜得凿齿，载之去，俄以疾放归。其居于袁者不知自何时，岂乐于去秦而襄阳为异域，是以引避而居于此耶！然归不久而卒。今有其墓，当是此时来居而史不及载。白梅之族，为其后裔无疑。今居西田者，则宋宣和间析自白梅者也。诗书相传，久而益盛，表然为乡邑之望。洪武中，均谦处士愍旧谱之不传也，乃旁稽博考作谱以示后，至今六十余年，子孙日蕃，翰林侍读嘉言重修之，而请予为序。

自古受姓命氏，皆有爵者之子孙，其传之久，近视其德，本深则末茂，源远则流长，理固然也！凿齿初见重于桓温，然知温有异志，每阴抑之，由是忤意，而出其持心之正，执德之固，君子哉！若人也，是足以开善庆之源，况诗书之泽，又足以充益而引长之。习氏之子孙，安得不久且

---

① 李木子：《新余风物录》，新余市博物馆 1988 年编印，第 135 页。又校于《梅田习氏族谱·习嘉言〈疏〉》。

盛哉！谱所以收族，而仁义之道行焉，仁义笃，其恩义以正其分秩然，尊卑疏戚之伦蔼然，孝弟敬爱之施，惟读书知道者能之。习氏子孙而欲绍续于既往，流衍方来，其必以读书为本乎！如是，则虽百世有耀也。①

王直之序，历经300余年，习凿齿落籍江西新余白梅这样"来居而史不及载"的历史事实，为这位精明的乾隆皇帝所钦定编入其中，这亦是可靠的信史。

嘉庆皇帝下令重修的《嘉庆大清一统志》亦明载习凿齿来江西事（见彩插6）。

第三，《习氏族谱》中所载习凿齿的生卒年可与《世说新语》《本传》中的内容相吻合。笔者所涉猎的多部《习氏族谱》，其所记习凿齿生卒年皆是有如："清代乾隆十二年丁卯十月（1747年）修《梅田习氏族谱·世系总图》，'总图'详载云：'凿齿字彦威，号半山……生咸和三年戊子（328年）八月十三日午时……殁义熙八年壬子（412年）。享寿八十有余。'"

这个生年，可以说与《世说新语·文学条》所记暗合。该条记云：

习凿齿史才不常，宣武甚器之，未三十，便为荆州治中。凿齿谢笺亦云："不遇明公，荆州老从事耳。"后至都见简文，返命，宣武问见相王何如？答云："一生不曾见此人。"从此忤旨，出为衡阳郡，性理遂错。于病中犹作《汉晋春秋》，品评卓逸。

笔者在多篇论文及前面的系列论述中，已经论定"岁中三转"乃虚语，论证习凿齿为官是"十年三转"。

公元345年桓温为安西将军，都督荆、司、雍、益、梁、宁六州诸军事，领护南蛮校尉、荆州刺史。凿齿以其才，即被桓温辟为从事。在桓温麾下的幕僚生活，充分显示了习凿齿的过人才华，未满三十即被拔为别驾（在这里写作与别驾官位相当的治中）。由此可以推定，当是公元355年左右（345年加10年），习凿齿的官位达到了他人生中的最高点。如果我们

---

① 钦定《四库全书·集部·别集类·明洪武至崇祯·抑庵文集·后集卷十五》。

认为其公元 355 年为别驾（或治中）的话，其时凿齿正当 27 岁。27 岁为别驾，相当于桓温的副手，桓温对凿齿可谓器重、信任有加，故而习凿齿未满三十有"不遇明公，荆州老从事耳"之谢笺。这个生年的推定，可谓与《习氏族谱》暗合！《习氏族谱》记其卒年是公元 412 年，亦可与《晋书·习凿齿传》相吻合。

笔者曾在多篇论文中梳理了习凿齿的人生历程：公元 328 年出生，公元 345 年为官，公元 363 年解组归里，后赋闲从事著述、助道安弘法 15 年，公元 379 年为苻坚"舆至"长安，俄以疾归襄阳后即至江西万载，最后落籍新余白梅，公元 412 年前于白梅临终上书。

且看《晋书》云：

> ……俄以疾归襄阳。寻而襄邓反正，朝廷欲征凿齿，使典国史，会卒，不果。临终上书曰：臣每谓皇晋宜于越魏继汉，不应以魏后为三恪。而身微官卑，无由上达，怀抱愚情，三十余年。今沈沦重疾，性命难保，遂尝怀此，当与之朽烂，区区之情，切所悼惜，谨力疾著论一篇，写上如左。愿陛下考寻古义，求经常之表，超然远览，不以臣微贱废其所言。

笔者以为，此段文字，房玄龄等运用的是"补叙"写法。这一写法告诉我们：朝廷是在读到了习凿齿"怀抱愚情，三十余年"的上疏后，想到请其典国史的，不料习凿齿说的全是实话，他真的是到了"沈沦重疾，性命难保"之际。

诚如上述，检视习凿齿的人生历程，他从公元 345 年至公元 379 年，除了在苻坚面前说有"蹇疾"、借机离开长安之外，没有什么大病的记载。只有他在上书前说到的"怀抱愚情，三十余年。今沈沦重疾，性命难保"。可与此为佐证的是：刘义庆的《世说新语·文学条》中说习凿齿"于病中犹作《汉晋春秋》，品评卓逸"。而本传中言其著《汉晋春秋》时，并未说他患病，这就从一个侧面说明，习凿齿人近临终仍在抱病修改其《汉晋春秋》。刘孝标在注《世说新语·文学条》时写道：

> 《凿齿集》载其论，略曰：静汉末累世之交争，廓九域之蒙晦，大定

千载之盛功者，皆司马氏也。若以魏有代王之德，则不足，有静乱之功，则孙、刘鼎立，共王秦政，犹不见叙于帝王，况暂制数州之众哉？且汉有系周之业，则晋无所承魏之迹矣。春秋之时，吴楚称王，若推有德，彼必自系于周，不推吴楚也。况长辔庙堂，吴蜀两定，天下之功也。

对于这段文字，余嘉锡笺疏道：

程炎震云："'且汉有系周之业，则晋无所承魏之迹矣。'二句当有误字。晋书无此语，盖隐括其文，故无可校。"嘉锡案：凿齿上书谓晋宜越魏继汉，故比之于越秦系周。其论有云："夫成业者，系于所为，不系于所藉。立功者，言其所济，不言其所起。是故汉高禀命于怀王，刘氏乘毙于亡秦。季无承楚之号，汉有继周之业，取之既美，而己德亦重故也。"又曰："以晋承汉，功实显然，正名当事，情体亦厌，又何虚尊不正之魏，而亏我道于大通哉？"凿齿之意谓魏躬为篡逆，晋之代魏，本非禅让，实灭其国，犹汉之灭秦。司马氏虽世为魏臣，不过如汉高之禀命怀王。秦政、楚怀，皆是僭伪，汉高系继周而王。例之有晋，自当越魏而承汉矣。故曰汉有系周之业，则晋无承魏之迹。文义甚明，并无误字。程氏此语，本不足论，恐后之读者亦有此疑，故举而辨之耳。

余嘉锡先生此语之意是：《凿齿集》载其论，与临终上书的"越魏继汉论"是一个意思。笔者赞同是说，然认为虽是一个意思，但用语不同，说明《汉晋春秋》中的临终上书是其修改之文，所以意思相同而用语有异。故而临终上书中的"怀抱愚情，三十余年。今沉沦重疾，性命难保"是大实话。如果我们按《晋书》所言"凿齿在郡，著《汉晋春秋》以裁正之"去计算，凿齿在公元363年荥阳失守前即不在郡为官了，如果以363年加上其15年在襄阳和谷隐山，再加上33年在江西新余白梅，可以算作在公元412年略前，习凿齿向朝廷上书，亦可证其卒年当是公元412年。

又，习凿齿公元379年去赣，在赣（先在万载一年，后在新余白梅）计33年，其卒年当为公元412年。

再如，在《晋书》中，"春秋""阳秋"同时存在。书中这样写道：

是时温峤觊觎非望，凿齿在郡，著《汉晋春秋》以裁正之。……当阳秋之时，吴楚二国皆僭号之王者也，若使楚庄推鄢郢以尊有德，阖闾举三江以奉命世，命世之君、有德之主或藉之以应天，或抚之而光宅，彼必自系于周室，不推吴楚以为代明矣。①

为什么书名不叫"汉晋阳秋"以与"当阳秋之时"一致呢？"阳秋"与"春秋"是有差异的，用"阳秋"表示时间、岁月是不到位的。

中国古代的统治者为了显示其无限威权，在中国的用字上也体现到了。只因晋简文帝母郑太后名阿春，晋人不得不避其讳，皆以"春秋"为"阳秋"，地名、书名也均得如此。

又如，淝水之战的大功臣、一代名相谢安于公元385年8月22日逝世，之后，嫉妒、诋毁他的人主张薄葬，正直的大臣则认为谢安当享有殊荣。孝武帝此时态度暧昧。王献之大为不平，即上书孝武帝云：

故太傅臣安少振玄风，道誉洋溢。……陛下践阼，阳秋尚富，尽心竭智以辅对明。……②

王献之本当称孝武帝"春秋尚富"，但此时只能改用"阳秋尚富"。故而笔者以为，这里传递了一个重要信息，即可断习凿齿在公元384年10月是否已死之公案：习凿齿在定《汉晋春秋》之书名时，这个早已故去的"阿春"已影响不到习凿齿《汉晋春秋》的这一书名了。

《晋书卷三十二·列传第二·后妃下》第979页载，阿春死于咸和元年即公元326年，其子简文帝司马昱亦于公元372年7月故去。然"太元十九年（394年），孝武帝下诏曰：'会稽太妃文母之德，徽音有融，诞载圣明，光延于晋。先帝追尊圣善，朝议不一，道以疑屈。朕述先志，常惕

---

① （唐）房玄龄等撰：《晋书·习凿齿传》，北京：中华书局1996年版，第2154～2157页。
② （唐）房玄龄等撰：《晋书·王羲之传》（附王献之传），北京：中华书局1996年版，第2106页。

于心。今仰奉遗旨，依阳秋二汉孝怀皇帝故事，上太妃尊号曰简文太后.'
于是立庙于太庙路西，陵曰嘉平"①。如果不是孝武帝于太元二十一年
（396 年）不光彩地死去，习凿齿敢将书名最后改为《汉晋春秋》吗？习
凿齿在其临终向朝廷上书时写道：

> 臣每谓皇晋宜越魏继汉，不应以魏后为三恪。而身微官卑，无由上
> 达，怀抱愚情，三十余年。②

习凿齿定书名为《汉晋春秋》，当是在公元 396 年之后，具体于何年，
待考。

但是，由此推之，至少可知《襄阳耆旧记·朱序传》为习凿齿所作无
疑，朱序死于公元 393 年为习凿齿所写传亦当无疑。

《白梅习氏族谱》载"习凿齿的生卒年是公元 328—412 年"，亦当可
信。然"越魏继汉论"中为什么又沿用了"阳秋"呢？当是说明他的一论
一疏写于公元 396 年之前。

那么读者会问：他的"越魏继汉论"为什么又不将"阳秋"改为
"春秋"呢？笔者以为他不能改，如果改了，就与其"怀抱愚情，三十余
年"相抵牾。由此，我们可以推定：他的一论一疏，成稿当在公元 379 年
左右。如果将其"三十余年"拟为 33 年的话，这又证明习凿齿的卒年当
在公元 412 年。同样也说明了：《晋书》中所暗含的习凿齿卒年，与《习
氏族谱》所记的习凿齿卒年亦是相吻合的。据此，习凿齿在公元 412 年临
终前上书亦是符合情理的。

综上所述，结合《晋书》《世说新语·文学四》与《习氏族谱》等多
方面的史料，笔者以为说习凿齿生于公元 328 年、卒于公元 412 年是完全
可信的客观事实。

---

① （唐）房玄龄等撰：《晋书·王羲之传》（附王献之传），北京：中华书局 1996 年版，第
980 页。

② （唐）房玄龄等撰：《晋书·习凿齿传》，北京：中华书局 1996 年版，第 2154 页。

二、习凿齿的仕途及其对忠烈重德家风的锻铸

在撰写这段内容时，笔者颇为感慨，觉得很有必要加写一个与习凿齿同在桓温幕中的重要人物——郗超，他较有可比性与典型性。这不仅是为了凸显习凿齿，更是为了突出名门大族中的名人，如果不重德，不重家风族风，才越大祸害也就越大，乃至祸国殃民、害己害家。

就是这样一个典型人物，一直以来，他的缺德和有辱郗氏门风之事，从未引起世人的重视，故笔者在此将其与同幕的习凿齿作一对比，以展现习凿齿用自己的实际行动对先祖"忠烈重德家风族风"之锻铸；而郗超，则是那样践踏与败坏了自家忠孝门风，以此警示后人。

如果说习凿齿是千余年以来为世人所疏忽的一个"忠烈"的典型的话，那么郗超就是千余年以来，被人们所疏忽的一个"奸佞"的典型，故略述之，以为读者品味，以为有权有势者养子不教者戒，以为行恶怂奸者戒。

桓温的麾下，可谓人才济济。和郗超差不多同时在桓府任事的就有王坦之、谢玄、王珣等一批卓有见识者以及大文学家袁宏、大史学家孙盛、大画家顾恺之等。

有学者作过大致的统计，唐人余知古《渚宫旧事·五》曰："温在镇三十年，参佐习凿齿、袁宏、谢安、王坦之、孙盛、孟嘉、王珣、罗友、郗超、伏滔、谢奕、顾恺之、王子猷、谢玄、罗含、范汪、车胤、韩康等，皆海内奇士，伏其知人。"桓温的幕府，于史籍中可考才 50 余人。[1]习凿齿就是他十分信任，又格外器重的人才之一。

笔者考察的这些名流，绝大多数是支持桓温为国家大一统作贡献、反对桓温觊觎神器搞分裂的，如袁宏、孙盛等，而其中最为杰出的代表人物就是习凿齿。但也有极少数人是与桓温沆瀣一气、同流合污搞分裂的，其中最为典型的人物就是郗超。

撰写郗超的简要事迹，有助于说明家风族风对人的教育与影响的重要性，也有助于反衬习氏家风族风对习凿齿的影响和习凿齿在对先祖忠烈重德之风弘扬光大的同时，用自己的实际行动在新的历史条件下锻铸忠烈重德之风！

---

[1]　参见林校生：《桓温与玄学》，《中国史研究》1998 年第 4 期。

（一）郗超才大缺德，害己祸国

郗超在《晋书》等史籍中，是个难得的大才！何以见之？

1. 年少即把重担挑

据《晋书·郗鉴附子愔 愔子超传……》等资料载，郗超（336—377年），字景兴，一字嘉宾，高平金乡（今山东）人，东晋大臣，是东晋开国功臣郗鉴的孙子，大书法家王羲之的夫人是他的亲姑姑。郗超父亲郗愔，是东晋重臣。

笔者缘何说他是大才呢？郗超少年早熟、聪明过人，据杨朝宁《汉晋高平郗氏研究》（云南大学硕士学位论文，2010 年）载称：永和元年（345 年），郗超被辟为抚军掾。永和三年（347 年）桓温灭成汉，进位征西大将军后，辟郗超为征西大将军掾。杨朝宁虽未说是谁辟其为"抚军掾"，但据笔者查知，当时的抚军大将军是司马昱，也就是说，郗超被司马昱（后来的简文帝）辟为抚军掾。据其生年可以推定：郗超 9 岁即被司马昱辟为"抚军掾"，11 岁即被桓温辟为"征西大将军掾"。

何者称"掾"？"掾，佐属官吏的通称。汉官有掾属、掾史。掾为诸曹之长，故亦称曹掾。正曰掾，副曰属。两汉凡丞相府、公府、州郡县皆置。《汉仪注》：'（丞相府）东西曹掾秩比四百石，余掾比三百石，属比二百石。正曰掾，副曰属。'《汉官》：'太傅长史一人，秩千石，掾属二十四人。''司徒府掾属三十人，司空掾属三十四人。'《汉官仪》：'河南尹监津渠漕水掾二十五人。'"① 一个 9 岁至 11 岁的少年即为一曹之长，可见郗超真有"八斗之才"。

2. 时人评价着实高

当时有谚语说："扬州独步王文度（王坦之），后来出人郗嘉宾。"（《世说新语·赏誉》）《晋书·王坦之传》载："时人为之语曰：'盛德绝伦郗嘉宾，江东独步王文度。'"王坦之，何许人也？王坦之（330—375年），东晋大臣。字文度，祖籍太原晋阳（今山西省太原市）。出身世家大族，王承之孙、王述之子，少与郗超共享盛名，曾任大司马桓温参军，后与谢安共辅幼主，累迁中书令，领北中郎将，徐、兖二州刺史，卒后赠尚

---

① 参见徐连达主编：《中国历代官制词典》，合肥：安徽教育出版社 1991 年版，第 961 页。

书。有文集传世。善书,《淳化阁帖》卷三有行书四行。当算是个有才能的人,时人以郗超与之并列,足证郗超是个人才。

《晋书·郗鉴附子愔 愔子超传……》等资料载,桓温府之人评之曰:"'髯参军,短主簿,能令公喜,能令公怒。'超髯,珣短故也。"桓温本人就是一个大才,手下的郗超与王珣可使他喜也可使他怒,没有非常之才是办不到的。

3. 军事才能超主子

据《晋书·郗鉴附子愔 愔子超传……》等史料记载,桓温于公元369年4月,亲率步骑五万自姑孰(今安徽当涂)出发开始北伐。郗超认为:"道远,汴水又浅,恐漕运难通。"(《资治通鉴·卷第一百二》)桓温不听。

六月,桓温军至金乡(今山东嘉祥南),适逢大旱,河床干涸,水运断绝。桓温派冠军将军毛虎生在钜野(今山东巨野北)开挖运河300里,引汶水和清水(古济水自钜野泽以下别名清水)汇合。桓温率水军从清水进入黄河,船舰绵延几百里。《晋书·郗鉴附子愔 愔子超传……》载,郗超又建议:"清水入河,无通运理。若寇不战,运道又难,因资无所,实为深虑也。今盛夏,悉力径造邺城,彼伏公威略,必望阵而走,退还幽、朔矣。若能决战,呼吸可定。设欲城邺,难为功力。百姓布野,尽为官有。易水以南,必交臂请命。但恐此计轻决,公必务其持重耳。若此计不从,便当顿兵河、济,控引粮运,令资储充备,足及来夏,虽如赊迟,终亦济克。若舍此二策而连军西进,进不速决,退必愆乏。贼因此势,日月相引,倏倦秋冬,船道涩滞,且北土早寒,三军裘褐者少,恐不可以涉冬。此大限阂,非惟无食而已。"桓温仍不从。

桓温继续挥军伐燕,果然在枋头(今河南浚县西南)为燕将慕容垂以八千骑斩其军三万余众。桓温率败军逃至谯(今安徽亳州),又为秦将苟池击败,丧师复以万计。此次北伐,总计丧师四万余众。

桓温如遵从郗超之谋,可以稳操胜券。于此足见郗超有杰出的军事才能。

又何以见得郗超大才缺德导致害己祸国?

4. 改写父信为拍马

郗超是个聪明绝顶的人。但这时的他,已由"盛德绝伦郗嘉宾"变成

了"缺德绝代郗嘉宾"了。凭他的政治嗅觉，自认为投靠桓温将是大有"希望"的（他不做司马昱的"抚军掾"，而是投靠桓温做"大将军掾"）。他凭着文武之才，很快便成了桓温的心腹。

郗超为了壮大桓温的势力，同时也是为了日后自己的爬升，在提倡以孝治国的两晋，他干出常人难以想象的事：改写父信，将老祖父郗鉴、父亲郗愔、叔父郗昙在京口的"血本"（军事力量）拱手送与桓温。

《晋书·郗鉴附子愔　愔子超传……》载："时愔在北府，徐州人多劲悍，温恒云'京口酒可饮，兵河用'，深不欲愔居之。而愔暗于事机，遣笺诣温，欲共奖王室，修复园陵。超取视，寸寸毁裂，乃更作笺自陈老病，甚不堪人间，乞闲地自养。温得笺大喜，即转愔为会稽太守。"

从此，"挺雄豪之逸气，韫文武之奇才"的一代枭雄桓温终于手握全国之重兵，权倾朝野，可以"呼风唤雨，玩弄朝廷于股掌之上"了！

5. 沉冤帝奕为夺权

《晋书·郗鉴附子愔　愔子超传……》载："温怀不轨，欲立霸王之基，超为之谋。"在桓温为了立威于朝廷而北伐燕时，头脑膨胀，利令智昏，而不意自己军事才能不济，又不听郗超之谋，以致丧师四万有余，威信大减。为补其"威"，郗超丧心病狂地怂恿桓温对当朝皇帝下毒手。

桓温经此惨败，深感惭愧。咸安元年（371年）正月，桓温攻克寿春，《晋书·郗鉴附子愔　愔子超传……》等资料载，桓温问郗超："此足以雪枋头之耻乎？"郗超曰："未厌有识之情也。"桓温负其才力，久怀异志，其北伐本意是欲先立功河朔，然后还受九锡，渐窃朝柄。既有枋头之败，威望顿减，所以才有此一问。《晋书·郗鉴附子愔　愔子超传……》等资料载，晚上，郗超至桓温营中，对其说："明公都有虑不？"温曰："卿欲有所言邪？"超曰："明公既居重任，天下之责将归于公矣。若不能行废立大事、为伊霍之举者，不足镇压四海，震服宇内，岂可不深思哉！"桓温素有野心，遂纳其策，定废立之事。废谁？废帝奕。

其时的皇帝司马奕（365—371年在位），平素谨慎，没有过错。桓温与郗超商量，乃诬海西公有阳痿，并说海西公使嬖臣相龙、计好、朱灵宝等与美人田氏、孟氏私通，生下三子，将要冒充皇子建储为王，改变皇家血统，倾移皇基，导致废帝奕被幽禁，田氏、孟氏与三子等人皆死于

56

非命。

桓温率军从广陵返回姑孰，半路止军于白石（今安徽当涂西），带兵入朝，威逼褚太后废海西公帝位，立会稽王司马昱为帝，改年号为咸安，司马昱是为简文帝。简文帝诏桓温依诸葛亮故事，甲仗百人入殿，赐钱五千万、绢二万匹、布十万匹。郗超被升为中书侍郎，执掌朝廷机要。

然而，山外自有高山在，强中更有强中手。由于司马昱身旁有令桓温也为之敬畏的谢安等一班朝臣在，桓温称帝之望最终落空，最后年老多病而终。作为桓温死党的郗超虽曾一度权倾朝野，因从此失去了主子，纵使门第高，他的可耻作为再也得不到朝臣们的信任，他只能郁郁而终，郗氏家族自此衰败，最终落得个子孙绝灭、为后世所戒的可悲下场！悲夫！

其父郗愔在郗超失去权柄而致使门庭衰落时，特别是王献之兄弟，虽与郗愔是舅甥关系，当郗超死后，见愔慢怠，这时他想到的不是儿子行奸害人的行为，而是发牢骚道："使嘉宾不死，鼠子敢尔邪！"（《晋书·郗鉴附子愔 愔子超传……》）可见，郗愔本人虽孝，但家风族风不严，并未移孝作忠，导致这么一个有才的儿子行奸害人、损己破家！

（二）凿齿才大重德，贡献家国

何以认为习凿齿是大才？

1. 桓温、袁乔识大才

习凿齿当是桓温手下最早被辟的很有才华的名士，唐人余知古《渚宫旧事·五》称之为"海内奇士"。据《晋书·习凿齿传》载："习凿齿字彦威，襄阳人也。宗族富盛，世为乡豪。凿齿少有志气，博学洽闻，以文笔著称。荆州刺史桓温辟为从事，江夏相袁乔深器之，数称其才于温，转西曹主簿，亲遇隆密。……然徒三十年看儒书，不如一诣习主簿。……累迁别驾。温出征伐，凿齿或从或守，所在任职，每处机要，荏事有绩，善尺牍论议，温甚器遇之。时清谈文章之士韩伯、伏滔等并相友善，……时有桑门释道安，俊辩有高才，自北至荆州，与凿齿初相见。道安曰：'弥天释道安。'凿齿曰：'四海习凿齿。'时人以为佳对。"

如果说桓温是个想篡政的野心家的话，那么他确实是一个极有能力、有学识的野心家。他恰如其分地评价过不少人才，他对习凿齿的评说是十

分精到的。

2. 凿齿有才更重德

《晋书·习凿齿传》中写道："初，凿齿与其二舅罗崇、罗友俱为州从事。及迁别驾，以坐越舅右，屡经陈请。温后激怒既盛，乃超拔其二舅，相继为襄阳都督，出凿齿为荥阳太守。"

罗崇、罗友均有才华，且年长于习凿齿，又是习凿齿的舅舅，而他们的官位却比凿齿低了两级。这令心崇仁厚的习凿齿深感不安而陈请桓温，因而惹恼了桓温。从习凿齿对待舅舅的态度和郗超截获父亲郗愔的信后，为了攀附桓温而改写父亲的信，将郗氏经营 40 余年的京口兵权拱手送给桓温的事实来看，习凿齿重德、重孝高如在天，而郗超的缺德可耻低下九泉！特别是下列忤桓温之意不参与篡政和不做苻坚之官而设法离开长安这两件与己性命攸关的大事，更显其情操与襟怀，是习凿齿对忠烈重德家风族风的锻铸。

3. 抛弃私恩国为先

与郗超相比，门第谈不上显赫的习凿齿，在桓温甫到荆州就辟为从事，并三转至别驾，习凿齿对此是无限感恩的。他曾这样感恩戴德地写道："不遇明公，荆州老从事耳！"[①] 但当知道桓温觊觎帝位要搞分裂并要他去见司马昱以试探他对自己的态度时，他毫不犹豫地站在国家一边而忤其旨。

《晋书·习凿齿传》这样写道："后使至京师，简文亦雅重焉。既还，温问：'相王何似？'答曰：'生平所未见。'以此大忤温旨，左迁户曹参军。"

在桓温谋逆之时，他总是设法挫败他。《晋书·习凿齿传》记下了桓温取蜀之后因握有东晋"西大门"的生杀之权，始萌发篡逆之心。但他心存谨慎，先从蜀地请来精于恰算东晋国运之长的"星人"。然而"星人"并未遂其意，反而在"星人"面前暴露自己的谋反之心，于是隐示"星人"自裁，以免其泄露他的谋逆动机。

"星人"在情急之下求助于习凿齿。习凿齿说，桓温送你绢一匹，是

---

① （南朝宋）刘义庆著，余嘉锡笺疏，周祖谟、余淑宜整理：《世说新语笺疏·文学第四》，北京：中华书局 2007 年版。

和你开个玩笑，不是令你自缢，是给你当回蜀的路费，赐你钱五千，也不是令你买自缢后配的棺木呀！"星人"在离开荆州时面谢桓温，并道出了习凿齿的解说。桓温只好顺水推舟地夸赞习凿齿。

习凿齿何尝不知桓温之意，然而他借助别解桓温实则令"星人"自裁的话语，冠冕堂皇地救下了"星人"，让桓温"哑巴吃黄连，有苦口难言"，只好放过了"星人"！这种过人的机敏与大胆救人的担当，非德才兼备之士难为。

在桓温越来越急于篡政时，习凿齿则不怕罢官，敢于与之决裂。《晋书·习凿齿传》这样写道："是时温觊觎非望，凿齿在郡，著《汉晋春秋》以裁正之。起汉光武，终于晋愍帝。于三国之时，蜀以宗室为正，魏武虽受汉禅晋，尚为篡逆，至文帝平蜀，乃为汉亡而晋始兴焉。引世祖讳炎兴而为禅受，明天心不可以势力强也。凡五十四卷。后以脚疾，遂废于里巷。"

对于敢于篡政搞分裂的当朝皇帝的先祖也不放过。魏武篡汉，司马懿篡魏，依样画葫芦，实为一丘之貉。在其"越魏继汉论"中，当说到司马氏篡政时，虽有保命饰词，但言司马氏同为篡逆之意明白如话，亦可谓"大胆"。

王猛之才，媲美凿齿。永和十年（354年）五月，当桓温驻军灞上时，王猛曾去拜见桓温。桓温发现王猛是位奇才，当即封其为"军谋祭酒"，并称赞他的才华在江东无人可比。桓温临别灞上，又封王猛高官——督护，要请他一道回襄阳。但王猛一眼就洞察了桓温北伐的真实意图，遂改投在苻坚麾下。后猛官至丞相，助坚一统中原。

国失良将思良将，一统全国思大才。王猛死后，苻坚急待习凿齿为其出谋划策以一统天下，对其赏赐甚厚，不断征召。习凿齿则是拒其征召。《晋书·习凿齿传》这样写道："及襄阳陷于苻坚，坚素闻其名，与道安俱舆而致焉。既见，与语，大悦之，赐遗甚厚。又以其蹇疾，与诸镇书：'昔晋氏平吴，利在二陆；今破汉南，获士裁一人有半耳。'俄以疾归襄阳。"

德与孝是中国文化的源头与根基，更是道德的根本。国以民为本，民以德为本，德以孝为本。忠于自己的国家，是德与孝的集中体现。习凿齿在桓温帐下，"十年三转不过一别驾，王猛一年五迁掌大权"。习凿齿面对

苻坚高官厚禄的诱惑，面对苻坚的征召与催逼，爱国之志誓不动摇，坚决逃离襄阳而隐居于江西新余白梅。他一息尚存，报国之志不曾稍懈。临终之时仍向朝廷上书，敬献"越魏继汉论"即"大一统论"。

为公者名在千古，营私者显赫一时。为公者习凿齿名高千古，营私者郗嘉宾遗臭万年。这就是典型之例！

三、习凿齿的经历、交往、写作与仕途

诚如上述，古今学者对于习凿齿的生卒年、任职状况、作品内容的时限，均有与笔者完全相左的看法。基于此，笔者以为：对习凿齿的仕途、交往、写作与经历做一大致的研究与整理，并以年表的形式表达，上述内容基本上可以囊括其中，故很有必要。

据笔者考证：习凿齿的仕途、交往、写作与经历情况如下。为了使内容一目了然，在有的段落笔者按其主要内容加有小标题，以便阅读查找。

（一）启蒙熏陶度童年

习凿齿出生于"魏晋南北朝时期，士族以其优越的政治地位、雄厚的经济基础及渊深的家族文化对其时的政治、道德、艺术、哲学、美学、文学、宗教等诸多领域有着巨大的影响。钱穆先生于《略论魏晋南北朝学术与当世门第之关系》一文中对此洞中肯綮：'魏晋南北朝时期一切学术文化，必以当时门第背景作中心而始有解答。当时一切学术文化，可谓莫不寄存于门第中，由于门第之护持而得传习不中断，亦因门第之培育，而得有生长有发展。'"①。数部《习氏族谱》明载：习凿齿生于东晋显宗成皇帝司马衍咸和三年戊子（即 328 年 8 月 13 日午时），是一个"宗族富盛，世为乡豪"、有着深厚家学传统和注重家风族风的家庭。这样的家族长期形成的优良家风族风传递始于童蒙。一岁至六岁，他就受到了良好的家风族风的启蒙、熏陶。

---

① 石振平：《东晋士族家族文化与文学》，《许昌学院学报》2014 年第 6 期，第 44 页。

（二）勤学苦读少年时

汉乐府《长歌行》云："青青园中葵，朝露待日晞。阳春布德泽，万物生光辉。常恐秋节至，焜黄华叶衰。百川东到海，何日复西归？少壮不努力，老大徒伤悲。"

生在这样有教养、有文化的家庭中的习凿齿，对这样的汉诗当是背得滚瓜烂熟的，这当是对他为学的鞭策。凿齿六岁即入学苦读至十七岁，接受中华传统文化的洗礼。

（三）"十年三转"桓温幕

习凿齿从十七岁至二十八岁在桓温幕下为官，并同时展现他交际与写作之才华。

1. 桓温首辟为从事

十八岁　公元 345 年乙巳，东晋永和元年正月

习凿齿在襄阳这个安定的学习环境中，已经成长为一个"少有志气，博学洽闻，以文笔著称"的青年。

这一年八月，晋穆帝因荆楚是地势险阻的战略要地，可称为国之西门，且拥有户口百万，人才众多。任命得人，则中原可定；失人，则社稷堪忧。此时，桓温为朝廷所信任，正是得志之时，被任命为安西将军，都督荆、司、雍、益、梁、宁六州诸军事，领护南蛮校尉、荆州刺史。桓温是个善于搜罗人才的人。这一年，桓温一到任，知习凿齿是个人才，即辟其为从事[1]。又见，永和元年（345 年）八月，桓温辟习凿齿、罗崇、罗友为从事。[2]《晋书·桓温传》称："（庾）翼卒，以（桓）温为都督荆梁四州诸军事、安西将军、荆州刺史，领护南蛮校尉、假节。"《晋书·穆帝纪》称，永和元年（345 年）七月庚午（初三），庾翼卒；八月"庚辰"，以徐州刺史桓温为安西将军、荆州刺史。点校《晋书·穆帝纪》"校勘记"称："庚辰。八月戊戌朔，无庚辰。庚辰为九月十三日。"故黄惠贤、柳春

---

① 吴直雄：《破解〈习凿齿传〉〈汉晋春秋〉千年谜》，广州：广东人民出版社 2013 年版，第 14~16 页。

② 参见林校生：《桓温行年简表》，《宁德师专学报》1996 年第 1 期。

新在《〈晋书·习凿齿传〉述评》中曰："据此，知桓温为荆州刺史，在穆帝永和元年九月十三日。桓温辟习凿齿为荆州从事，当在九月末或十月。"即便如此，至公元 346 年 11 月征蜀，习凿齿当了一年多的从事，这是事实。

这些时日，正是习凿齿与桓温的"亲遇隆密"时期。"从温出猎。时大雪，于临江（明抄本"临江"作"江陵"）城西，见草雪上气出。觉有物，射之，应弦死。往取之，乃老雄狐，脚上带绛缯香囊。"（《太平广记·狐一》卷第四百四十七，注引《渚宫遗事》）

《资治通鉴卷九十七·晋纪十九·穆帝永和元年》载："八月……桓温尝乘雪欲猎，先过刘惔，惔见其装束甚严，谓之曰：'老贼欲持此何为？'温笑曰：'我不为此，卿安得坐谈乎！'"

又，《诸子集成·世说新语·排调第二十五》载，桓大司马乘雪欲猎，先过王、刘诸人许。真长见其装束单急，问："老贼欲持此何作？"桓曰："我若不为此。卿辈亦那得坐谈？"是否这年八月习凿齿亦与之从猎，待详考。但从中亦知，习凿齿时已为从事无疑。① 此外在《幽明录》和《续搜神记》中均有类似的记载。

2. 袁乔赏荐升主簿

十九岁　公元 346 年丙午，东晋永和二年

其时"博学有文才，注《论语》及《诗》，并诸文笔皆行于世"② 的江夏相袁乔，此时正在桓温幕中。

真正的英雄往往能"惺惺惜惺惺，好汉爱好汉"。袁乔在襄阳遇见习凿齿时，对这位当了一年多从事的习凿齿，"深器之，数称其才于温"③，大约当在此时，桓温提拔习凿齿为西曹主簿，并与其"亲遇隆密"，关系已非同一般。

习凿齿与桓温一道平蜀。④

---

① 吴直雄：《破解〈习凿齿传〉〈汉晋春秋〉千年谜》，广州：广东人民出版社 2013 年版，第 16～17 页。

② （唐）房玄龄等撰：《晋书·袁瓌子乔传》，北京：中华书局 1996 年版，第 2169 页。

③ （唐）房玄龄等撰：《晋书·习凿齿传》，北京：中华书局 1996 年版，第 2152 页。

④ 吴直雄：《破解〈习凿齿传〉〈汉晋春秋〉千年谜》，广州：广东人民出版社 2013 年版，第 17～22 页。

3. 智救星人回益州

二十岁　公元347年丁未，东晋永和三年

习凿齿与桓温、袁乔一道平蜀。桓温军至彭模（今四川之彭山），拟分两军俱进。袁乔曰："'今深入万里，置之死地，士无反顾之心，所谓人自为战者也。今分两军，军力不一，万一偏败，则大事去矣。不如全军而进，弃去釜甑，赍三日粮，胜必可矣。'温以为然，即一时俱进。去成都十里，与贼大战，前锋失利，乔军亦退，矢及马首，左右失色。乔因麾而进，声气愈厉，遂大破之，长驱至成都……"（《晋书·袁瓌子乔传》）

成汉李势降。桓温送李势及其宗室十余人至建康。成汉亡，历47年。[1]

桓温入蜀，闻有善星者，夜执其手于星下，问国祚修短。星人曰："太微、紫微、文昌三宫气象，决无虞，五十年外不论耳。"温不悦，送绢一疋，钱五千与之。星人诣主簿习凿齿曰："受令旨自裁，乞命为标揭棺木。"问其故曰："赐绢令仆自绞，乞钱以买棺，故知之耳。"凿齿曰："君几误死。吾闻子知星宿有不覆之义乎？绢以戏君，钱供资粮，是听君去耳。"星人喜，以言诣温。温笑曰："君三十年看儒书，不如一诣习主簿也。"（直雄按：《艺文类聚》卷八十五。虽与《晋书·习凿齿传》略异，但可作为一说而录，以说明在蜀之时，桓温与习凿齿就与星人相识，以作为后来星人为什么要找习凿齿的"伏笔"）

习凿齿已升为主簿。"江夏相袁乔深器之，数称其才于温，转西曹主簿。"（《晋书·习凿齿传》）习凿齿在参与平蜀的过程中，为桓温、袁乔出过什么主意、献过什么妙策，使袁乔"深器之"，待考。

二十一岁　公元348年戊申，东晋永和四年

一月，习凿齿仍为主簿一职，见下所载。可见习凿齿为官"岁中三转"所录不实。这年八月，对习凿齿被提拔为主簿有过帮助的袁乔撒手人寰。

在这一年，桓温平蜀之后，威名大振。时温有大志，追蜀人知天文者至，夜执手问国家祚运修短。答曰："世祚方永。"温疑其难言，乃饰辞

---

① 吴直雄：《破解〈习凿齿传〉〈汉晋春秋〉千年谜》，广州：广东人民出版社2013年版，第17～22页。

云："如君言，岂独吾福，乃苍生之幸。"……温问去意，以凿齿言答。温笑曰："凿齿忧君误死，君定是误活。然徒三十年看儒书，不如一诣习主簿。"①

清人汤球所辑东晋孙盛《晋阳秋》所记此条时，时限在穆帝永和四年（348年）春正月，可见习凿齿至公元348年仍为主簿一职。故置此条于此。据此亦可知：所谓在袁乔的推荐下，习凿齿为官"岁中三转"，当为误读。

再，桓温在蜀知星人，并与之交谈，平蜀成功追星人至荆州，这种可能性是存在的。

4．撰文论辩显才华

撰文之才：从《与燕王书》这只言片语来看，当是习凿齿答燕王问的短笺中的内容点滴，展现了凿齿知识的渊博，故录之。习凿齿《与燕王书》曰：此下有红蓝，足下先知之不？北方人采取其花染绯黄，接其上英者作燕支，妇人用为颜色，可爱。（据宋·李昉《太平御览》卷七百一十九）

习凿齿《与燕王书》的另一版本写作：山下有红蓝花，足下先知不？北方采红蓝，取其花，染绯黄，挪取其英鲜者作烟肢，妇人将用为颜色，吾少时再三遇见烟肢，今日始视红蓝，后当为足下致其种。匈奴名妻作阏支，言其可爱如烟肢也，想足下先亦不作此读汉书也。（据《史记·匈奴列传》索引，《北堂书钞》一百三十五，《太平御览》七百二十引崔豹古今注，《演繁露》七）

习凿齿《与燕王书》的又一版本写作：山下有红蓝，足下先知否？北方采其花染绯黄，接取其上英鲜者，作胭脂，妇人采将用颜色。吾少时再三过，见胭脂。今日始亲红蓝，后当足致其种。（据明·杨慎《古今风谣》卷一）

《辞海》（1979年版）则写作，习凿齿《与燕王书》云："山下有红蓝，足下先知不？北方人采取其花，染绯黄；接取其上英鲜者，作烟支，妇人采将用为颜色。"②

笔者认为，当在习凿齿幕僚生活顺畅之时，故安排于此处。具体年份为何时？到底何种版本为确？仍待考证。文中的"燕支""烟肢"当为

---

① （唐）房玄龄等撰：《晋书·习凿齿传》，北京：中华书局1996年版，第2152～2153页。
② 《辞海》，上海：上海辞书出版社1979年版，第3570页。

"烟支"，即"胭脂"。

论辩之才：王中郎令伏玄度、习凿齿论青、楚人物。

凿集载其论略曰："凿以春秋时鲍叔、管仲、隰朋、召忽、轮扁、宁戚、麦丘人、逢丑父、晏婴、涓子；战国时公羊高、孟轲、邹衍、田单、荀卿、邹奭、莒大夫、田子方、檀子、鲁连、淳于髡、盼子、田光、颜歇、黔子、於陵仲子、王叔、即墨大夫；前汉时伏徵君、终军、东郭先生、叔孙通、万石君、东方朔、安期先生；后汉时大司徒、伏三老、江革、逢萌、禽庆、承幼子、徐防、郑康成、周孟玉、刘祖荣、临孝存、侍期元矩、孙宾硕、刘仲谋、刘公山、王仪伯、郎宗、祢正平、刘成国；魏时管幼安、邴根矩、华子鱼、徐伟长、任昭先、伏高阳。此皆青士有才德者也。凿齿以神农生于黔中，邵南咏其美化，春秋称其多才，汉广之风，不同鸡鸣之篇，子文、叔敖，羞与管仲比德。接舆之歌凤兮，渔父之咏沧浪，汉阴丈人之折子贡，市南宜僚、屠羊说之不为利回，鲁仲连不及老莱夫妻，田光之于屈原，邓禹、卓茂无敌于天下，管仲安不胜庞公，庞士元不推华子鱼，何、邓二尚书，独步于魏朝，乐令无对于晋世。昔伏羲葬于南郡，少昊葬长沙，舜葬零陵。比其人，则准的如此；论其土，则群圣之所葬；考其风，则诗人之所歌；寻其事，则未有赤眉黄巾之贼。此何如青州邪？"凿与相往反，凿齿无以对也。临成，以示韩康伯。康伯都无言，王曰："何故不言？"韩曰："无可无不可。"[1]

习凿齿（328—412年）。王坦之，字文度，330—375年官至中书令。伏凿（约317—396年在世）、韩伯（？—385年前后）。王坦之、伏凿、韩伯均是东晋才华横溢的俊才。从习凿齿与伏凿之辩来看，凿齿与伏凿的才学和论辩之机锋实难见高下。这使韩伯不敢"裁定"。

二十二岁　公元349年己酉，东晋永和五年

在这一年，习凿齿作《与褚常侍书》曰："想往日与足下及江州，五月五日共澡浴戏处，追寻宿昔，仿佛玉仪，心实悲矣。"（据宋·李昉《太

---

① （南朝宋）刘义庆著，余嘉锡笺，周祖谟、余淑宜整理：《世说新语·言语第二》，北京：中华书局2007年版。

65

平御览》卷三十一）

笔者认为，当在习凿齿的幕僚生活顺畅之时，故安排于此处。更具体的年份月份，仍待考证。褚常侍，当是褚裒（303—349 年）。东晋名臣。名冠东晋，为桓彝、谢安所称叹。凿齿与之书且道交往，亦展现了凿齿之才。

5. 桓温谋逆忤意生

二十三岁　公元 350 年庚戌，东晋永和六年

正月，习凿齿家添人丁。生于咸康元年乙未四月初八（即 335 年 5 月 16 日）的习罗氏夫人，自与习凿齿婚后（结婚日期待考），于四月十八日寅时生辟强。辟强，字中立。（据多种《习氏族谱》载，谱中写作辟强"生永和六年戊戌岁"，误。应为"生永和六年庚戌岁"，因为永和六年无戊戌岁。）

彼时，习凿齿正当才华横溢、精力充沛之年。"温出征伐，凿齿或从或守，所在任职，每处机要，莅事有绩，善尺牍论议，温甚器遇之。"① 但值此得志年华，仍未见习凿齿升职的任何记载。

二十四岁　公元 351 年辛亥，东晋永和七年

十二月，桓温得知朝廷以殷浩抗己，以北伐为由，拜表后率从四五万顺流而下，移军武昌（今湖北鄂城）。朝廷大惧。

当此之时，会稽王司马昱一纸书信致桓温后，温深知这是朝廷先礼后兵之举，于是"温即上疏惶恐致谢，回军还镇"②。

像这样重要的军事行动，是否习凿齿的参与使桓温回军还镇，待考。但习凿齿当对桓温此举有一定看法，也许就在此时，习凿齿心中已积淀着将忤旨桓温的情绪。

二十五岁　公元 352 年壬子，东晋永和八年

习凿齿在桓温幕府任主簿。

二十六岁　公元 353 年癸丑，东晋永和九年

习凿齿在桓温幕府任主簿。

---

① （唐）房玄龄等撰：《晋书·习凿齿传》，北京：中华书局 1996 年版，第 2153 页。

② （宋）司马光撰，（元）胡三省注：《资治通鉴》（卷九十九），北京：中华书局 1976 年版，第 3121 页。

二十七岁　公元354年甲寅，东晋永和十年

二月，桓温统领步骑四万从江陵（今湖北江陵）出发，北伐关中；其水军自襄阳入均口（今湖北均县）至南乡（今河南淅川）；步兵自淅川向武关（今陕西丹凤东南）；又命司马勋从梁州（今陕西南部、汉水上游）出子午道（今关中直南通向汉中之通道）攻秦。此次出征，未见有关习凿齿的任何记载，可能留守襄阳，亦可能随桓温军出征，均有待考证。

四月，晋、秦两军大战于蓝田（今陕西蓝田西）。秦军大败，桓温进军灞上（今陕西西安东）。三辅（今陕西中部地区）郡县皆来迎桓温，民争持牛酒慰劳晋军。老者垂泪曰："不图今日复睹官军！"

五月，北海（今山东潍坊南）人王猛披褐（毛布）见桓温，旁若无人，扪虱而谈当今世务。温甚奇异，问曰："吾奉天子之命，将锐兵十万为百姓除残贼，而三秦豪杰未有至者，何也？"猛答曰："公不远数千里，深入敌境，今长安咫尺而不渡灞水，百姓未知公心，所以不至。"温无以答，徐曰："江东无卿比也！"乃署王猛军谋祭酒。

六月，桓温与苻雄（前秦丞相）大战于白鹿原（今陕西西安东），温死者万余。温军缺粮，又遭秦将袭击，徙关中三千户而还。以王猛为高官督护，意欲与王猛同归襄阳。从上面王猛与桓温的对话，足见王猛洞见桓温所谓北伐之心，欲以军功镇服江东，非有真心于伐罪吊民、恢复故土，王猛自度难与温并世，遂辞而不就。

九月，桓温还军襄阳（今湖北襄阳一带）。

这些年来，桓温征伐较为频繁，习凿齿在随桓温征伐或留守的过程中，其表现令桓温满意，桓温看到习凿齿是个难得的人才，拟充分利用，有可能在这一年前后提拔其为治中后又转别驾（治中，主内。别驾，主外），更具体的时间仍待考证。这年五月，王猛与桓温一见面，即知其心在要挟朝廷，与桓温如此亲密的习凿齿，同样会深知桓温此心。因为桓温北伐的终极目的是为自己立威，凿齿不能不再次积淀着忤温情绪。

6. 赞相王左迁参军

二十八岁　公元355年乙卯，东晋永和十一年

这一年，因习凿齿"史才不常，未三十，便为荆州治中。凿齿谢笺亦

习
凿
齿
家
族
家
风
研
究

云：'不遇明公，荆州老从事耳！'"① 由此可知，习凿齿在公元355年以前曾任治中或别驾一职。据笔者考证，所谓习凿齿"岁中三转"，当是"十年三转之误"。②

天有不测风云，人有旦夕福祸。此时的桓温已经有平蜀、平洛等诸多功勋，对手殷浩是司马昱制衡桓温势力的"底牌"之一，竟然也惨败在其手下，军政大权已握在其手。桓温觊觎神器的欲望尤烈，作为桓温"家臣副手"的习凿齿，透过桓温借势"免殷浩为庶人"等举动，显然深知其内心反意。

当此之时，会稽王在朝中仍握有重权。大约在这一年，桓温委派习凿齿去见会稽王司马昱。"后使至京师，简文亦雅重焉。既还，温问：'相王何似？'答曰：'生平所未见。'以此大忤温旨，左迁户曹参军。"③ 像习凿齿这样的人才，当一个户曹参军，不大可能随军出征，任此职的时间亦不久（详情待考）。

又，习凿齿"自州从事至主簿，已在'二岁'以上，'岁中'显误；而在'在州境十年'一句，就为我们注释了'岁中三转'实为'十年三转'之讹误。本传又说：'时，清谈文章之士韩伯、伏滔等并相友善，后使至京师，简文亦雅重焉。'简文如何'雅重'凿齿，我们没有资料说明；而凿齿与韩伯、伏滔等交往，《世说新语·言语》有段记载。《言语》篇称：'王中郎（坦之，字文度）令伏玄度（滔字玄度）、习凿齿论青、楚人物。临成，以示韩康伯（韩伯字康伯）。康伯都无言。王曰：'何故不言？'韩曰：'无可无不可。'注引《伏滔集》，略载凿齿之论：'管幼安不胜庞公，庞士元不推华子鱼，何、邓二尚书独步于魏朝，乐令（乐广）无对于晋世'来推测，直至穆帝永和十年（354）或稍后，习凿齿的'以晋继汉'之独特史学见解并未萌现。本传载：'既还，温问："相王何似？"答曰："生平所未见。"以此大忤温旨，左迁户曹参军。''相王'即司马

---

① （南朝宋）刘义庆著，余嘉锡笺疏，周祖谟、余淑宜整理：《世说新语·文学第四》，北京：中华书局2007年版。

② 吴直雄：《破解〈习凿齿传〉〈汉晋春秋〉千年谜》，广州：广东人民出版社2013年版，第285～292页。

③ 吴直雄：《破解〈习凿齿传〉〈汉晋春秋〉千年谜》，广州：广东人民出版社2013年版，第28～32页。

昱，晋元帝少子，永昌元年（322）封琅玡王。永和元年（345），穆帝二岁即位，太后褚氏摄政，司马昱（即"简文帝"，后即位为简文帝）以叔祖'录尚书六条事''专总万机'，历穆、哀、废三帝秉政，故自永和元年至咸安元年（371），常称'相王'。永和十年（354）二月，桓温北伐关中，上表废扬州刺史殷浩为庶人，'自此内外大权一归（桓）温矣'。四月，桓温败苻苌于蓝田；六月，进至灞上。九月，桓温粮尽，引还，帝使侍中、黄门劳温于襄阳。推测正值此时，凿齿溢美'相王'，大忤桓温，被贬迁为户曹参军"①。

此段评述，与笔者结合《习氏族谱》的分析基本一致，这就是：习凿齿为官并未"岁中三转"；"相王"并非一定是司马昱当上丞相之后；习凿齿被降职当在公元354年左右。笔者认为，实算为公元354年亦是可以的，笔者以"十年的顺畅幕僚生涯"的大致时间计算，当在公元355年被左迁为户曹参军。

7. 对语孙绰见高下

习凿齿与孙兴公未相识，同在桓公坐。桓语孙："可与习参军共语。"孙云："'蠢尔蛮荆'，敢与大邦为仇？"习云："'薄伐猃狁'，至于太原。"（《世说新语·排调》）

孙绰性通率，好讥调。绰尝与习凿齿同行，绰在前，顾谓凿齿曰："沙之汰之，瓦石在后。"凿齿曰："簸之扬之，糠秕在前。"（据宋·李昉《太平御览》卷八百五十四）

从上述对句来看，孙绰凭着他的高贵门第，借助"开玩笑"，大有挑衅习凿齿之意。但思维敏捷的习凿齿以"针尖对麦芒"般锋利的诗句和高度浓缩的生活语言以对，使自恃才高八斗的孙绰再也无言接续！此事足见凿齿之才不在孙绰之下！也为凡事好强的桓温"长了脸面"。

笔者认为，当在习凿齿为参军之时，故安排于此处。具体年份，当在永和十二年（356）的某月。《太平御览》卷五八九引《语林》："孙兴公作永嘉郡，郡人甚轻之。桓公后遗传教，令作敬夫人碑。郡人云：'故当

———————————

① 参见黄惠贤：《〈晋书·习凿齿传〉述评》，《魏晋南北朝隋唐史研究与资料》，武汉：湖北人民出版社2010年版。

有才，不尔，桓公那得令作碑！'于此重之。"① 据此推定，当是孙绰为桓温夫人作碑时，与习凿齿相遇而相互地对句试才逞才所出现的场景。许嵩《建康实录》将此事记在公元 371 年，有误。因为习凿齿早已于公元 363 年 4 月以前，由荥阳太守解组归里。许嵩所记之文亦与《太平御览》所记有异，许嵩记作：（孙绰）性通率，好讥调，尝与习凿齿同行，绰在前，习凿齿曰："簸之扬之，糠秕在前。"绰曰："澄之汰之，沙砾在后。"

笔者认为，就当时孙绰的地位和他是桓温的客人，依习凿齿仁厚的性格和他的门第远在孙绰之下的情况来讲，他是不会先行向孙绰说出"簸之扬之，糠秕在前"这样的话的，故笔者认为许嵩所记可能有误。

当在这一年，习凿齿的仕途生涯发生了一件对其至关重要的大事：已被左迁为户曹参军的习凿齿，不知因为什么事又使桓温衔恨在心，桓温对习凿齿新账老账一起算，因习凿齿以往"与其二舅罗崇、罗友俱为州从事。及迁别驾，以坐越舅右，屡经陈请。温后激怒既盛，乃超拔其二舅，相继为襄阳都督，出凿齿为衡阳太守。"（《晋书·习凿齿新传》）

当在此年，习凿齿即将来到或已经来到衡阳任上，更为具体的时间仍待考证。

（四）太守生涯著"春秋"

1. 《汉晋春秋》之缘起

二十九岁　公元 356 年丙辰，东晋永和十二年

此时，习凿齿在远离桓温的衡阳任上。《世说新语·文学第四》云："习凿齿史才不常，宣武甚器之，未三十，便为荆州治中。凿齿谢笺亦云：'不遇明公，荆州老从事耳。'后至都见简文，返命，宣武问见相王何如？答云：'一生不曾见此人。'从此忤旨，出为衡阳郡，理性遂错。于病中犹作《汉晋春秋》，品评卓逸。"

此病当指习凿齿年轻时一时之病或情绪异常。由此推知，《汉晋春秋》的写作缘起，当是对桓温有异志的深入思考，当是对造成国家动乱根源的思考。著书的时间，当是凿齿年轻在郡之时，更具体地说，是公元 355 年

---

① 转引自王建国：《东晋南迁士族与文学·附录〈魏晋时期太原中都孙氏年谱〉》，复旦大学博士学位论文，2005 年。

在衡阳任上之时。

三十岁　公元 357 年丁巳，东晋穆帝升平元年

这一年，习凿齿外任衡阳太守，独立忙于处理政事，同时忙于《汉晋春秋》等著作的写作。

三十一岁　公元 358 年戊午，东晋升平二年

习凿齿在衡阳太守任上。

三十二岁　公元 359 年己未，东晋升平三年

习凿齿在衡阳太守任上。

三十三岁　公元 360 年庚申，东晋升平四年

这一年，桓温请谢安为司马①。

当此之时，习凿齿与谢安同在桓温麾下，当有相识、交往的机会。笔者细读与谢安相关的传记，觉得谢安与习凿齿均有忠于朝廷、为人厚道的长者之风，也许这就是他们能保持长期往来的基础。

2. 衡阳任满赴荥阳

三十四岁　公元 361 年辛酉，东晋升平五年

这一年，习凿齿正当才华横溢、精力充沛之年。为衡阳太守。② 六年任期将满，同时仍忙于《汉晋春秋》等著作的写作。

此时的习凿齿，是回州郡还是继续外任？只能等待命运的安排。像习凿齿这样忠心为国的人才，在衡阳太守六年的任上，当会是有政绩的。那为什么没有反映出来呢？正如谭崇恩先生在 2010 年 4 月 21 日给笔者的信中所云："遵嘱查阅过相关史料，也咨询过相关人士，得知习凿齿确实任过衡阳太守。但因习是外地人在衡阳为官，地方史料对他记载不详。从手头的资料来看，只有《衡州府志》略有提及。"

有感于国家丧乱、战祸不已、权臣觊觎"神器"。习凿齿忧心忡忡……并加紧对《汉晋春秋》等系列著作的写作。

檀道鸾《续晋阳秋》，（哀帝时）习凿齿以忤旨左迁户曹参军、衡阳太守。在郡著《汉晋春秋》，斥温觊觎之心也。查穆帝司马聃死于公元 361

---

① 参见任崇岳：《谢安评传》，北京：新华出版社 1997 年版。

② （清）饶佺修，旷敏本纂：《衡州府志》，长沙：岳麓书社 2008 年版，第 280 页。《元和姓纂·十》载习凿齿曾为衡阳太守。嘉靖《衡州府志》载录习凿齿曾出为衡阳太守。参见叶植、李富平：《习凿齿左迁、卒年若干问题辨析》，《湖北文理学院学报》2013 年第 3 期，第 27 页。

年5月，时19岁，无子。是月，司马丕继帝位，是为哀帝。据此，至公元361年5月，习凿齿仍在衡阳太守任上。也就是这一年，习凿齿来到了荥阳任上。据《集部·总集类·元文类》卷三十三载："哀帝时，荥阳太守习凿齿著《汉晋春秋》……"

笔者以为，目前没有材料说明这两条史料中有哪一条不属实。因而也就说明，这一年习凿齿在衡阳上任一段时间后，即赴任荥阳。故而有的史籍载习凿齿在衡阳著《汉晋春秋》或在荥阳著《汉晋春秋》，两种说法正好相衔接，说明习凿齿先出守衡阳后守荥阳。

三十五岁　公元362年壬戌，东晋哀帝和元年

这一年，习凿齿已在荥阳任上，仍勤于政事，而且在着手准备写作《汉晋春秋》等系列著作的同时，亦要备战燕国慕容氏的南侵。据《晋书·习凿齿传》载，其"皇晋宜越魏继汉，不应以魏后为三恪"论，是习凿齿临终前"怀抱愚情，三十余年"之作。据此推定，习凿齿在撰写《汉晋春秋》的同时，此论当在其脑海中已酝酿初成。

3. 荥阳解组回襄阳

三十六岁　公元363年癸亥，东晋兴宁元年

这一年，习凿齿已在荥阳任上尽职并备战燕国慕容氏的南侵，同时着手写作《汉晋春秋》等系列著作。

山雨欲来风满楼。燕宁东将军慕容忠拟将攻取荥阳已有征兆。桓温虽任命习凿齿为荥阳太守，荥阳在当时是前线，但温并未赋予习凿齿兵权。当时，太守皆加将军号开军府，无者为耻。桓温任命习凿齿为荥阳太守，并未给习凿齿加将军号开军府。

在东晋兴宁二年（364年），桓温主持推行并官省职政策。这次活动涉及政府各部门官职的裁减和人事变动①，在桓温主持推行并官省职政策的前夕，又值敌军压境而来之际，正好找到理由将习凿齿解组归里。习凿齿便被废于襄阳里巷，从此结束了他的仕途生涯，继续写作《汉晋春秋》等系列著作。

---

① 参见胡秋银：《桓温并官省职考释》，《武汉大学学报》2000年第4期。

（五）著述弘法两兼之

1．罢归里巷雄心在

三十七岁　公元 364 年甲子，东晋兴宁二年

正月至十二月，习凿齿回到襄阳城后，往来于谷隐山，没有政务与军务的习凿齿，当是完善其《汉晋春秋》（五十四卷），同时也是《襄阳耆旧传》（五卷）、《逸人高士传》（八卷）、《习凿齿集》（五卷）等著作的撰写和做资料准备的大好时机。

习凿齿回到襄阳，虽说心存悲感，但给好友桓祕写了一封短信，仍内蕴雄心。姑且称"与桓祕书"。因其信短，故录于下：

吾以去五月三日来达襄阳，触目悲感，略无欢情，痛恻之事，故非书言之所能具也。每定省家舅，从北门入，西望隆中，想卧龙之吟；东眺白沙，思凤雏之声；北临樊墟，存邓老之高；南眷城邑，怀羊公之风；纵目檀溪，念崔徐之友；肆睇鱼梁，追二德之远，未尝不徘徊移日，惆怅极多，抚乘踌躇，慨尔而泣。曰若乃魏武之所置酒，孙坚之所陨毙，裴杜之故居，繁王之旧宅，遗事犹存，星列满目。璨璨常流，碌碌凡士，焉足以感其方寸哉！

夫芬芳起于椒兰，清响生乎琳琅。命世而作佐者，必垂可大之余风；高尚而迈德者，必有明胜之遗事。若向八君子者，千载犹使义想其为人，况相去之不远乎！彼一时也，此一时也，焉知今日之才不如畴辰，百年之后，吾与足下不并为景升乎！

更为精确的日期仍待考证。由信的开篇即说"吾以去五月三日来达襄阳"一语可知，习凿齿是公元 363 年回到襄阳后的第二年（即 364 年）的某月某日，给桓祕写了此信。末句"吾与足下不并为景升乎"，可见罢归后的凿齿不减在任时的雄心壮志。

2．信邀道安下襄阳

三十八岁　公元 365 年乙丑，东晋兴宁三年

正月至十二月，习凿齿家住襄阳城，往来于谷隐山，精心完善其《汉

晋春秋》（五十四卷），同时撰写《襄阳耆旧传》（五卷）、《逸人高士传》（八卷）、《习凿齿集》（五卷）等系列著作。同时，趁北方战乱之机，习凿齿将曾为石勒、石虎政权服务的佛教组织拉到东晋，为接待释道安来襄阳弘扬佛法做必要的准备。

三月至四月，习凿齿筹备接待释道安一行之事。

四月五日，习凿齿写下了《与释道安书》，其书云：

兴宁三年四月五日，凿齿稽首和南。

承应真履正，明白内融，慈训兼照，道俗齐荫，宗虚者，悟无常之旨，存有者，达外身之权。清风藻于中夏，鸾响厉乎八冥，玄味远猷，何荣如之。

弟子闻，天不终朝而雨六合者，弥天之云也。弘渊源以润八极者，四大之流也。彼真无为，降而万物赖其泽，此本无心，行而高下蒙其润。况哀世降步，愍时而生，资始系于度物，明道存乎练俗，乘不疾之舆，以涉无远之道。命外身之驾，以应十方之求。而可得玉润于一山，冰结于一谷，望阆风而不迥仪，指此世而不诲度者哉！

且夫自大教东流，四百余年矣。虽蕃王居士，时有奉者，而真丹宿训，先行上世，道运时迁，俗未金悟，藻悦涛波，下士而已。唯肃祖明皇帝，实天降德，始钦斯道，手画如来之容，口味三昧之旨，戒行峻于岩隐，玄祖畅乎无生，大块既唱，万窍俱怒乎。贤哲君子，靡不归宗。日月虽远，光景弥晖，道业之隆，莫盛于今（《高僧传》作"咸无以匹"）。岂所谓月光道寂，将生真土，灵钵东迁，忽验于兹乎？

又闻三千得道，俱见南阳，明学开士，陶演真言，上考圣达之诲，下测道行之验，深经普往，非斯而谁？怀道迈训，舍兹孰降？是以此方诸僧，咸有倾想。目欣金色之瑞，耳迟无上之箴，老幼等愿，道俗同怀，系咏之情，非常言也。若庆云东祖，摩尼迥曜，一蹑七宝之座，暂视明哲之灯，雨甘露于丰草，殖梅檀于江湄，则如来之教，复崇于今日，玄波溢漾，重荡濯于一代矣。不胜延豫，裁书致心意之蕴积，曷云能畅！弟子襄阳习凿齿稽首和南。

（《弘明集》十二，《高僧传》五）

笔者参照胡中才《道安著作译注·附1·习凿齿与道安书》及本人对《习凿齿与道安书》的理解予以标点分段。

习凿齿在襄阳接待释道安，此事在诸多史籍中均有大同小异的记载，且评价甚高：

（释道安）"既达襄阳，复宣佛法。时襄阳习凿齿锋辩天逸，笼罩当时。其先藉安高名，及闻安至，即往修造。既坐，称言：'四海习凿齿'，安曰：'弥天释道安。'时人以为名答。"

（《太平广记·异僧·释道安》卷八十九）

《晋书·习凿齿传》第2 153页则写作：

时有桑门释道安，俊辩有高才，自北至荆州，与凿齿初相见。道安曰："弥天释道安。"凿齿曰："四海习凿齿。"时人以为佳对。

《太平广记·诙谐二·习凿齿》卷二百四十六注引《晋春秋》则云：

初，凿齿尝造道安谈论，自赞曰："四海习凿齿。"安应声曰："弥天释道安。"咸以为清对。

吴道迩《襄阳府志·尹焕〈习池馆记〉》暨陈锷《襄阳府志·艺文》等载，身处困境的释道安，受习凿齿之邀，率僧徒400余众来到襄阳，习凿齿率先捐出习家池的白马寺，作为释道安弘扬佛法的场所。

又，释道安初至襄阳，先是暂住于城西檀溪边的白马寺中。《高僧传·道安传》称：

（道）安以白马寺狭，乃更立寺，名曰檀溪，即清河张殷宅也。大富长者，并加赞助，造塔五层，起房四百。

吉川忠夫认为"大富长者"是指以习氏为首的襄阳土著豪强。从习凿

齿代表襄阳僧俗百姓，热情邀请释道安来襄阳传经布道的事实，推测在修建檀溪寺时，习氏等豪强"并加赞助"是可信的；"起房四百"，也符合道安率徒众四百余人的记载。①

四月至六月，习凿齿与道安接触了一段时间之后，对释道安更为了解。为了有利于其弘法传道，当在此时，习凿齿写有《与谢安书》，向信佛的显贵名士谢安推荐道安。介绍释道安一行数百人道法超妙、知识渊博与人格高尚，称其"乃是吾由来所未见"。其书云：

来此见释道安，故是远胜非常道士，师徒数百，斋讲不倦。无变化技术，可以感常人之耳目；无重威大势，可以整群小之参差；而师徒肃肃，自相尊敬，洋洋济济，乃是吾由来所未见。其人理怀简衷，多所博涉，内外群书，略皆遍睹，阴阳算数，亦皆能通，佛经妙义，故所游刃。作义乃似法简、法道（《释藏辇》八，又百五写作"作义乃似法兰、法祖辈"。《高僧传》五"作法简、法道"）。恨足下不同日而见，然亦每言思得一叙。②

此《习氏族谱》不知据何版本，但湖洲习氏族谱修于北宋，所据版本是否更接近原本，有待考证，故录之。

又，胡中才的《道安著作译注·附2〈习凿齿与道安书〉》一文与此略有字词差别。胡中才在其注释中称：晋哀帝兴宁三年（365）夏，道安应习凿齿之邀南下襄阳，秋梨熟之时，习凿齿拜访道安，随后向信佛的显贵名士谢安递交了此《荐道安书》。（笔者遵此递交时间之说）

释念常《佛祖历代通载》卷6《东晋》"习凿齿条"云：

习凿齿，襄阳高士，先以书通好，乃诣安自称曰："四海习凿齿。"安曰："弥天释道安。"相得甚欢。即以书抵谢东山，称安盖非常胜士，恨公

---

① 黄惠贤：《魏晋南北朝隋唐史研究与资料》，武汉：湖北人民出版社2010年版，第64页。
② 引自江西新干县《塘头习氏族谱·湖洲习氏十修族谱》，第4页。

不一见耳!

3. "宅铭"昭示一统心

三十九岁　公元 366 年丙寅，东晋太和元年

这一年，习凿齿仍住襄阳城，博览群书，往来于谷隐山，为完善其《汉晋春秋》（五十四卷）积极写作。同时着手撰写《襄阳耆旧传》（五卷）、《逸人高士传》（八卷）、《习凿齿集》（五卷）等著作，并关照释道安一行人讲学弘法。

公元 365 年 7 月，前秦辅国将军王猛攻打荆州南乡郡。

8 月，掠取万户而归。

10 月，司马勋反晋。

此时的东晋王朝处在风雨飘摇之中。为表一统大志永不动摇，习凿齿前往隆中瞻仰诸葛亮遗迹，写下了《诸葛武侯宅铭》，表达自己对先哲为了国家大一统"鞠躬尽瘁，死而后已"精神的崇敬以及对自己的激励。习凿齿为国家大一统事业的拳拳之意，跃然纸上。其铭云：

> 达人有作，振此颓风。雕薄蔚采，鸱阑唯丰。
> 义范苍生，道格时雍。自昔爱止，于焉盘桓。
> 躬耕西亩，永啸东峦。迹逸中林，神凝岩端。
> 罔窥其奥，谁测斯欢。堂堂伟匠，婉翩扬朝。
> 倾岩搜宝，高罗九霄。庆云集矣，鸾驾亦招。

（此据《艺文类聚》六十四。又，在《初学记》二十四亦有此铭，只是"盘桓"作"龙盘"，"扬朝"作"阳朝"，"亦招"作"三招"）

> 达人有作，振此颓风。雕薄蔚采，鸱阑唯丰。
> 义范苍生，道格时雄。自昔爱止，于焉盘桓。
> 躬耕南亩，永啸东峦。迹逸中林，神凝岩端。
> 罔窥其奥，谁测斯欢。堂堂伟匠，婉翩扬朝。
> 倾岩搜宝，高罗九霄。庆云集矣，鸾驾亦招。

（此据《梅田习氏族谱》。笔者以为"躬耕南亩"比"躬耕西亩"好理解，"道格时雄"比"道格时雍"其意确更好解，故录之）

笔者为什么将《诸葛武侯宅铭》的创作时间定于这一年？依据古隆中《三国旅游·湖北风景名胜·丹青苑》载："西晋永兴二年，太傅缘李兴同镇南将军、荆州刺史刘弘一起来到隆中，写下了《祭诸葛丞相文》……此后60余年，著名史学家、襄阳人习凿齿也瞻仰了隆中，并写下了《诸葛故宅铭》。"

西晋永兴二年即公元305年，将"60余年"约算为61年的话，则初步认为习凿齿在公元366年写下了《诸葛武侯宅铭》。

又，《蜀志·诸葛亮传》注引《蜀记》曰："晋永兴中，镇南将军刘弘至隆中，观亮故宅，应碣表闾。命太傅椽棰为李兴为文曰"云云。笔者查知：晋永兴只有三年，永兴中即公元305年。此后"60余年"习凿齿题写《诸葛武侯宅铭》的时间亦当是公元366年。上述认定是可以的。

关于习凿齿作《诸葛武侯宅铭》的时间，另有一说，今录下，用作待考："北魏·郦道元《水经注》卷二十八《沔水注》记载：'沔水（又）东经乐山北。昔诸葛亮好为《梁父吟》，每所登游，故俗以乐山为名。沔水又东迳隆中，历孔明旧宅北。亮语刘禅云：'先帝三顾臣于草庐之中，咨臣以当世之事，即此宅也。'车骑（将军）沛国刘季和（应作刘和季，又作刘叔和）之镇襄阳也，与犍为人李安共观此宅，命作宅铭：'天子命我，于沔之阳，听鼙而永思，庶先哲之遗光……后六十余年，永平（升平或太和）之五年，习凿齿又为其宅铭焉。'"

笔者以为习凿齿作《诸葛故宅铭》，在永平五年则不可能，因为西晋与东晋均无永平五年。说是升平五年，也不妥，因为升平五年是公元361年，其时习凿齿还在荥阳任上，与其赋闲后去襄阳隆中访诸葛故宅一说相抵牾。如是太和五年，则为公元370年，此说有可能，但还要进一步考证。

四十岁　公元367年丁卯，东晋太和二年

这一年，习凿齿赋闲襄阳城，博览群书，往来于谷隐山。在闲暇中亦为完善其《汉晋春秋》（五十四卷）和为《襄阳耆旧传》（五卷）、《逸人高士传》（八卷）、《习凿齿集》（五卷）等著作写作着，并关注释道安一行人讲学弘法。

四十一岁　公元368年戊辰，东晋太和三年

这一年，习凿齿的《逸人高士传》中有云："董威辇不知何许人，忽

见于洛阳白社中。"（据《太平御览》卷五百三十。《逸人高士传》早佚，笔者植此段内容于此，推想习凿齿只能是在赋闲期间方有时间撰此类著作，具体时日待考）

四十二岁　公元369年己巳，东晋太和四年

这一年，习凿齿《与谢安书》云："每省家舅，纵目檀溪，念崔徐之交，未尝不抚膺踯躅，惆怅终日矣。"（《水经注·沔水》）。这里的句子，与《与桓祕书》中的句子小有雷同，但用以表达习凿齿的一种心情，表现与谢安之间关系之密切，也是可以的，故录于此）

4. 相处甚乐互骋才

四十三岁　公元370年庚午，东晋太和五年

这一年，习凿齿诣释道安。值众僧斋，皆舍钵敛衽，唯道安食不辍。凿齿曰：

大鹏从南来，众鸟皆戢翼。何忽冻老鸱，腩腩低头食。

（《御览》九百四十五。《御览》九百二十七为"阁鹏从南来，众某苍戢翼，何忽冻老鸱，腩腩低头食？"）

道安则有《答习凿齿嘲》云：

猛虎当道食，不觉蚊虻来。

习凿齿此时已经与道安十分熟悉，相处融洽，才有闲情逸致互嘲。因《太平御览》所载无年月，故笔者将此诗安排于是岁，具体年月待考证。

又，安公讲十常数百。习凿齿常饷十梨，正值讲，安公便于座中手自分梨，尽人遍，都无偏颇。（据宋·李昉《太平御览》卷九百六十九）

笔者认为，当在习凿齿与释道安关系十分密切之时，因《太平御览》所载无年月，故安排于此处，具体年份仍待考证。

又，时人习凿齿闻而诣之。既坐而称曰："四海习凿齿。"安曰："弥天释道安。"时人咸以为名答。凿齿尝饷安梨数十枚。正值讲坐，便手自分割，梨尽人遍，无参差者。

高平郗超遣使遗米千石、修书累纸，深致殷情。安答书曰："损米弥觉有待之为烦！"

凿齿与谢安书曰："来此见释道安，故是远胜，非常道士。师徒数百，斋讲不倦。无变化会术可以惑……"（据南朝梁·释僧祐《出三藏记集》卷十五）

笔者认为，当在习凿齿与释道安关系十分密切之时，故安排于此处，具体年份仍待考证。

又，习凿齿诣释道安，值持钵趋堂，凿齿乃翔往，众僧之斋也，众皆舍钵敛衽，唯道安食不辍，不之礼也。习甚恚之，乃厉声曰："四海习凿齿，故来看尔。"道安应曰："弥天释道安，无暇得相看。"习愈忿，曰："头有钵上色，钵无头上毛。"道安曰："面有匙上色，匙无面上坳。"习又曰："大鹏从南来，众鸟皆戢翼。何忽冻老鸥，腩腩低头食。"道安曰："微风入幽谷，安能动大材。猛虎当道食，不觉蚤虻来。"于是习无以对。（据梁·萧绎《金楼子》卷五）

笔者认为，当在习凿齿与释道安关系十分密切之时，故安排于此处，具体年份仍待考证。蚊虻，一种危害牲畜的虫类，亦指蚊子。蚤虻，即跳蚤、蚊子的合称。这是释道安对习凿齿玩笑话的"回击"，也是以玩笑对玩笑，相互以比喻取笑展示幽默之趣表现了关系的融洽。

5. 弘法成效日渐显

时光如水流匆匆，道安在襄阳弘法不觉六年。在习凿齿的鼎力支持下，道安在襄阳弘法产生了广泛的影响，引起了王公大臣和孝武帝的高度重视，弘法成效渐显。

四十四岁　公元371年辛未，东晋咸安元年

十二月，习凿齿《与谢侍中书》云：此有红蓝，足下行知否？北人采取其花染绯黄，按其上英鲜者作烟支，妇人妆时作颊色。作此法大用如小豆许，案令偏颊，殊觉鲜明，可爱。吾小时再三遇邮燕支，今日始红蓝耳，后当为足下致其种。匈奴名妻阏氏，言可爱如烟支也。阏字音烟，氏字音支，想足下先亦作此读汉书也。（见《尔雅翼》三，按：烟支事，复见《与燕王书》，盖本集两书皆及之）

又一版本，字词多异。习凿齿《与谢侍中书》云：此有红蓝，北人采

取其花作胭脂，胭脂，妇人妆时作颊色用，如豆许，挼令偏颊，殊觉鲜明。匈奴名妻阏氏，言可爱如胭脂也。（《西河旧事》歌曰：失我祁连山，使我六畜不蕃息；失我阏氏山，使我妇女无颜色）（见宋·曾慥《类说》卷十三）

据任崇岳《谢安评传》载，谢安在咸安元年十一月（371 年 11 月）由吴兴太守征拜侍中，故置于此处。又，《与谢侍中书》中的文字，与《与燕王书》中的字词略有雷同，其中是何原因致此，留待考证。

四十五岁　公元 372 年壬申，东晋咸安二年

这年七月，太子昌明为帝，是为烈宗孝武皇帝。是时谢安为仆射。由于习凿齿多年来对道安弘法的宣传，谢安等重臣对道安弘法的推崇，孝武帝对道安的道德、学问由了解而心生敬慕，为了安抚道安之心，稳定襄阳这个与前秦抗衡的前沿阵地的民心，于是孝武帝褒奖道安，其《孝武帝褒奖道安诏》云："安法师器识伦通，风韵标朗，居道训俗，微绩兼著。岂直规济当今，方乃陶津来世。俸给一同王公，物出所在。"[①]

四十六岁　公元 373 年癸酉，东晋宁康元年

这一年，由于习凿齿协助道安弘法有成效，据释念常《佛祖历代通载》卷 6《东晋》"习凿齿"条云："……孝武帝闻安名，诏曰：'法师以道德照临天人，使大法流行，为苍生依赖，宜是食王公禄，所司以时资给。'"

这一年，习凿齿在其《襄阳耆旧记·朱序条》记有"朱序，字次伦，义阳人"。

"宁康初，拜使持节监沔中诸军事、南中郎将、镇襄阳。"《晋书·朱序传》写作：朱序被拜使持节、监沔中诸军事、南中郎将、梁州刺史，镇襄阳。

笔者认为，习凿齿的《襄阳耆旧记·朱序条》，是证明其公元 384 年10 月未卒的重要证据之一。《晋书·朱序传》当是"朱序条"的扩写，作为"朱序条""朱序传"的成文，自然有一个资料积累的过程，因此笔者在论述习凿齿的仕途、交往与经历中，凡关涉朱序的内容，均一一录出，

---

① 参见（晋）释道安著，胡中才译注：《孝武帝褒奖道安诏》，《道安著作译注》，北京：宗教文化出版社 2010 年版。

以展示习凿齿的这一资料积累情况。又因有研究者在没出示任何证据的情况下，说朱序卒于公元 393 年是后人所加。笔者以为，即便如此，"朱序条"中也写到了朱序在公元 392 年的活动，故一一录出朱序的活动，特别是在襄阳的活动，实在很有必要。

四十七岁　公元 374 年甲戌，东晋宁康二年

这一年，朱序镇襄阳（见《晋书·朱序传》）。习凿齿在襄阳与谷隐山协助道安弘法，估计与朱序是有接触的，这也为他后来撰写《襄阳耆旧记·朱序条》打下了基础。

四十八岁　公元 375 年乙亥，东晋宁康三年

这一年，习凿齿赋闲于襄阳城和谷隐山，博览群书。在闲暇中不忘完善其《汉晋春秋》（五十四卷）和撰写《襄阳耆旧传》（五卷）、《逸人高士传》（八卷）、《习凿齿集》（五卷）等著作。关注、协助并宣扬释道安一行 400 余人的讲学弘法。

相传每到元宵等喜庆佳节，达贵官人们均爱在自己宅邸内张灯结彩。习凿齿作有《诗灯笼》云：

> 煌煌闲夜灯，修修树间亮。
> 灯随风炜烨，风与灯升降。
> （据唐·许嵩《建康实录》，中华书局 1986 年版）

> 煌煌闲夜灯，修修树间亮。
> 灯随风炜烨，风与灯升降。

（据《白梅习氏族谱·彦威祖咏灯诗一作咏灯笼》，直雄按：此诗在诗题与许嵩所记略有所别）

此时谢安已总中书，从庆贺的角度暂将此诗安排于此年，更确切的年代待考。

世人对习凿齿的这首咏物诗评价甚高。

时俊称："在魏晋咏物诗题材的细小化与广泛化的过程中，东晋习凿齿的《诗》（《诗纪》作《灯》，一作《咏灯笼》）具有典范意义：'煌煌闲夜灯，修修树间亮。灯随风炜烨，风与灯升降。'从这首诗可以看出，

诗人的视野已经从山林、宇宙、自然拉回到帘前灯下，更贴近生活，呈现出了与山水诗、玄言诗等诗作截然不同的风格、题材。而这种倾向，到了南朝就更显著，尤其是齐梁诗人的诗作，将题材的广泛、琐细和生活化的特征表现得淋漓尽致。因此，这首诗可谓开齐梁咏物诗之先河，预示着整个南朝咏物诗发展的轨迹和方向。可以说，它是六朝咏物诗发展过程中的一首标志性作品。在艺术上，这首诗押韵，讲究对仗，节奏鲜明，韵律和谐，也表现出较为成熟的艺术技巧。"①

四十九岁　公元 376 年丙子，东晋孝武帝太元元年

习凿齿子辟强所配王氏生于永和十年（354 年）正月初二日子时。王氏于太元丙子（376 年）三月十二日亥时生下长子安邦。安邦，字洪勋（后安邦生二子。名曰叔豹，字虎臣，配易氏；叔万，字鹏搏，配钟氏，生子曰岗。叔豹、叔万生平事迹待考）后又生下次子安国。安国，字洪烈，仍归襄阳承其宗祀。后又生下三子安明。安明，字洪谟。安明生下三子：长子名曰叔纪，字永植，配吕氏，生平事迹待考；次子名曰叔刚，字毅德，配胡氏，生平事迹待考；三子名曰叔柔，字全天，配高氏，生二子，俱夭。叔柔生平事迹待考⋯⋯（据多部《习氏族谱》）

这一年，习凿齿仍是往来于襄阳城和谷隐山。在协助弘法时为完善其《汉晋春秋》（五十四卷）和对《襄阳耆旧传》（五卷）、《逸人高士传》（八卷）、《习凿齿集》（五卷）等著述进行写作。

五十岁　公元 377 年丁丑，东晋太元二年

这一年，朱序镇襄阳（见《晋书·朱序传》）。习凿齿在其《襄阳耆旧记》"朱序条"中亦涉此事。

五十一岁　公元 378 年戊寅，东晋太元三年

这年四月，秦兵渡汉水直抵襄阳，晋将朱序固守中城，其母韩氏率百余婢及城中女丁，筑新城抵御之。襄阳人谓之"夫人城"。习凿齿在其《襄阳耆旧记》"朱序条"中有载录。

至此年，道安在襄阳弘法达十五年之久。习凿齿邀请释道安来襄阳弘法，所取得的成就是多方面的。

释道安（312—385 年），俗姓卫，12 岁出家为僧，24 岁师从高僧佛图

① 赵红菊：《略论魏晋咏物诗的过渡性意义》，《内蒙古大学学报》2013 年第 1 期，第 99 页。

澄。数年后僧名远播，他矢志弘法，然兵祸连年，他只好潜入深山。在北方十六七年中，他辗转于河北、山西、河南的飞龙山、太行恒山、女休山诸地。当东晋兴宁三年（365 年）所率的数百弟子到达河南陆浑时，他又被前燕军所逼。当此艰难之时，他于这年 4 月 5 日收到习凿齿热情洋溢的信，便南下襄阳。在习凿齿的大力支持下，"在襄阳的十五年，是道安弘法的高峰期。在这里，他著述五十四种，力求用《老》《庄》《易》的概念、范畴阐释佛教义理，构建了中国佛教哲学体系；在这里，他倡议'以释命氏'，并从自己开始，统一了佛门姓氏，建立了中国的佛门统一教团；在这里，他制定了《佛法宪章》《僧尼规范》，规范了中国寺舍及僧众行为、戒律，也使佛门佛事更接近世俗。而且他实践了'依国主，立佛法'的原则，常与襄阳上层人士、军政高官交往、切磋，并与社会各界广泛接触，得到各方面的支持。佛教中国化的实践，初见成效。东晋孝武帝下诏褒奖道安，称他是稳定民心、稳定时局的支柱，赐以'一同王公'的俸给。佛教传入中国四百多年后，释道安首开先河给它注入了中国文化的血液，使其逐步与中国文化血肉相融，成为中国文化的重要组成部分。中国化的佛教因此在华夏大地立足扎根。儒、释、道本是三个相互对立的教派。汉晋以后，由于佛教的逐步中国化，三者相互排斥又相互吸收，逐步形成了三教互补为主要内容的中国传统文化的整体。……"①

笔者以为：道安自受习凿齿之邀，在襄阳弘法十五年。由于习凿齿笃信佛，且对佛有着深入的研究，故能从各个方面积极相助。加之道安在襄阳能够经常地与东晋上层朱序、桓豁、郗超、张殷、杨弘忠等往来，且受孝武帝之诏，享受着王公俸禄，从而获得了一个极好的弘法环境，从而在襄阳十五年内能够在多方面开佛学中国化之先河，形成了独具特色的中国佛教文化。

一是提出了"不依国主则法事难立"的原则，规范了日后中国佛教发展的方向，使佛教在中国传播数千年一直不衰。

二是在襄阳十五年，道安著述达到了他生命中的高峰期。十五年内撰写了《道行般若经序》《合放光赞略解序》《安般注序》《十法句义经序》《人本欲生经序》《了本生死经序》《书叙》《疑经录序》《注经及杂经志录

① 参见习嘉裕：《解读"天下第一联"》，《对联》2010 年第 11 期，第 4～5 页。

序》等多部著作。

三是在襄阳弘法的过程中，统一了佛门姓氏，规范了僧尼持戒，强化了佛教的统一，这是他对佛教的又一重大贡献。①

四是习凿齿与道安的密切关系，由于东晋上自孝武帝，下至不少王公大臣对道安在襄阳十五年弘法的支持、赏识与赞助，习凿齿博得了道安一行四百余人对东晋王朝的好感。故在"晋宁康末年，前秦武侯王猛病死，丧辅之痛使苻坚更加思慕能够辅政的文臣人才。他本已'素闻安（道安）名'，于是，他对他的大臣说：'襄阳有释道安，是神器，方欲致之，以辅朕躬。'晋太元二年，其太史称星相显示，'当有大德智人，入辅中国'。苻坚再次想到了释道安，当即'遣使求之'。但道安不愿北上，使节无功而返"②。当苻坚起兵攻打东晋之时，苻坚的军事行动遭到了道安的劝阻与反对。

这是道安在襄阳弘法的成就，亦是习凿齿对佛教的弘扬和对东晋王朝争取人才、民心的一大贡献。

"习近平主席在巴黎联合国教科文组织总部发表演讲时指出：'佛教产生于古代印度，但传入中国后，经过长期演化，佛教同中国儒家文化和道家文化融合发展，最终形成了具有中国特色的佛教文化，给中国的宗教信仰、哲学观念、文学艺术、礼仪习俗等留下了深刻影响。……中国人根据中华文化发展了佛教思想，形成了独特的佛教理论，而且使佛教从中国传播到了日本、韩国、东南亚等地。"③

依据上述史实可知：习凿齿协助释道安在襄阳弘扬佛法十五年，在使印度佛教演化为富有中国特色的佛教文化的贡献史上，写下了耀眼的一页。

（六）拒征召远避苻秦

1. 凿齿被"舆"至长安

公元 378 年，苻丕大军再压境，襄阳兵祸实难免。习凿齿的好友道安

---

① 以上均参见（晋）释道安著，胡中才译注，《道安著作译注》，北京：宗教文化出版社 2010 年版。

② 参见（晋）释道安著，胡中才译注：《道安著作译注》，北京：宗教文化出版社 2010 年版。

③ 洪修平：《中国佛教文化的独特性》，《光明日报》，2014 年 8 月 26 日第 16 版。

已被朱序保护起来。

对于参与过桓温征蜀，并担任过衡阳太守、荥阳太守的习凿齿来说，此时的他当不会以赋闲的心态出现于襄阳城往来于谷隐山，也许亦不会沉浸在其《汉晋春秋》（五十四卷）和《襄阳耆旧传》（五卷）、《逸人高士传》（八卷）、《习凿齿集》（五卷）等著作的写作之中，他定会参与备战和保护释道安一行数百人的工作。然这方面的资料至今未能搜集到，有待来者发掘。但从朱序被俘，投降苻丕的"李伯护又押着道安、习凿齿交给了苻丕"①，苻丕押解道安、习凿齿、朱序，回到长安，当可反证习凿齿有可能亦是襄阳城保卫战的积极参与者。

习凿齿在其《襄阳耆旧记·朱序》中写道："苻丕围序，序母韩，自登城履行，谓西北角当先受弊，领百余婢，并城中女丁，于其角斜筑二十余丈。贼攻西北，溃，便固新城。襄人谓为夫人城。"据习凿齿被押及他的《襄阳耆旧记·朱序条》记有"夫人城"筑构的情况来看，他当亦是襄阳城的拼死保卫者。

五十二岁　公元 379 年己卯，东晋太元四年

二月，襄阳督护李伯护叛晋，密遣其子与秦相约，请为内应，苻丕遂克襄阳，擒获朱序，习凿齿与释道安被送至长安，苻坚以朱序能守节，拜其为度支尚书；以李伯护不忠，斩之。

二月，此次攻襄阳，苻丕大获全胜。"朱序被俘，李伯护又押着道安、习凿齿交给了苻丕。苻丕押解道安、习凿齿、朱序，凯旋。"②

苻坚同样关注的是习凿齿与释道安这两位博学多闻的大才。"坚素闻其名，与道安俱舆而致焉。既见，与语，大悦之，赐遗甚厚。又以其蹇疾，与诸镇书：'昔晋氏平吴，利在二陆；今破汉南，获士裁一人有半耳。'俄以疾归襄阳。"③

孙盛《晋阳秋》曰：秦苻坚克襄阳，获习凿齿、释道安。时凿齿足疾，坚见之与语，大悦，叹曰："昔晋平吴，利在二陆。今破南土，获士

---

① 参见（晋）释道安著，胡中才译注：《道安著作译注》，北京：宗教文化出版社 2010 年版。

② 参见（晋）释道安著，胡中才译注：《道安著作译注》，北京：宗教文化出版社 2010 年版。

③ （唐）房玄龄等撰：《晋书·习凿齿传》，北京：中华书局 1996 年版，第 2154 页。

一人有半。”盖刺其蹇也。

檀道鸾《续晋阳秋》曰：习凿齿以脚病废于里巷。苻坚灭樊邓。素闻其名，与释道安俱舆而致焉。与语大悦。以其蹇疾，才堪半丁，与诸镇书曰：“晋氏平吴，利在二陆；今破汉南，得士一人半耳。”（据宋·李昉等《太平御览》卷三百七十二）

安（即释道安）在樊沔十五载，每岁常遍讲《放光经》，未尝废阙。桓冲要出江陵，朱序西镇，复请还襄阳。苻坚数闻其声，每云：“襄阳有释道安是名器，方欲致之，以辅朕躬。”后攻襄阳，安与朱序俱获于坚。坚谓其仆射权翼曰：“朕以十万之师取襄阳，唯得一人半。”翼曰：“谁耶？”坚曰：“安公一人，习凿齿半人也。”既至，住长安城内五重寺，僧众数千人，大弘法化。（据南朝梁·释僧祐《出三藏记集》卷十五）

2. 耻仕苻秦赴“书堂”

约在三月，习凿齿借口有病，旋即回到襄阳。据黄惠贤先生考证：习凿齿“太元四年（379年）二月朱序被俘，道安与凿齿‘舆至’长安，应在岁末。凿齿‘俄以疾归襄阳’，时间不会晚于太元六年（381年）”①。

像习凿齿这样重要的“战利品”，笔者已查证，苻丕已于公元379年2月即将其“舆人”至长安。然习凿齿气节凛然照古今，耻仕苻秦归襄阳。“俄以疾归襄阳。”据此，笔者依据《习氏族谱》及乾隆钦定的《四库全书》等诸多资料的载录，有理由认为，在太元四年二三月间或略晚一点，习凿齿就回到了襄阳，为拒梁成（其时为襄阳守将）、苻坚之征召，从速遁隐于江西省万载俨田（即后人改名的书堂山）。②

对于习凿齿何时回到襄阳，《资治通鉴·晋纪二十六》载：二月，戊午，苻丕执朱序（笔者注：还有习凿齿和释道安），送长安。同时，中垒将军梁成为荆州刺史，坐镇襄阳。

其时，由于密友释道安已经留在长安，又因为荆雍一带战事频仍，不少流民及原籍居民为避难而顺江流入赣地。习凿齿则不甘心为苻坚所用。当此之时，东晋著名法僧慧远因苻坚率兵到襄阳，便“南达荆州，欲往罗

---

① 黄惠贤：《魏晋南北朝隋唐史研究与资料》，武汉：湖北人民出版社2010年版，第65页。
② 吴直雄：《破解〈习凿齿传〉〈汉晋春秋〉千年谜》，广州：广东人民出版社2013年版，第42～47页。

浮（岭南罗浮山）。届浔阳，见庐峰，遂居焉"。由此可以推定，慧远是循江而南下江西的。

习凿齿虽原籍襄阳，但因苻坚南侵，便避地于今江西万载县境。从交通便利角度而言，习凿齿极有可能是从湘江二州边境入赣的。①

方潜龙关于习凿齿与慧远在襄阳陷落之后即南下的论说是可信的。于凌波居士在《向知识分子介绍佛教之四：在华弘传概要》中写道："慧远，本姓贾，雁门楼烦人，博览群书，尤邃于周易老庄。二十一岁入道安门下，闻安讲《般若经》，豁然而悟，乃叹曰：'儒道九流，皆糠秕耳。'乃投簪落发，委命受业。安每叹曰：'使道流东国者，其在远乎？'后随安居襄阳，道安入长安，远与弟子数十人南适荆州。抵浔阳，见庐山幽静，庐于山阴，历史上有名的东林寺，即其遗迹。"由此足见，习凿齿像慧远一样，随流民南下是十分方便的。

这一年，"时因苻坚寇晋，屡以书征辟之，正直自处，不肯从召，遂偕其妻、子隐寓于（江西）万载书堂山"。（清·乾隆十二年《梅田习氏世系·总图》）

五十三岁　公元380年庚辰，东晋太元五年

这一年，习凿齿当仍在江西万载书堂山授徒讲学，事见《梅田习氏族谱·先考湘潭儒学教谕　敕封翰林院编修文林郎致仕府君行状》载云："公讳諲，字怀恭。姓习氏。先世襄阳人也！东晋荥阳太守凿齿祖因苻坚之乱，避地于袁之万载。授徒山中。人因名其山为书堂山。"

3. 老梅盛开迎凿齿

五十四岁　公元381年辛巳，东晋太元六年

这一年，大约在梅开之际，习凿齿自徙居之地继迁，来到"白梅之地，古称猴山，始祖习凿齿避苻坚之难，自襄而袁，道经其地，见有早梅一树，洁白芳香，逾月不谢，因而喜曰：'即此老梅，是我宜家之兆也！花可以报春魁，实足以调鼎鼐，舍此其奚适哉！'爰是经之营之。携妻及子乐隐于斯，且以遇梅而止，赏其清洁，号曰'白梅'。嗣是后先相继，盛而衰，衰而盛，代有俊秀……"（明洪武十一年《梅田习氏族谱·后记》

---

① 方潜龙：《六朝时期北人入赣及其对江西经济发展的作用》，《上饶师范学院学报》2008年第5期，第77页。

1378 年刊本）

习凿齿来到白梅之地，照样博览群书，兴办"半山学校"授徒开讲。习凿齿"隐居在风物'类于鹿门'的白梅村那里，不光是抚琴引鹤、度涧攀岭、笑傲林泉，还开办书馆，传经授史。馆名曰：'半山学舍'，是以他自号'半山'而命名的。学舍前悬挂自撰一联曰：'半折琴书陶性分，山林风景满胸怀。'"①

直雄按：半山学舍，其基址后改建为白梅小学，"文革"中所有遗迹皆被毁。

4. 老友道安谏秦王

被苻坚虏往长安的道安，终不负老友习凿齿和东晋王朝对自己弘扬佛法的支持，切谏苻坚不要攻打东晋。这亦是习凿齿邀请道安弘法的实际成效的体现。

五十五岁　公元 382 年壬午，东晋太元七年

这年十月，习凿齿的好友释道安切谏苻坚。苻坚在太极殿会见群臣，商议攻晋。群臣皆以为东晋君臣辑睦、内外同心，且据有长江天险，民为之用，晋未可灭。

"坚弟平阳公融及朝臣石越、原绍等，并切谏，终不能回。惟京兆尹慕容垂力劝苻坚兴师。苻坚自恃兵多，曰：'今以吾之众，投鞭于江，足断其流，又何险之足恃乎！'遂不听谏阻，锐意欲取江东，寝不能旦。众以安为坚所信敬，乃共请曰：'主上将有事东南，公何能不为苍生致一言耶？'会坚出东苑，命安外辇同载。仆射权翼谏曰：'臣闻天子法驾，侍中陪乘。道安毁形，宁可参厕？'坚勃然作色曰：'安公道德可尊，朕以天下不易，舆辇之荣，未称其德。'即敕仆射扶安登辇。俄尔顾谓安曰：'朕将与公南游吴越，整六师而巡狩，陟会稽以观沧海，不亦乐乎？'安对曰：'陛下应天御世，有八州之富，居中土而制四海，宜栖神无为，与尧舜比隆。今欲以百万之师，求厥田下之土，且东南一隅，地卑气厉，禹游而止，舜狩而殂，秦王适而不归。以贫道观之，非愚心所同也。平阳公懿戚，石越重臣，谓并不可，犹尚见距。贫道轻浅，言必不允。既荷厚遇，故尽丹诚耳。'坚曰：'非为地不广，民不足治也。将简天心，明大运所在

---

① 李木子：《新余风物录》，新余市博物馆 1988 年编印。

耳。顺时巡狩，亦著前典。若如师言，则先帝王无省方之文乎？'安曰：'若銮驾必动，可先幸洛阳，抗威蓄锐，传檄江南，如其不伏，伐之未晚。'坚不从，遣平阳公融等精锐二十五万为前锋，坚躬率步骑六十万，至须城。晋遣征虏将军谢石、徐州刺史谢玄拒之。坚前军大溃于八公山，晋军遂北三十余里，坚单骑而遁，如所谏焉。"（《太平广记·异僧·释道安》）

5. 淝水战况入著作

习凿齿虽说在白梅开馆授徒并从事著述，但他的著述不是"象牙塔"中的著述，他关注时事，尽其所能记下东晋大事。

五十六岁　公元383年癸未，东晋太元八年

习凿齿在江西新余白梅半山学舍开馆授徒并从事著述。是年，淝水之战大胜。

冬十一月乙未，拜朱序为龙骧将军。

五十七岁　公元384年（甲申　东晋太元九年）

十月，习凿齿在江西新余白梅从事著述并授徒讲学。唐·许嵩《建康实录·习凿齿条》录"前荥阳太守习凿齿卒"，此为不实之录。①

五十八岁　公元385年乙酉，东晋太元十年

这一年，习凿齿的好友道安卒。道安一生致力于整理佛教经典，编写佛教丛书目录，确立僧众集体生活戒律，统一僧徒之姓为"释"，弘法需"国主"，反对苻坚攻东晋。而他这些成就的取得，与其在襄阳十五年的弘法是分不开的，与习凿齿在襄阳十五年的大力协助和热心向佛也是分不开的。

七月至八月二十二日之前，王令诣谢公，值习凿齿已在坐，当与并榻。王徙椅不坐，公与之对榻。去后，语胡儿曰："子敬实自清立，但人为尔多矜咳，殊足损其自然。"（《世说新语·忿狷第三十一》）

王献之，字子敬（344—386年），官至中书令，人称王大令，即所谓王令。谢安（320—385年）。胡儿，即谢安兄子谢朗的小字。太元五年（380年）五月，谢安为卫将军，开府复请献之为长史。次年王献之外任吴

---

① 吴直雄：《破解〈习凿齿传〉〈汉晋春秋〉千年谜》，广州：广东人民出版社2013年版，第229~239页。

兴太守，军号建威将军。太元九年（384 年）三月，谢安为太保，未久，拔擢王献之任中书令，掌中枢机要，后因病挂职。习凿齿与谢安，早在释道安在襄阳弘法时，之间就有书信往来，足见关系较为密切，且王献之到来之前，习凿齿与谢安已经在座。可以肯定，久居白梅的习凿齿通过谢安，对淝水之战的种种情况是会了解清楚的，特别是对朱序在此次战役中的作用也当是了如指掌的。据此，笔者将《汉晋春秋》中关于"淝水之战"中所记"小插曲"，其写作的大致时间亦安排于后。一般来说，习凿齿关于淝水战况的写作时间应更晚，更具体时间有待考证。①

习凿齿十分关注与淝水战役有关的人和事。其《汉晋春秋》中涉及下列一段史实：秦始皇二十六年，长狄十二见于临洮。长五丈余。以善祥，铸金人十二以象之。各重二十四万斤。坐之宫门之前，谓之金狄……《汉晋春秋》曰："或言金狄泣，故留之。石虎取置邺宫，苻坚又徙之长安，毁二为钱。其一未至，而苻坚乱。百姓推置陕北河中。于是金狄灭。"余以为鸿河巨渎……（北魏·郦道元《水经注》卷四）

笔者认为，《水经注》的这段引用资料十分重要：其一是"石虎取置邺宫"句。石勒死于公元 333 年，是为东晋咸和八年；石虎公元 334—349 年在位，自即帝位后迁邺，当在东晋咸和九年之后的事；苻坚败乱在公元 383 年底。由此可见，《汉晋春秋》的内容下迄愍帝是错误的。抑或是：郦道元所见的《汉晋春秋》，当是习凿齿《汉晋春秋》的最初版本，而房玄龄所见的版本是唐人传抄有漏的版本。这些均有待新的发现和进一步考证。

五十九岁　公元 386 年丙戌，东晋太元十一年

是岁，据《资治通鉴·晋纪二十八·孝武帝太元八年》载："初，谢玄欲使朱序屯梁国……"习凿齿在其《襄阳耆旧记》"朱序条"中有"复还襄阳"的载录，亦写到了朱序太元十八年卒，故当涵盖上述内容。

六十岁　公元 387 年丁亥，东晋太元十二年

是岁，据《资治通鉴·晋纪二十九·孝武帝太元十二年》载："翟辽遣其子钊寇陈、颍，朱序遣将军秦膺击走之。"《晋书·朱序传》载："翟

---

① 吴直雄：《破解〈习凿齿传〉〈汉晋春秋〉千年谜》，广州：广东人民出版社 2013 年版，第 373~378 页。

辽又使其子钊寇陈、颍，序还遣秦膺讨钊，走之，拜征虏将军。"

习凿齿在其《襄阳耆旧记》"朱序条"中有"后，坚败得归，拜征虏将军，复还襄阳"等载录，涵盖上述内容。

六十一岁　公元388年戊子，东晋太元十三年

是岁，习凿齿隐居于江西新余白梅，博览群书，授徒开讲。同时，续修完善其《汉晋春秋》（五十四卷）、《襄阳耆旧记》（五卷）、《逸人高士传》（八卷）、《习凿齿集》（五卷）等著作。习凿齿自徙居万载之书堂山继迁到白梅之后，在兴办的"半山学校"授徒开讲，同时留意关系到东晋存亡的诸多战事和朝廷的变化，并将有关佚事记入《汉晋春秋》《襄阳耆旧记》等系列著作之中。通过《襄阳耆旧记》中"朱序条"的内容，我们可以窥见习凿齿上述诸多著作仍在不断修改的情况。

据《资治通鉴卷·晋纪二十九·孝武帝太元十三年》载："夏，四月，戊午，以朱序为都督司、雍、梁、秦四州诸军事、雍州刺史，戍洛阳。"《晋书·朱序传》载："加都督司、雍、梁、秦四州军事。"据此可知：习凿齿记朱序是公元388年4月事。

习凿齿在其《襄阳耆旧记》"朱序条"中"复还襄阳"的载录，涵盖上述内容。

六十二岁　公元389年己丑，东晋太元十四年

习凿齿仍在白梅授徒讲学并完善自己的系列著作。

六十三岁　公元390年庚寅，东晋太元十五年

是岁，据《资治通鉴·晋纪二十九·孝武帝太元十五年》载："西燕主永引兵向洛阳，朱序自河阴北济河，击败之。序追至白水，会翟辽谋向洛阳，序乃引兵还，击走之；留鹰扬将军朱党戍石门，使其子略督护洛阳，以参军赵蕃佐之，身还襄阳。"《晋书·朱序传》亦载此事，据此，时在公元390年春正月。

习凿齿在其《襄阳耆旧记》"朱序条"中有"复还襄阳"的载录，涵盖上述内容，亦说明《襄阳耆旧记》其时并未完稿。

六十四岁　公元391年辛卯，东晋太元十六年

八月，习凿齿隐居于江西新余白梅，博览群书，授徒开讲，同时留意关系到东晋存亡的诸多战事和朝廷的变化。这从其《汉晋春秋》中的"怀

抱愚情，三十余年"和《襄阳耆旧记》写到了朱序太元十八年卒一事可证。

六十五岁　公元 392 年壬辰，东晋太元十七年

是岁，据《资治通鉴·晋纪三十·孝武帝太元十七年》载："冬，十月，辛亥，荆州刺史王忱卒。雍州刺史朱序以老病求解职；诏以太子右卫率郗恢为雍州刺史，代镇襄阳。"

习凿齿在其《襄阳耆旧记》"朱序条"中"复还襄阳"的载录，涵盖上述内容，足证《襄阳耆旧记》仍未完稿。

六十六岁　公元 393 年癸巳，东晋太元十八年

是岁，习凿齿为其《襄阳耆旧传》写下"压卷"之篇——《朱序》。该篇云："朱序，字次伦，义阳人。初，拜使持节、监沔中诸军事、南中郎将，镇襄阳。丕围序，序母韩自登城覆行。谓西北角当先受弊，领百余婢并城中女丁，于其角斜筑二十余丈。贼攻西北，溃，便固新城。襄人谓之'夫人城'。序累战破贼。守备少懈，序陷于苻坚。后坚败，得归，拜征虏将军，复还襄阳。太元十八年卒。"（据"心斋本"《襄阳耆旧记》等）一般说来，隐居于江西新余白梅的习凿齿，不大可能朱序一死就能写下其传记，也许是在公元 393 年以后若干年才写成的，但笔者无法确定此传完成的最后年限，估录此年，特作说明。

对于朱序传的写作，不少专家受许嵩《建康实录》误录的影响，将习凿齿的卒年锁定在公元 384 年 10 月，在未考证是何人何时所加"太元十八年卒"一语的情况下，就下此断语显然是不妥的。

六十七岁　公元 394 年甲午，东晋太元十九年

是岁，据"心斋本"《襄阳耆旧记》中"朱序条"和《汉晋春秋》中"怀抱愚情，三十余年"的文字，足以窥见习凿齿著作的大致写作、修改情况和晚年人生历程之一斑。

六十八岁　公元 395 年乙未，东晋太元二十年

六十九岁　公元 396 年丙申，东晋太元二十一年

七十岁　公元 397 年丁酉，东晋安帝隆安元年

七十一岁　公元 398 年戊戌，东晋隆安二年

七十二岁　公元 399 年己亥，东晋隆安三年

七十三岁　公元 400 年庚子，东晋隆安四年

七十四岁　公元 401 年辛丑，东晋隆安五年

从六十八岁至七十四岁，习凿齿一直在白梅开馆授徒并完善系列著述。

6. 决意上呈一统论

桓温篡逆事未成，其子桓玄更狂凶；兵伐京城国号楚，司马德宗当自强！

这时的习凿齿已年老多疾，正在尽快整理自己的著作，完善好"越魏继汉论"，同时寻机向皇上进呈。

七十五岁　公元 402 年壬寅，东晋安帝元兴元年（桓玄大亨元年）

正月，晋改元元兴。晋帝下诏讨桓玄，以司马元显为骠骑大将军、征讨大都督，刘牢之为前部先锋都督。其时，习凿齿之子习辟强为骠骑从事中郎。桓玄闻之，留桓伟守江陵（今湖北江陵），桓玄抗表传檄列元显罪状，举兵东下。

七十六岁　公元 403 年癸卯，元兴二年（桓玄大亨二年、永始元年）

十二月，桓玄行天子礼乐，使临川王宝逼晋帝写禅让诏书。桓玄即皇帝位，国号楚，改元永始，废晋安帝为平固王，迁至寻阳（今江西九江）。习凿齿曾极力劝阻桓温篡政。桓温因各种条件所限，篡政未成。而其看重的小儿子终于篡政成功，习凿齿其时的心情可想而知。也许这正是刺激他负重病也要完成、完善好"越魏继汉论"即"大一统论"的动力。

七十七岁　公元 404 年甲辰，东晋元兴三年（桓玄永始二年）

二月，晋益州刺史毛璩传檄远近，列桓玄罪状，率众进屯白帝城（今四川奉节）。刘裕还京口，谋兴晋室，与何无忌、孟昶、刘毅等起兵讨桓玄，众推刘裕为盟主，进军建康（今江苏南京）。

三月，刘裕领兵逼近覆舟山（今南京太平门内玄武山），以老弱登山，张旗帜为疑兵，自与刘毅身先士卒，攻入建康，诛桓玄宗族。桓玄挟晋安帝逃往江陵。司马休之、刘敬宣闻桓玄败，遂来归，刘裕以敬宣为晋陵太守，休之领荆州刺史。

四月，桓玄兄子桓歆引氐帅杨秋攻历阳（今安徽和县），为刘钟斩杀。

五月，桓玄收集两万荆州兵，复率诸军挟晋安帝东下，至峥嵘洲（今

湖北黄冈西北）与刘毅、何无忌等相遇。毅等乘风纵火，尽锐争先，玄众大溃，烧辎重夜遁，挟帝单舸西走，入江陵。是夜，城市内乱，玄乃与亲近心腹百余人出城西走，将奔汉中，屯骑校尉毛修之诱玄入蜀，至枚回洲（今湖北江陵），为益州督护冯迁斩杀，送首建康；执桓升送江陵，斩于市。

闰五月，桓玄余党桓振等于江陵劫晋安帝。

桓玄之篡乱直至败亡，让晋廷元气大伤。这一切，都被习凿齿看在眼里，进一步坚定了他修改完善"越魏继汉论"即"大一统论"的决心。

七十八岁　公元405年乙巳，东晋安帝义熙元年

正月，晋将刘毅等诸军至马头（今湖北江陵南），桓振遣使求割江、荆二州，奉送天子。刘毅不许，发兵击桓振，进入江陵。晋安帝改元义熙。

二月，晋安帝由何无忌迎归建康。

三月，桓振袭江陵，为刘毅部将斩于沙桥（今湖北江陵北）。

四月，刘裕都督荆、司等十六州诸军事，出镇京口（今江苏镇江）。晋以卢循为广州（今广东大部分及广西一部分）刺史。

五月，桓玄余党桓亮等分扰荆、湘、江、豫诸州。刘毅等攻之，先后平定，诏以刘毅为都督淮南等五郡军事。

七月，刘裕遣使向后秦求和，后秦王姚兴以南乡（今河南淅川南）等十二郡归晋。

如果说当年"桓温的行为，激发了习凿齿的历史思考，《汉晋春秋》对魏武帝的历史评判和对蜀汉政权正统地位的肯定，正是这种历史思考的结果"（金仁义、许殿才《桓温与东晋史学》）的话，那么由于桓温之子桓玄篡政称帝，新军阀刘裕势力日益强大，特别是刘裕借故诛灭异己军事力量之事，据《魏书》及《资治通鉴》等资料载，晋安帝元兴三年（404年），刘裕讨灭桓玄，独秉朝纲，以谋反为名，诛杀尚书左仆射王愉及其子荆州刺史王绥。王愉之孙、王辑之子王慧龙为沙门僧彬所匿，西上江陵求助凿齿之子习辟强。

义熙元年（405年），荆州刺史魏咏之去世，习辟强与江陵令罗修、别驾刘期公、土人王腾等奉王慧龙为盟主，举兵欲袭江陵。老谋深算的刘裕为

防荆州有变，速遣其弟刘道规至荆州，习辟强起兵密谋流产，罗修与僧彬奉王慧龙北投襄阳，在雍州刺史鲁宗之的资助下，投奔后秦。这一切事变，则更是习凿齿三十余年的历练和思考，促成其"怀抱愚情，三十余年"仍要呈一论一疏的政治动机并坚决将之付诸行动，实乃赤诚为国之心使然！

七十九岁　公元406年丙午，东晋义熙二年

据《宋书·徐广传》载："（义熙）二年，尚书奏曰：'臣闻左史述言，右官书事，《乘》《志》显于晋、郑，《阳秋》著乎鲁史。自皇代有造，中兴晋祀，道风帝典，焕乎史册。而太和以降，世历三朝，玄风圣迹，倏为畴古。臣等参详，宜敕著作郎徐广撰成国史。'诏曰：'先朝至德光被，未著方策，宜风流缅代，永贻将来者也。便敕撰集。'"徐广（352—425年），如果以义熙二年（406年）受诏即着手编撰《晋纪》的话，至义熙十二年撰成《晋纪》46卷，费时11年。其时，朝廷未见习凿齿之奏疏，估计亦不知其仍在人间。

是岁，据刘义庆《世说新语·文学第四》载："习凿齿史才不常……于病中犹作《汉晋春秋》，品评卓逸。"刘孝标注引《续晋阳秋》曰："……后以忤旨，左迁户曹参军、衡阳太守。在郡著《汉晋春秋》，斥桓温觊觎之心也。《凿齿集》载其论，略曰：'静汉末累世之交争，廓九域之蒙晦，大定千载之盛功者，皆司马氏也。若以魏有代王之德，则不足；有静乱之功，则孙、刘鼎立，共王秦政，犹不见叙于帝王，况暂制数州之众哉？且汉有系周之业，则晋无所承魏之迹矣。春秋之时，吴楚称王。若推有德，彼必自系于周，不推吴楚也。况长辔庙堂，吴、蜀两定，天下之功也。'"①

对此，程炎震云："'且汉有系周之业，则晋无所承魏之迹矣。'二句当有误字。《晋书》无此语，盖隐括其文，故无可校。"

嘉锡案："凿齿上疏谓晋宜越魏继汉，故比之于越秦系周。其论有云：'夫成业者，系于所为，不系所藉。立功者，言其所济，不言所起。是故汉高禀命于怀王，刘氏垂毙于亡秦。超二伪以远嗣，不论近而计功。季无承楚之号，汉有继周之业。取之既美，而己德亦重故也。'又曰：'以晋承汉，功实显然。正名当事，情体亦厌。又何为虚尊不正之魏，而亏我道于大通哉？'凿齿之意谓魏躬为篡逆，晋之代魏，本非禅让，实灭其国，犹

①　《诸子集成·世说新语》，长沙：岳麓书社1996年版，第64页。

汉之灭秦。司马氏虽世为魏臣，不过如汉高之禀命怀王。秦政、楚怀，皆为僭伪，汉高遂继周而王。例之有晋，自当越魏而承汉矣。故曰汉有系周之业，则晋无承魏之迹。文义甚明，并无误字。程氏此语，本不足论，恐后之读者亦有此疑，故举而辨之耳。"①

《凿齿集》早佚，具体完稿于何时，更是无从考证。笔者引《凿齿集》中这一段内容于此，虽说仍待考证，但《凿齿集》的完稿当在凿齿临终上书之前，这是毫无疑问的。这样做，更为主要的目的在于：笔者完全同意余嘉锡先生的论断，即《凿齿集》中的这一段内容，就是凿齿临终上书的内容。两相对比，这两段文字意思一致，但字词多有不同。这足以说明：习凿齿对其临终上书，确实是"怀抱愚情"，经过"三十余年"的思考、修改后才上疏的。由此推定，他的《汉晋春秋》《襄阳耆旧记》《逸人高士传》《习凿齿集》等著作的成书过程，其中有些当亦有"三十余年"的思考与修改。故而笔者在撰写《习凿齿的仕途、交往、写作与经历》时，一方面略记当时的动乱风云大事，以说明这是他构思"越魏继汉论"追求"大一统"的现实时代背景；另一方面，在重复叙述其撰写《汉晋春秋》等著作的过程中，如发现其著作中有新的内容，则补充于"习凿齿的经历、交往、写作与仕途"之中，如未发现有新的内容可补充，则说明习凿齿有的作品有如其"越魏继汉论"一样，有着三十余年的修改过程，暂留"空白"，待来者发现新资料以补充完善。

八十岁　公元 407 年丁未，东晋义熙三年

是岁，据《凿齿集》中所言及的"晋宜越魏继汉论"中的内容，可以大致推定，习凿齿"怀抱愚情，三十余年"的"晋宜越魏继汉论"，此时已修改完善，只待择机呈与皇上了。

八十一岁　公元 408 年戊申，东晋义熙四年

《世说新语·文学第四》中有习凿齿"于病中犹作《汉晋春秋》，品评卓逸"，后又有"沉沦重疾"的自陈。

考察习凿齿的一生，只见被舆入长安时，有过蹇疾之类的病痛，但这样的病，一般也是影响不了写作的。从《汉晋春秋》不名"汉晋阳秋"以及多处抨击司马氏先祖的丑恶行径来看，与习凿齿几乎同时代的刘义

① 余嘉锡撰，周祖谟、余淑宜整理：《世说新语笺疏》，北京：中华书局 1983 年版。

庆（403—444年）是在看完了习凿齿所著的《汉晋春秋》全书之后下的评语。这也说明《汉晋春秋》的定稿时间只能是在习凿齿晚年临终之前夕。

八十二岁　公元409年己酉，东晋义熙五年

是岁，《汉晋春秋》中有"怀抱愚情，三十余年。今沈沦重疾，性命难保"。可见此时习凿齿确实是处于多病之年，当很难再博览群书、授徒开讲了。同时，亦无力再次修改完善其《汉晋春秋》《襄阳耆旧传》

关于《襄阳记》与《襄阳耆旧传》或曰"襄阳耆旧记"之间的关系，是笔者一贯所关注的，也许亦是诸多读者和学界所注意的。魏平柱先生有其说法，此说甚有学术价值。笔者十分认同，有必要引于后。先生云：

裴松之注《三国志》时，引录了许多习凿齿的著述，其中《襄阳记》就有近二十条之多。除《吴书》中一条是解说襄阳地名"岨中"外，皆为介绍襄阳人物。在《三国志注》中没有一条出自《襄阳耆旧传》或《襄阳耆旧记》。这就是说，习凿齿所撰是《襄阳记》而不是《襄阳耆旧传》或《襄阳耆旧记》。《耆旧传》《耆旧记》是《襄阳记》失传后，后人辑录时所加添之名。裴松之能够引《襄阳记》为《三国志》作注，说明当时《襄阳记》犹存。裴松之是南朝宋人，所注《三国志》告成于宋文帝元嘉六年（429年）。《襄阳记》亡佚于何时，我们只能做大致的推测。《隋书·经籍志》中已无著录，却有《襄阳耆旧记》五卷。显然，隋代《襄阳记》原本已经亡佚。不仅《襄阳记》，裴松之注引魏、晋人著作二百十种的五十余种不见著录。这不得不使人想到梁代末年那场古代典籍的厄运——梁元帝萧绎在江陵焚书二十余万卷。习凿齿所著《汉晋春秋》《襄阳记》很有可能在被焚之中。后人辑佚本，如果仅载人物，称"传"犹可。如果"前载人物，中载山川，后载牧守"，称"耆旧传""耆旧记"均为不妥。因为"耆旧"语义不能涵盖"山川"和"人物"。习凿齿《襄阳记》亡佚后，至迟在隋代就有了名为"襄阳耆旧传"或"襄阳耆旧记"的辑本流传。这从唐初编纂大型类书《艺文类聚》的引用典籍可以看出。同盛唐时期编纂的《初学记》一样，引述中时称"襄阳耆旧传"，时称"襄阳耆旧记"，时称"襄阳记"。晚唐襄阳诗人皮日休把《襄阳耆旧传》

带到了苏州，好友陆龟蒙读后写有《读襄阳耆旧传因作诗五百言寄皮袭美》长诗一首。诗中提及的耆旧人物有宋玉、庞公、孔明，还有"三胡""二习"。从"三胡""二习"分析，此本与后来辑本应有不同。今所见者何止"二习"？所谓"三胡"，未知哪三胡，又为今见所无。皮日休收藏的《襄阳耆旧传》，当为另一个版本。①

又，《湖洲习氏族谱》，首修系年为北宋元符三年（1100 年），谱中注明存有《襄阳耆旧传》。当是隋唐时期流传下来的本子。其中当存有"朱序传"。由此，亦可证明习凿齿在公元 384 年活得好好的。《逸人高士传》《习凿齿集》等著作，则是千方百计地想办法将一论一疏上奏朝廷。

八十三岁　公元 410 年庚戌，东晋义熙六年

是岁，习凿齿当"沈沦重疾"之年。值此风烛残年之际，他所急切思考的仍然是如何将自己的疏论尽快呈与皇上。

八十四岁　公元 411 年辛亥，东晋义熙七年

这一年当是习凿齿即将油尽灯灭之年，为表对国家、朝廷的一片赤诚之心，为避免上呈一论一疏而给子孙后代带来不幸，习凿齿反复删改自己的一论一疏，上呈于朝廷。朝廷看到了他的一论一疏之后，知其赤心一片，拟请其典国史。

笔者查《晋史》等资料，东晋朝自太和（废帝司马奕年号）以来，未见朝廷下诏典国史。自襄邓反正之后，朝廷下诏典国史，仅（义熙）二年这一次。朝廷曾在见到了习凿齿"怀抱愚情，三十余年"的上书后，使凿齿典国史一事，亦当在此年此次。具体情况有如下两种可能：

一是朝廷见到习凿齿的上书后，于公元 406 年即请其典国史，会卒，不果。但这种可能性极小，因为此时习凿齿并非临终之年，亦并未上书。

二是徐广受诏正在编撰国史的中途（如 411 年），得知其长辈、以文笔著称的习凿齿尚在人世，通过朝廷下诏请其一道参与典国史。这种可能性较大，详细情况有待新的资料发现再行考证。

但朝廷使习凿齿典国史一事，亦足以说明习凿齿在公元 384 年 10 月并

① 见魏平柱：《〈襄阳耆旧记〉及所载宋玉小传》，《襄樊学院学报》2010 年第 9 期，第 16 页。

未卒，只是在其"怀抱愚情，三十余年"上书之后，朝廷欲征习凿齿典国史，会卒，不果。

八十五岁　公元 412 年壬子，东晋义熙八年

是岁，朝廷请其为典国史，会卒，不果。

习凿齿殁（详细月份待考），葬于袁州（今宜春市）分宜（今分宜县）枣木山梅仙洞海螺形亥山巳向。其夫人罗氏生于咸康乙未岁四月初八子时，殁未详，葬枣木山亥山巳向（多部《习氏族谱》及本书中的文论均论载其事）。官修的《大明一统志》载称："习凿齿墓在分宜县北八十里。凿齿，襄阳人，仕晋为治中，避秦苻坚，居万载县，卒葬于此。"《嘉庆重修一统志》载称："习凿齿墓在分宜县北七十里，旧志齿避苻秦，居万载卒葬此。"

四、《白梅习氏合修族谱·习凿齿新传》

《晋书·习凿齿传》是习凿齿一生的总结，然其中错漏不少，且行文次序因对习凿齿行踪失考而显得混乱。特别是漏写了习凿齿在万载、新余28 年的事迹。鉴于后文要评说习凿齿的大一统论，鉴于几乎所有的习氏族谱皆载有此传，鉴于笔者以往用《习凿齿新传》的表达方式有不妥之处而有必要重题、重写，并广纳读者意见，拟题为《白梅习氏合修族谱·习凿齿新传》。

（一）《白梅习氏合修族谱·习凿齿新传》（文字中有下划线处，为笔者所增之内容）

习凿齿字彦威，号半山，襄阳人。后因避苻坚之难，隐于万载书堂山，再徙居于安成郡之临江新余白梅，子孙遂为新余人。宗族富盛，世为乡豪。凿齿少有志气，博学洽闻，以文笔著称。荆州刺史桓温辟为从事，江夏相袁乔深器之，数称其才于温，转西曹主簿，亲遇隆密。

时温有大志，追蜀人知天文者至，夜执其手问国家祚运修短。答曰："世祚方永。"温疑其难言，乃饰辞云："如君言，岂独吾福，乃苍生之幸。然今日之语自可令尽，必有小小厄运，亦宜说之。"星人曰："太微、紫微、文昌三宫气候如此，决无忧虞。至五十年外不论耳。"温不悦，乃止。

异日，送绢一匹、钱五千文以与之。星人乃驰诣凿齿曰："家在益州，被命远下，今受旨自裁，无由致其骸骨。缘君仁厚，乞为标碣棺木耳。"凿齿问其故，星人曰："赐绢一匹，令仆自裁，惠钱五千，以买棺耳。"凿齿曰："君几误死！君尝闻干知星宿有不覆之义乎？此以绢戏君，以钱供道中资，是听君去耳。"星人大喜，明便诣温别。温问去意，以凿齿言答。温笑曰："凿齿忧君误死，君定是误活。然徒三十年看儒书，不如一诣习主簿。"

累迁别驾。温出征伐，凿齿或从或守，所在任职，每处机要，莅事有绩，善尺牍论议，温甚器遇之。时清谈文章之士韩伯、伏滔等并相友善。

后使至京师，简文亦雅重焉。既还，温问："相王何似？"答曰："生平所未见。"以此大忤温旨，左迁户曹参军。

初，凿齿与其二舅罗崇、罗友俱为州从事。及迁别驾，以坐越舅右，屡经陈请。温后激怒既盛，乃超拔其二舅，相继为襄阳都督，出凿齿为衡阳太守。六年任满为荥阳太守。

凿齿在郡之时，温觊觎非望，即着手著《汉晋春秋》以裁正之，起汉光武，终于东晋孝武帝。于三国之时，蜀以宗室为正，魏武虽受汉禅晋，尚为篡逆，至文帝平蜀，乃为汉亡而晋始兴焉。引世祖讳炎兴而为禅受，明天心不可以势力强也。拟为五十四卷。

哀帝兴宁元年四月，前燕宁东将军慕容忠攻荥阳，晋太守刘远奔鲁阳。就在荥阳失守前夕，凿齿虽任期未满，温以疾，解组归里。

温弟祕亦有才气，素与凿齿相亲善。凿齿既罢郡归，与祕书曰：

吾以去五月三日来达襄阳，触目悲感，略无欢情，痛恻之事，故非书言之所能具也。每定省家舅，从北门入，西望隆中，想卧龙之吟；东眺白沙，思凤雏之声；北临樊墟，存邓老之高；南春城邑，怀羊公之风；纵目檀溪，念崔徐之友；肆睇鱼梁，追二德之远，未尝不徘徊移日，惆怅极多，抚乘踌躇，慨尔而泣。曰：若乃魏武之所置酒，孙坚之所陨毙，裴杜之故居，繁王之旧宅，遗事犹存，星列满目。璨璨常流，碌碌凡士，焉足以感其方寸哉！

夫芬芳起于椒兰，清响生乎琳琅。命世而作佐者，必垂可大之余风；

高尚而迈德者，必有明胜之事。若向八君子者，千载犹使义想其为人，况相去之不远乎！彼一时也，此一时也，焉知今日之才不如畴辰，吾与足下不并为景升乎！

其风期俊迈如此。

时有桑门释道安，俊辩有高才，受凿齿之邀，自北至荆州，与凿齿初相见。道安曰："弥天释道安。"凿齿曰："四海习凿齿。"时人以为佳对。

在与释道安相处之时日，凿齿往返于襄阳与谷隐山之间，一面从事著述，一面助道安弘扬佛法。

及襄阳陷于苻坚，坚素闻其名，与道安俱舆而致焉。既见，与语，大悦之，赐遗甚厚。又以其蹇疾，与诸镇书："昔晋氏平吴，利在二陆；今破汉南，获士裁一人有半耳。"俄以疾归襄阳。

凿齿为避苻坚之难，旋即遁隐于江西万载书堂山，后落籍安成郡之临江新余白梅，子孙遂为新余人。寻而襄邓反正，当朝廷读到其"怀抱愚情，三十余年"的上书后，欲征凿齿，使典国史，会卒，不果。

万载书堂，山水清幽；新余白梅，类似鹿门。隐居如此清净地，时势仍然系心间；点点滴滴入著述，开馆授徒耗心血。木衰知风厉，岁暮一何速！八五高龄病魔顾，三十余年转眼间。疏论蕴藏心底久推敲，将别尘世呈与东晋朝。遂临终上书曰：

臣每谓皇晋宜越魏继汉，不应以魏后为三恪。而身微官卑，无由上达，怀抱愚情，三十余年。今沈沦重疾，性命难保，遂尝怀此，当与之朽烂，区区之情，切所悼惜，谨力疾著论一篇，写上如左。愿陛下考寻古义，求经常之表，超然远览，不以臣微贱废其所言。

论曰：子谓或问："魏武帝功盖中夏，文帝受禅于汉，而吾子谓汉终有晋，岂实理乎？且魏之见废，晋道亦病，晋之臣子宁可以同此言哉！"

答曰："此乃所以尊晋也。但绝节赴曲，非常耳所悲，见殊心异，虽奇莫察，请为子言焉。"

昔汉氏失御，九州残隔，三国乘间，鼎峙数世，干戈日寻，流血百载，虽各有偏平，而其实乱也。宣皇帝势逼当年，力制魏氏，蠖屈从时，

遂羁戎役，晦明掩耀，龙潜下位，俯首重足，鞠躬屏息，道有不容之难，躬蹈履霜之险，可谓危矣！魏武既亡，大难获免，始南擒孟达，东荡海隅，西抑劲蜀，旋抚诸夏，摧吴人入侵之锋，扫曹爽见忌之党，植灵根以跨中岳，树群才以翼子弟，命世之志既恢，非常之业亦固。景文继之，灵武冠世，克伐贰违，以定厥庸，席卷梁益，奄征西极，勋侔古烈，丰规显祚，故以灼如也。至于武皇，遂并强吴，混一宇宙，义清四海，同轨二汉。除三国之大害，静汉末之交争，开九域之蒙晦，定千载之盛功者，皆司马氏也。而推魏继汉，以晋承魏，比义唐虞，自托纯臣，岂不惜哉！

今若以魏有代王之德，则其道不足；有静乱之功，则孙刘鼎立。道不足则不可谓制当年，当年不制于魏，则魏未曾为天下之主；王道不足于曹，则曹未始一日之王矣。昔共工伯有九州，秦政奄平区夏，鞭挞华戎，专总六合，犹不见序于帝王，沦没于战国，何况暂制数州之人，威行境内而已，便可推为一代者乎！

若以晋尝事魏，惧伤皇德，拘惜禅名，谓不可割，则惑之甚者也。何者？隗嚣据陇，公孙帝蜀，蜀陇之人虽服其役，取之大义，于彼何有！且吴楚僭号，周室未亡，子文、延陵不见贬绝。宣皇帝官魏，逼于性命，举非择木，何亏德美，禅代之义，不同尧舜，校实定名，必彰于后，人各有心，事胡可掩！定空虚之魏以屈已，孰若杖义而以贬魏哉！夫命世之人正情遇物，假之际会，必兼义勇。宣皇祖考立功于汉，世笃尔劳，思报亦深。魏武超越，志在倾主，德不数积，义险冰薄，宣帝与之，情将何重！虽形屈当年，意申百世，降心全己，愤慨于下，非道服北面，有纯臣之节，毕命曹氏，忘济世之功者也。

夫成业者系于所为，不系于所藉；立功者言其所济，不言所起。是故汉高禀命于怀王，刘氏乘毙于亡秦，超二伪为远嗣，不论近而计功，考五德于帝典，不疑道于力政，季无承楚之号，汉有继周之业，取之既美，而己德亦重故也。凡天下事有可惜喻于古以晓于今，定于往昔而足为来证者。当阳秋之时，吴楚二国皆僭号之王者也，若使楚庄推鄢郢以尊有德，阖闾举三江以奉命世，命世之君、有德之主或藉之以应天，或抚之而光宅，彼必自系于周室，不推吴楚以为代明矣。况积勋累功，静乱宁众，数之所录，众之所与，不资于燕哙之授，不赖于因藉之力，长辔庙堂，吴蜀两毙，运

103

奇二纪而平定天下，服魏武之所不能臣，荡累叶之所不能除者哉！

自汉末鼎沸五六十年，吴魏犯顺而强，蜀人杖正而弱，三家不能相一，万姓旷而无主。夫有定天下之大功，为天下之所推，孰如见推于闇人，受尊于微弱？配天而为帝，方驾于三代，岂比俯首于曹氏，侧足于不正？即情而恒实，取之而无惭，何与诡事而托伪，开乱于将来者乎？是故故旧之恩可封魏后，三恪之数不宜见列。以晋承汉，功实显然，正名当事，情体亦厌，又何为虚尊不正之魏而亏我道于大通哉！

昔周人咏祖宗之德，追述翦商之功；仲尼明大孝之道，高称配天之义。然后稷勤于所职，聿来未以翦商，异于司马氏仕乎曹族，三祖之寓于魏世矣。且夫魏自君之道不正，则三祖臣魏之义未尽，义未尽，故假途以运高略；道不正，故君臣之节有殊。然则弘道不以辅魏而无逆取之嫌，高拱不劳汗马而有静乱之功者，盖勋足以王四海，义可以登天位，虽我德惭于有周，而彼道异于殷商故也。

今子不疑共工之不得列位于帝王，不嫌汉之系周而不系秦，何至于一魏犹疑滞而不化哉！夫欲尊其君而不知推之于尧舜之道，欲重其国而反厝之于不胜之地，岂君子之高义！若犹未悟，请于是止矣。

子辟强，才学有父风，位至骠骑从事中郎。

（二）《白梅习氏合修族谱·习凿齿新传》详注详析

几点说明：对于二十四史，自新中国成立以来，国家领导人一直很关心。有关省市曾组织点校和进行部分翻译。尔后，国家组织文史精英进行系统的点校并系统翻译，今出有"全译本""白话本"等，为典籍的普及作出了巨大贡献。"家谱文化是民族文化的根基"。① 而对于全国家谱中的某些精粹篇章，则来不及点校、注释、翻译。有鉴于此，笔者在撰写本书时，涉及《习氏族谱》中笔者所要论及的精粹篇章，均予以详注详析并翻译，愚意以为当是首次尝试。同时，经笔者调查与考证：囿于唐人许嵩在其名著《建康实录》中误载习凿齿死于淝水之战，给一些记载造成了误读误解；再是《晋书·习凿齿传》中的内容，特别是其名"越魏继汉论"，

---

① 倪义省：《家谱文化是民族文化的根基》，《炎黄纵横》2008 年第 2 期，第 1 页。

世人至今误解甚多。为有利于辨清史实真相，这样做也是很有必要的。详注详析的文字用五号正体，以与新传文字相区别。为了不至于造成阅读上的障碍，拟原文为一段，凡详注详析的文字为另一段，且每一详注详析的文字单列一行，以避免读者阅读时找寻困难和阅读障碍。鉴于同样的缘由，本书中的《六事疏》《诫词》亦作如是处理。

习凿齿字彦威，号半山，襄阳人。后因避苻坚之难，隐于万载书堂山，再徙居于安成郡之临江新余白梅，子孙遂为新余人。宗族富盛，世为乡豪。凿齿少有志气，博学洽闻，以文笔著称。荆州刺史桓温辟为从事，江夏相袁乔深器之，数称其才于温，转西曹主簿，亲遇隆密。

习凿齿，生于东晋咸和三年（328 年）戊子八月十三日午时。殁于义熙八年（412 年）壬子——据《梅田习氏族谱·世系总图》。

习凿齿取号"半山"，是否喻统一的晋王朝只剩"半壁江山"，这号中有山，抑或是为了纪念老友谢安之故，因为谢安（320—385 年），字安石，号"东山"，这二"山"之间有否联系，均有待考证。并将其授徒开讲的学堂命名为"半山学校"，也许自有其深意吧！

《梅田习氏族谱·世系总图》云：因秦王苻坚寇晋，屡以书征辟之，正直自处，不肯从召，遂偕其妻子隐寓于万载书堂山，而卜居梅田，殁义熙八年壬子。享寿八十有余。葬分宜枣木山梅仙洞下大金星海螺形亥山巳向。

除"安成郡"是笔者所加之外，此语出自黄子澄。子澄，名湜，分宜县人。生于元至正十九年（1359 年），死于明建文壬午岁四年（1402 年），《明史》中有传。明洪武十八年（1385 年）会试第一，探花及第，官至太常寺卿。在与齐泰同参国政削藩的过程中，为燕王朱棣所擒，不屈而被杀。这位刚烈的政治家兼学者在其《习氏族谱序》中云："……（白梅习氏）其世族渊源，则为东晋凿齿之后。……此凿齿避苻坚之难，隐于万载书堂山，再徙居于临江之新余白梅，子孙遂为新余人……"是序作于洪武二十年（1387 年）中秋月。

乡豪，一乡的豪富或有势力的人。《新唐书·韦虚心传》中云："荆州有乡豪，负势干法。"笔者亦以为是世世代代有人出任"乡豪"之官的人

物，即出身于小官家庭。《南史·梁武帝纪上》中云："诏于州、郡、县，置州望、郡宗、乡豪各一人，专掌搜荐。"

荆州，东晋时的荆州辖襄阳诸地，是长江中游的政治军事重镇，其重要性仅次于当时的扬州。

刺史，三国至南北朝时期各州所设置的军政长官。

桓温（312—373年），东晋谯国龙亢人（今安徽怀远西）人，字元子。明帝婿。永和元年（345年）任荆州刺史，继庾氏掌握长江上游兵权。永和三年（347年）灭成汉。后又攻前秦入关中。永和十二年（356年）收复洛阳。太和四年（369年）攻前燕受挫。太和六年（371年）十一月，废海西公，改立简文帝，以大司马镇姑孰（今安徽当涂），专擅朝政，死后其位由其弟冲继任。

辟，征召的意思。

从事，汉以后三公及州郡长官自辟的僚属，多以从事为称，如从事史、从事中郎、别驾从事、治中从事等。宋代废除。

江夏，郡名，西汉高祖六年（前201年）置。其辖境大小随其后的朝代而时有变化。三国时分属魏、吴两国，各置江夏郡。晋太康元年（280年）灭吴后，又迁治安陆，并改吴江夏郡为武昌郡。袁乔（312—347年）。桓温引为司马，拜江夏相。佐桓温伐蜀成功，进号龙骧将军，封湘西伯。不久而卒。桓温得知惜之，追赠其为益州刺史。

转，谓官职的迁调。

西曹，曹，古代分科办事的官署，如汉置尚书五人，其一为仆射，四人分为四曹；东汉尚书六人，分五曹。又，古代州、郡所置的属官也称为曹。西曹，公府及州郡县佐吏。汉公府置西曹掾、属，主府史署用。晋以后置西曹书佐、西曹从事，郡县则有西曹掾等，公府若领武职、置军府，则置西曹参军，均省称西曹。其职掌略于汉公府。

主簿，官名。置于汉代。其时中央及郡县官署均置此官，以典领文书、办理事务。魏晋以后，渐为统兵开府之大臣幕府中的重要僚属，参与机要，总领府事。

亲遇隆密，关系深厚密切，被视作亲信。

时温有大志，追蜀人知天文者至，夜执其手问国家祚运修短。答曰："世祀方永。"温疑其难言，乃饰辞云："如君言，岂独吾福，乃苍生之幸。然今日之语自可令尽，必有小小厄运，亦宜说之。"星人曰："太微、紫微、文昌三宫气候如此，决无忧虞。至五十年外不论耳。"温不悦，乃止。异日，送绢一匹、钱五千文以与之。星人乃驰诣凿齿曰："家在益州，被命远下，今受旨自裁，无由致其骸骨。缘君仁厚，乞为标碣棺木耳。"凿齿问其故，星人曰："赐绢一匹，令仆自裁，惠钱五千，以买棺耳。"凿齿曰："君几误死！君尝闻干知星宿有不覆之义乎？此以绢戏君，以钱供道中资，是听君去耳。"星人大喜，明便诣温别。温问去意，以凿齿言答。温笑曰："凿齿忧君误死，君定是误活。然徒三十年看儒书，不如一诣习主簿。"

追，即指追索。

祚运，即皇运。

修短，即长短之意。

世祀方永，世世代代祭祀正当长久。

饰辞，托词粉饰。

星人，这里当指懂"星相""星命"，擅长星象推算吉凶的"星家"。《新唐书·李德裕传》："时天下已平，数上疏乞骸骨，而星家言荧惑犯上相，又恳丐去位，皆不许。"

太微、紫微、文昌，三个星座。汉·王逸注："天有三宫，谓紫宫、太微、文昌也。"

气候，时节，亦泛指环境与形势。

忧虞，患难之意。

不论，不好说。

异日，过了几天。

益州，州名，东汉治所，兴平移至成都（今成都市）。

被命，指奉命、受命。

自裁，自杀。

乞为标碣，请求（您用）以圆顶的墓碑标识之。

覆，察看、审察。《考工记》："覆之而角至，谓之句弓。"郑玄注："覆犹察也。"

累迁别驾。温出征伐，凿齿或从或守，所在任职，每处机要，莅事有绩，善尺牍论议，温甚器遇之。时清谈文章之士韩伯、伏滔等并相友善。

累迁，屡次调动官职。《晋书·杨佺期传》："佺期自湖城入潼关，累战皆捷。"

别驾，府、州佐吏名。汉置。为司隶校尉及诸州刺史之上佐，亦称别驾从事，秩百石，刺史行部时，别乘专车侍从导引，主录众事，故名。其位居诸从事右，职位颇重。

莅事，引申为办事。

尺牍，文体名。牍，是古代书写用的木简。以一尺长的木简作书信，故称尺牍。《汉书·陈遵传》："与人尺牍，主旨臧去（弄）以为荣。"后来相沿作为书信的通称。抑或指文辞。

韩伯（？—385 年前后），字康伯，东晋颍川长社（今河南长葛东）人，殷浩外甥。善清谈。简文帝居藩时，曾引为谈客。累迁中书郎、散骑常侍、豫章太守，入为侍中。转丹阳尹、领军将军。复欲改太常，未拜而卒，年 50。

伏滔（约 317—396 年），字玄度，有才学，少即知名，州举秀才，辟别驾，皆不就。大司马桓温以为参军，每有宴集，必命滔从。桓温平寿阳滔以其功封侯，除永世令。太元中拜著作郎，专掌国史，领本州大中正。后迁游击将军。卒于官。有《正淮》（上下十二篇）行于当世。有《文集》十一卷，今不存。

后使至京师，简文亦雅重焉。既还，温问："相王何似?"答曰："生平所未见。"以此大忤温旨，左迁户曹参军。

简文，即简文帝司马昱（320—372 年），字道万，河内温县人，司马绍之弟。幼奇巉，为元帝所爱。及长，清虚寄宿寡欲，尤善玄言。初封琅

琊王，后徙会稽王。永和元年（345 年）进位抚军大将军，录尚书六条事。帝奕立，进位丞相。桓温废奕，立其为帝，此时，桓温威震朝野，昱虽处帝位之尊，只能是拱默而已，在位二年而卒，谥简文帝。有《文集》五卷传世。

雅重，很重视与他交往。《后汉书·窦皇后传》："及见，雅以为美。"

相王，有两解：一谓辅佐帝王。《周礼·春官·大宗伯》："诏大号，治其大礼，诏相王之大礼。"二谓宰相而封王者。《三国志·魏志·陈留王奂传》："进晋公爵为王。"裴松之注引习凿齿《汉晋春秋》："颙（荀颙）曰：'相王尊重，何侯与一朝之臣皆已尽敬。'"南朝梁·刘勰《文心雕龙·时序》："魏武以相王之尊，雅爱诗章；文帝以副君之重，妙善辞赋。"大忤温旨，因此而大大地违反了桓温旨意。

忤，违逆、抵触之意。

左迁，旧时降职的称法。

户曹，汉代公府置户曹掾、属，主民户、祠祀、农桑等事。郡县则因置为户曹掾、史，其职与公府略同。内廷又有户曹尚书，主民庶上书事或缮修功作盐池园苑事。汉以降历代多沿其制。东晋始，公府、军府又有户曹参军，州郡县府皆然，亦有置户曹从事者。户曹参军系成王公府、军府、京畿府佐吏名。西晋末，镇东大将军府置为属官。后世王公府、军府及州置军府者并置，为府佐诸曹参军之一。

初，凿齿与其二舅罗崇、罗友俱为州从事。及迁别驾，以坐越舅右，屡经陈请。温后激怒既盛，乃超拔其二舅，相继为襄阳都督，出凿齿为衡阳太守。六年任满为荥阳太守。

初，叙事时用以追溯已往之词，有当初、已往之意。《左传·哀公六年》："初，昭王有疾。"

罗崇，襄阳人，生卒年待考。东晋将领，曾任竟陵太守。慕容恪取洛阳后遣燕军南侵，宛城赵亿亦叛晋。其与桓豁合军，克宛城，追破赵亿、赵盘军，擒赵盘。

罗友，字宅仁，襄阳人。生卒年待考。东晋将领，性嗜酒，曾任荆州

从事，平蜀后为襄阳太守。累迁广州、益州太守。

坐，由于、为着之意。

右，古礼亦尚右，故即以之指较高地位。而以左为下位。《史记·汉文帝纪》："右贤左戚。"裴骃集解引韦昭注："右犹高，左犹下也。"引申为高贵、重要。

超拔，即"超迁"、越级升迁之意。

都督，亦可兼领地方政务的军事长官。三国魏文帝黄初三年（222年）始置，以督诸州军事，或领刺史。明帝以后，大都督权位尤重。吴、蜀亦同此。吴都督且有分部者以管辖诸都，如左、右都督。两晋南北朝多沿置，常以州刺史、郡太守兼充，不另用人。

出，从身边调离。

衡阳，在湖南省南部；湘江及其支流耒水、蒸水汇合于其境内。隋以后为衡州州、路、府治。

太守，郡长官名。战国时诸国或置郡于边地，以利攻防，所设长官曰"守"，尊称为太守，多系武职。东晋以后重军事，太守皆加将军号开军府，无者为耻，故太守权任渐为州府所夺。

荥阳，郡名。三国魏正始三年（242年）分河南郡置。治所在荥阳（今荥阳市东北，北魏移今治）。辖境相当今河南省黄河以南，东至朱仙镇，西至荥阳，南至密县、洧川及黄河以北原阳县地。东晋时地域大小不一，且不时失守。

凿齿在郡之时，温觊觎非望，着手著《汉晋春秋》以裁正之。起于汉光武，终于东晋孝武帝。于三国之时，蜀以宗室为正，魏武虽受汉禅晋，尚为篡逆，至文帝平蜀，乃为汉亡而晋始兴焉。引世祖讳炎兴而为禅受，明天心不可以势力强也。拟为五十四卷。

觊觎，非分的希望或企图。

裁正，意为制止。《新唐书·陆长源传》："晋有所偷驰，长源辄裁正之。"

光武，即刘秀（前6—57年）。东汉王朝的建立者。字文叔。南阳蔡

阳（今湖北枣阳）人。高祖九世孙。他乘新莽末农民大起义之机起兵夺得政权，统一全国。东晋孝武帝，即司马曜（362—396 年），司马昱第三子。初封会稽王，继立为太子。即位后，以谢安辅政，太元中，秦苻坚大举入寇。曜诏谢玄、谢石等拒之。取得了淝水之战的胜利。司马曜有《文集》二卷传世。

宗室，亦即宗族，同宗之人。《左传·昭公六年》："女丧而宗室，于人何有？人亦于女何有？"

魏武，即曹操（155—220 年）。字孟德，一名吉利，小字阿瞒。谯（今安徽亳县）人。是三国时著名的政治家、军事家、诗人。后封魏王，其子曹丕称帝后，追尊其武帝。

篡逆，即篡夺、叛逆之意。《后汉书·鲍永传》："永因数为谏陈兴复汉室，翦灭篡逆之策。"

文帝，即司马昭（211—265 年）。字子上，本为魏之权臣，河内温（今属河南省温县）人。是司马懿的次子。魏景元四年（263 年）发兵灭蜀汉，自称晋公，后为晋王。晋朝建立，追尊为文帝。

世祖，即司马炎（236—290 年）。字安世，司马昭子。咸熙二年（265 年）代魏称帝。咸宁六年（280 年）灭吴，一统全国。

禅受，亦即禅授。意为禅让，以帝位让人。明·胡应麟《少室山房笔丛·史书佔毕四》："刘知几《史通》云：《汲冢琐语》称舜放尧于平阳，而书云某地有城，以囚尧为号。识者凭斯异说；颇以禅受为疑。"

天心，犹天意。《书·咸有一德》："克享天心，受天明命。"

哀帝兴宁元年（363 年）四月，前燕宁东将军慕容忠攻荥阳，晋太守刘远奔鲁阳。就在荥阳失守前夕，凿齿虽任期未满，温遂以脚疾，解组归里。

解组，组即印绶。解组即解下印绶，就是辞去官职。韦应物《答韩库部》诗："还当以道推，解组守蒿蓬。"

归里，就是回归里籍，这里是指凿齿回到襄阳居所。

111

温弟祕亦有才气，素与凿齿相亲善。凿齿既罢郡归，与祕书曰：

吾以去五月三日来达襄阳，触目悲感，略无欢情，痛恻之事，故非书言之所能具也。每定省家舅，从北门入，西望隆中，想卧龙之吟；东眺白沙，思凤雏之声；北临樊墟，存邓老之高；南眷城邑，怀羊公之风；纵目檀溪，念崔徐之友；肆睇鱼梁，追二德之远，未尝不徘徊移日，惆怅极多，抚乘踌躇，慨尔而泣。曰：若乃魏武之所置酒，孙坚之所陨毙裴杜之故居，繁王之旧宅，遗事犹存，星列满目。璨璨常流，碌碌凡士，焉足以感其方寸哉！①

（桓）祕，桓豁的第四个儿子，字穆子。历官秘书郎、宣城内史等官职。

去，当指去年亦含去职之意，故"去"字之后未标示"年"字中的"职"字。经笔者考证：习凿齿于公元363年4月荥阳失守以前离任。当于是年5月3日回到老家襄阳。此信当是写于公元364年的某月某日。

触目，目光所及之意。《世说新语·容止》："今日之行，触目见琳琅珠玉。"

恻，悲伤苦恼而凄怆、凄恻。《易·井》："为我心恻。"

定省，是"昏定晨省"的略语。即晚间侍候就寝，清晨省视问安。旧时指子女朝夕慰问双亲的日常礼节。语出《礼记·曲礼上》。黄庭坚《送李德素归舒城》诗："青衿废诗书，白发违定省。"本指早晚间子女向父母问安，这里移作早晚间向舅父问安。

家舅，即其时俱任襄阳都督的两个舅舅——罗崇、罗友。

隆中，位于襄阳城以西13公里处，是三国时期著名政治家、军事家诸葛亮隐居的地方。《三国演义》中刘备"三顾茅庐"之地就在此。

卧龙，喻指隐居或未露头角的杰出人才。这里是指诸葛亮。

这里言及庞统和其住处。"白沙"是地名，是庞统家居之地。《水经注·沔水注》中有："襄阳城东有白沙。白沙北有三洲……沔水中有鱼梁洲，庞德公所居。士元居汉之阴，在南白沙。"

---

① 《与桓祕书》的某些解释，参考过魏平柱：《读习凿齿〈与桓祕书〉》，《襄樊学院学报》2008年第12期，第83~84页。

凤雏，是庞德公对年少聪明有为的庞统的妙称，喻其为俊杰。

樊墟，即樊城。樊城乃古邓国之地。此"邓老"有两解。一解出自《汉晋春秋》中所载："桓帝幸樊城，百姓莫不观，有一老父独耕不辍。议郎张温使问焉，父笑而不答。温因与之言，问其姓名，不告而去。"此出自邓国之地的"邓老"那种耿介、不畏帝王官僚的高洁隐者形象凸显而出；一解出自潘正贤的《让河南南阳卧龙冈的"诸葛亮躬耕地"见鬼去吧！》（http://www.yidu ku.com/5/5049/281289.html），文中称："'邓老'：疑为邓方，南郡人，字孔山，曾任荆州从事，后随刘备之蜀，任犍为属国都尉、朱提太守、安远将军等职。为人轻财仗义，当难不惑。"隐者"邓老"与将军"邓老"，均为高士，二解均恰切。

南眷，眷，在这里当为眷念、眷顾之意。

城邑，城镇的泛称。谢灵运《于南山往北山经湖中瞻眺》诗："览物眷弥重。"羊公，即羊祜。

羊祜（221—278 年），西晋大臣。字叔子。泰山南城（今山东费县西南）人。魏末任相国从事中郎，参与司马昭的机密。司马炎代魏后，与其策划灭吴，泰始五年（269 年），以尚书左仆射都督荆州诸军事，出镇襄阳。在镇十年，开屯田，储军粮，做一举灭吴准备。羊祜对吴善用"怀柔"之策，深得习凿齿好评（笔者在论《汉晋春秋》时会专门涉及，此不赘述）。羊祜出镇襄阳十年，甚有政绩。他常登岘山，《晋书·羊祜传》云："祜乐山水，每风景，必造岘山，置酒言咏。尝对从事邹湛等说：自有宇宙，便有此山。古来今往不知有好多人登临此山，皆湮灭无闻，使人悲伤。如死后有知，我魂魄犹登此山。湛说：公德冠四海，威望学问令人敬佩，必与此山俱传。……襄阳百姓于岘山祜平生游憩之所建庙立碑，岁时享祭。望其碑者莫不流涕，杜预因名之为堕泪碑。"晋人李兴《羊公碑》中有："德擅规模，仁成慈惠。气量深宏，容度广大。"羊祜的事迹和碑文中的赞语，习凿齿以"羊公之风"一语高度概括之。

纵目，即放眼远望。唐·杜甫《登兖州城楼》诗："东郡趋庭日，南楼纵目初。"

檀溪，位于襄阳西南。崔、徐即崔州平、徐元直（庶）。《水经注·沔水注》中有："（檀）溪之阳有徐元直、崔州平故宅，悉人居。故习凿齿与

113

谢安书云：'每省家舅，纵目檀溪，念崔、徐之交，未尝不抚膺踌躇，惆怅终日矣。'"此处一云崔、徐二人友好，一云二人与诸葛亮亦友好，他们对于诸葛亮的出仕任职关系甚大。

肆睇，肆，极尽之意。《诗·大雅·崧高》："其风肆好，以赠申伯。"睇，斜视、流盼之意，引申为眺望。《楚辞·九歌·山鬼》："既含睇兮又宜笑。"总而言之，乃极目眺望之意。

鱼梁，即鱼梁洲。《水经注·沔水注》中有："襄阳城东有白沙。白沙北有三洲……沔水中有鱼梁洲，庞德公所居。士元居汉之阴，在南白沙。……司马德操宅洲之阳，望衡对宇，欢情自接。"

二德，庞德公，"一德"也；司马德操，又"一德"也。这不仅是名字中"二德"，更是德高望重的名士中的"二德"。司马德操、徐元直、诸葛亮是经常聚会于庞德公家的高士，他们品德高尚、情操高洁，淡泊以明志，宁静而致远。

徘徊，往返回旋、来回走动、犹豫不决、彷徨不定之状。晋·向秀《思旧赋》："惟古昔以怀今兮，心徘徊以踌躇。"

移日，本指日影移动，引申为不很短的一段时间。《谷梁传·成公二年》："相与立胥而语，移日不解。"

惆怅，因失意、失望交织而伤感、懊恼。陶潜《归去来兮辞》："既自以心为形役，奚惆怅而独悲。"

抚乘，抚，按、摸之意。《楚辞·九歌·东皇太一》："抚长剑兮玉珥，璆锵鸣兮琳琅。"张纮《行路难》诗："君不见相如绿绮琴，一抚一拍凤凰音。"乘，当是指所乘之车。笔者臆测：习凿齿因情绪不好且有脚疾，当乘车而来。故"抚乘"当有抚按着车之意。

踌躇，犹豫不决。《三国演义》："操欲立后嗣，踌躇不定。"

孙坚（155—191年），字文台，吴郡（今浙江富阳）人。初平二年（191年）孙坚击刘表，于襄阳南凤林关遭刘表将领黄祖伏击中箭而死。

裴杜，裴指裴潜，字文行，河东闻喜人。他与一同避乱荆州的王粲、司马芝友善。陈寿《三国志》载其"避乱荆州，刘表待以宾礼。"杜，即杜袭，字子绪，颍川定陵人。

繁王，繁即繁钦，字休伯，颍川定陵人，他是杜袭的学生。王即王粲，字仲宣，山阳高平人，他是建安七子中的著名人物，年十七除黄门侍郎，京乱，与蔡睦依荆州刘表。表卒，劝其子琮归曹操，操辟其为丞相掾，后迁军谋祭酒，拜侍中。

遗事，前代或前人留下的事迹。《汉书·艺文志》："兵家者，盖出古司马之职，王官之武备也……《司马法》是其遗事也。"魏平柱《读习凿齿〈与桓秘书〉》载："《襄沔记》载：'繁钦宅、王粲宅，并在襄阳，井台犹存。'盛弘之《荆州记》云：'襄阳城西南有徐元直宅，其西北八里方（万）山，山北际河水，山下有王仲宣宅。'以上四人（直雄按：当指杜袭、繁钦、王粲、裴潜四人），有一个共同点，那就是'身在襄阳，心在邺下'。享受着刘表给予的宾礼，却说着刘表的坏话。尤其是王粲最不该背叛刘表，刘表待他不薄。他的才艺在襄阳得到了充分的展示和发挥，他在文学史上崇高地位的基石在襄阳，他却成了坚定的投降派。难怪方东树要在《昭昧詹言》中对其挞伐：'仲宣工于干谒，凡媚操无不极口颂扬，犯义而不顾。'并且指责他'无节''无羞恶是非之心'。习凿齿视之为'琭琭常流，碌碌凡士'，应该说还是比较客气的。"

琭琭，琭同琐。琭琭即琐琐。卑微、细小貌，引申为人品不端。《诗·小雅·节南山》："琐琐姻娅，则无膴仕。"

常流，凡庸之辈。

碌碌，庸碌无为。

凡士，平凡之人。宋·陆游《题庵壁》诗："湖边吹笛非凡士，倘肯相从寂寞中。"

方寸，心神之意。《三国志》载，徐庶母亲被曹操抓去，徐指着胸口对刘备说："方寸乱矣。"这里所指之人，当是曹操、孙坚、裴潜、杜袭、繁钦、王粲之辈。

夫芬芳起于椒兰，清响生乎琳琅。命世而作佐者，必垂可大之余风；高尚而迈德者，必有明胜之事。若向八君子者，千载犹使义想其为人，况相去之不远乎！彼一时也，此一时也，焉知今日之才不如畴辰，吾与足下不并为景升乎！

芬芳，即香气浓郁之意。多是用以喻指德行或名声。汉·崔瑗《座右铭》："行之苟有桓，久久自芬芳。"

椒兰，本义是椒与兰。皆为芳香之物，故而并称之，以喻美好与贤德。《旧唐书·列女传序》："末代风靡，贞行寂寥，聊播椒兰，以贻闺台，彤管之职，幸无忽焉。"

清响，声音清脆而洪亮。汉·王粲《七哀诗》之二："流波激清响，猴猿临岸吟。"

琳琅，本指玉石相击发出的声响，借指美好的事物。《楚辞·九歌·东皇太一》："抚长剑兮玉珥，璆锵鸣兮琳琅。"

命世，著称于当世，多用于称赞有治国之才者。《汉书·楚元王传赞》："圣人不出，其间必有命世者焉。"

作佐，即指天生的资质。汉·扬雄《元后诔》："新都宰衡，明圣作佐。与图国艰以度厄运。"文中当指诸葛亮、庞统、羊祜三人。《三国志·吴志·吴主传》："惟君天资忠亮，命世作佐。"

迈德，当指德行超常之意。语出《书·大禹谟》："皋陶迈种德。"谓勉力树德。三国魏·吴质《在元城与魏太子笺》："迈德种恩，树之风声。"唐·皮日休《补〈大戴礼·祭法〉文》："吾之先师仲尼，迈德于百王，垂化于万世。"

明胜，"胜"同"盛"，联系"之事"，泛指美好的盛德。《文选·班固〈典引〉序》："虽不足雍容明盛万分之一，犹启发愤懑，觉悟童蒙。"

八君子，即前面提到的诸葛亮、庞统、邓方（抑或指邓国老人）、羊祜、崔州平、徐庶、庞德公、司马德操。

千载，当是指八君子的德操与事迹将永留人间之意。

义想，义，当作宜，义想即宜想、理应想。《易·需》："彖曰：需，须也，险在前也，刚健而不陷，其义不困穷矣。"高亨《周易大传今注·需》"附考"："《易传》常以义为宜。义、宜古通用。"义想，当是回想与缅怀其人格道德。

彼一时也，囊括了前面所议及的汉末、三国、西晋人物。

此一时也，则回到了眼前的现实。

焉，相当"怎么""哪里"之意。《诗·卫风·伯兮》："焉得谖草？

言树之背。"《左传·闵公元年》:"鹤实有禄位,余焉能战?"

知,晓得、了解之意。《易·乾》:"知进退存亡而不失其正者,其唯圣人乎!"《孟子·梁惠王上》:"王如知此,则无望民之多于邻国也。"

畴辰,往日、昔时之意。死的委婉称法。《诗·唐风·葛生》:"夏之日,冬之夜,百岁之后,归于其居。"

足下,敬称对方之辞。中国古代下称上或者同辈相称,都用"足下"一词。《史记·秦始皇本纪》:"阎乐前即二世数曰:'足下骄恣诛杀无道,天下共畔足下,足下其自为计。'"裴骃集解引蔡邕曰:"群臣士庶相与言,曰殿下、阁下、足下、侍者、执事,皆谦类。"后专用于对同辈的敬辞。文中的足下,即桓秘。

景升,即刘表(142—208年),景升是其字。山阳高平(今山东邹县)人。鲁共王余之后,少为名士,得到太学生的敬仰,为八俊之一。初平元年(190年),任荆州刺史,得到蒯良、蒯越、蔡瑁等名士、大族的支持,据有今湖南、湖北之地,为荆州牧。爱民养士,从容自保。曹操与袁绍战于官渡,他中立观望。北方文人多来归附。这是一个为时人所否定的人物。《三国志》中载,郭嘉称其为"座谈客耳"!贾诩称其为"无能为也"。毛泽东联系其才华与作为,则批曰:"(刘表)虚有其表。"[1]

其风期俊迈如此。

风期,亦即风度品格。刘义庆《世说新语·言语》:"贫道重其神骏。"刘孝标注引《高逸沙门传》:"(支道林)少而任心独往,风期高亮。"

俊迈,优异卓越、雄健豪迈之意。《世说新语·任诞》:"陈郡袁耽俊迈多能。"唐·崔璐《览皮先辈盛制因作十韵以寄用伸款仰》诗:"襄阳得奇士,俊迈真龙驹。"

时(直雄按:经笔者考证当为公元365年)有桑门释道安,俊辩有高才,自北至荆州,与凿齿初相见。道安曰:"弥天释道安。"凿齿曰:"四海习凿齿。"时人以为佳对。

---

① 周溯源:《毛泽东评点古今人物》,北京:红旗出版社1997年版,第97页。

在与释道安相处之时日，凿齿往返于襄阳与谷隐山之间，一面从事著述，一面助道安弘扬佛法。

桑门，即"沙门"。《后汉书·楚王英传》："当有悔吝，其还赎以助伊蒲塞桑门之盛馔。"李贤注："伊蒲塞，即优婆塞也，中华翻为近往，言受戒行堪近僧住也。桑门，即沙门。"释本为中国佛教用作释迦牟尼的简称，后来则为佛教的泛指，如释教、释氏、释子、释典等。《高僧传·释道安》："（东晋道安）以大师之本，莫尊释迦，乃以释命氏。"中国汉族僧尼称释，自此开始。

道安（312—385年），十六国时期前秦高僧。俗姓卫（一说魏），常山扶柳（今河北冀州）人。十二岁出家受戒，从佛图澄受业。后在襄阳、长安等地宣扬佛法，主张"性空"之学。著述颇丰，确立戒规统僧侣之姓为"释"，有名徒慧远、慧持等。

俊辩，亦作俊辩，即雄辩，辩才杰出。《晋书·羊祜传》："从甥王衍尝诣祜陈事，辞甚俊辩。"《陈书·新安王伯固传》："（新安王伯固）形状渺小，而俊辩善言论。"王仁裕《开元天宝遗事·走丸之辩》："张九龄善言论，每与宾客议论经旨，滔滔不竭，如下坂走丸也。时人服其俊辩。"

弥天与四海二语，时人何以评此联为佳对呢？除了其人名对得妙之外，还反映在"弥天"与"四海"的大、深、广的意蕴方面。我们有必要考察"弥天"与"四海"的深刻意蕴之所在。习凿齿在其《与道安书》中有："弟子闻天不终朝而雨六合者，弥天之云也；弘渊源以润八极者，四大之流也。"（习凿齿《与道安书》，载僧佑《弘明集》卷12）这段文字，表面上是说乌云满天，实则重在讲将有大雨滋润大地，隐喻着释道安将要前来襄阳弘扬道法，宣扬佛教的教化作用，有如带来了滋润大地的甘霖。释道安妙用习凿齿信中的语言，显得主客关系融洽亲切。"四海"一语，亦含着"弘渊源以润八极者，四大之流也"的深意，更有"君子敬而无失，与人恭而有礼，四海之内皆兄弟"（《论语·颜渊》）之亲切！"亲切"对"亲切"则理显亲切。

"（释道安）既达襄阳，复宣佛法。时襄阳习凿齿锋辩天逸，笼罩当时。其先藉安高名，及闻安至，即往修造。既坐，称言：'四海习凿齿'，

习凿齿家族家风研究

安曰：'弥天释道安。'时人以为名答。"（《太平广记·异僧·释道安》）

及襄阳陷于苻坚（直雄按：公元 379 年 2 月，苻坚之子苻丕受苻坚之命攻陷襄阳），坚素闻其名，与道安俱舆而致焉。既见，与语，大悦之，赐遗甚厚。又以其蹇疾，与诸镇书："昔晋氏平吴，利在二陆；今破汉南，获士裁一人有半耳。"俄以疾归襄阳。

苻坚（338—385 年），十六国时期前秦皇帝。字永固，一名文玉。略阳临渭（今甘肃秦安东南）人。氏族。博学多才。他用王猛执政，压制豪强、复兴水利、广修学宫、提倡儒学。前秦从此强盛。先后攻灭前燕、前凉、代国，占有北方大部分地区。王猛死后，连年用兵，攻取凉州、西域和晋之巴蜀。建元十九年（383 年）率九十万大军南下攻晋，大败于淝水。建元二十一年（385 年）为羌族首领姚苌所擒，缢之于新平佛寺，子丕继位，追谥宣昭帝，庙号世祖。

二陆，一是陆机（261—303 年），字士衡。少有异材，文章冠世。公元 289 年与弟云俱入洛。张华见之曰："伐吴之利，利获二俊。"二是陆云（262—303 年），字士龙，吴郡吴县（今江苏苏州）人，三国时东吴大将陆逊之孙、陆机之弟。他年少时即有文采，因其文学成就而与其兄陆机并称为"二陆"。

汉南，汉水自西北而东南。其下游地势处南也，故曰汉南，即汉水之南。

裁，与"才"通，意为仅仅。《汉书·王贡两龚鲍传序》中有："裁日阅数人。"

一人有半，"时苻坚素闻安名，每云：'襄阳有释道安，是神器，方欲致之，以辅朕躬。'后遣苻平（直雄按：平当是丕之误）南攻襄阳，安与朱序，俱获于坚。坚谓仆射权翼曰：'朕以十万之师取襄阳，唯得一人半。'翼曰：'谁耶？'坚曰：'安公一人，习凿齿半人也。'既至，住长安五重寺"。

俄，短暂的时间，一会儿。《公羊传·桓公二年》："至乎地之与人，则不然，俄而可以为其有矣。"何休注："俄者，谓须臾之间，制得之顷也。"

凿齿为避苻坚之难，旋即遁隐于江西万载书堂山，后徙于临江之新余白梅，子孙遂为新余人。（直雄按：见笔者前文之考证）寻而襄邓反正。（直雄按：公元384年4月，东晋将领竟陵太守赵统攻取襄阳，秦荆州刺史都贵奔鲁阳，是为襄邓反正）朝廷读到其"怀抱愚情，三十余年"的上书后，使典国史，会卒，不果。（直雄按：在房玄龄等人看来，他们运用"补叙手法"写人写事，是没有错的，因为从后文来看，他们说清楚了是习凿齿三十余年后上书后，朝廷才拟请其典国史的，因其上书属"临终"前，这是大实话，故后来"会卒，不果"）

万载书堂，山水清幽；新余白梅，类似鹿门。隐居如此清净地，时势仍然系心间；点点滴滴入著述，开馆授徒耗心血。木衰知风厉，岁暮一何速！八五高龄病魔顾，三十余年转眼间。疏论蕴藏心底久推敲，将别尘世呈与东晋朝。遂临终上书曰：

臣每谓皇晋宜越魏继汉，不应以魏后为三恪。而身微官卑，无由上达，怀抱愚情，三十余年。今沈沦重疾，性命难保，遂尝怀此，当与之朽烂，区区之情，切所悼惜，谨力疾著论一篇，写上如左。愿陛下考寻古义，求经常之表，超然远览，不以臣微贱废其所言。论曰：

晋宜越魏继汉，余嘉锡《世说新语·文学第四》嘉锡按：凿齿上疏谓晋宜越魏继汉，故比之于越秦系周。其论有云："夫成业者，系于所为，不系所籍。立功者，言其所济，不言其所起。是故汉高禀命于怀王，刘氏垂毙于亡秦。超二伪以远嗣，不论近而计功。季无承楚之号，汉有继周之业。取之既美，而己德亦故重也。"又曰："以晋承汉，功实显然。正名当事，情体亦厌。又何为虚尊不正之魏，而亏我道于大通哉？"凿齿之意谓魏躬为篡逆，晋之代魏，本非禅让，实灭其国犹汉之灭秦。司马氏虽世为魏臣，不过如汉高禀命怀王。秦政、楚怀，皆是僭伪，汉高遂继周而王。例之有晋，自当越魏承汉矣。故曰汉有系周之业，则晋无承魏之迹。（直雄按：总体而言，余嘉锡先生对"越魏继汉"的解说是十分到位的。但笔者以为，习凿齿这位鸿儒，从其重仁义的观点出发，避秦而言周是失之偏颇的。因为"越魏继汉"的重中之重是追求国家的"大一统"，周王朝做到了"大一统"，秦王朝亦做到了"大一统"，只是秦王朝"马上得之"

试图以"马上治之"，尤其是秦始皇的"焚书坑儒"臭名昭著、不得人心，导致政权急速倾覆而已。但我们不应忘记"汉承秦制"的历史事实。因此，笔者以为"越魏继汉"这一理论的阐述中，将秦王朝列为战国，似不贴近事实）

三恪，恪，本意是恭敬，在这里是表示敬封。周朝新立，封前代三朝的子孙以王侯名号，令其享受政治与法律上的某些特权。称三恪，以示敬重，以便笼络人心。清·孙希旦《礼记集解》说："封黄帝、尧、舜之后，所谓三恪也。"又，"恪"通"客"，即以客礼相待。

沈沦，亦作"沉沦"，有多解。这里是指陷入重疾。北齐·颜之推《颜氏家训·终制》："但以门衰，骨肉单弱，五服之内，旁无一人，播越他乡，无复资阴；使汝等沉沦斯役，以为先世之耻。"

朽烂，腐烂、腐朽之意。晋·葛洪《抱朴子·博喻》："必死之病，不下苦口之药；朽烂之材，不受雕镂之饰。"

区区，真情挚意。汉·李陵《答苏武书》："昔范蠡不殉会稽之耻，曹沫不死三败之辱，卒复勾践之仇，报鲁国之羞。区区之心，切慕此耳。"

悼惜，意为哀伤、惋惜。多用于对死者，这是习凿齿临终之时发出的叹息之语。《三国志·蜀志·霍峻传》："在官三年，年四十卒，还葬成都。先主甚悼惜。"明·郎瑛《七修类稿·诗文·各文之始》："诔辞、哀辞、祭文，亦一类也，皆生者悼惜死者之情，随作者起义而已。"

谨力，意为谨慎尽力。《汉书·卫绾传》载此文，颜师古注："自勉力为谨慎，日日益甚。"

古义，即古人立身行事的道理与古书的义理和古人对经籍的传统解释。

经常，即指常道、常法。《管子·问》："令守法之官曰：行度必明，无失经常。""表"是中国古代向帝王上书陈情言事的一种特殊文体，是封建社会臣下对皇帝有所陈述、请求、建议时用的一种文体。

求经常之表，当是要时常关注臣子意见的意思。

超然远览，语出汉·班彪《王命论》："超然远览，渊然深识。"超然，就是超脱世俗。远览，指观察、考虑问题深远。《汉书·刘向传》："此圣帝明王、贤君智士远览独虑无穷之计也。"

或问:"魏武帝功盖中夏文帝受禅于汉,而吾子谓汉终有晋,岂实理乎?且魏之见废,晋道亦病,晋之臣子宁可以同此方哉!"

或问,是文体的一种。用问答体以说明论点。

中夏,即华夏、中国,亦泛指中原地区、黄河流域一带。《文选·班固〈东都赋〉》:"目中夏而布德,瞰四裔而抗棱。"

文帝,公元220年10月,曹丕逼汉献帝让位,被曹魏控制的傀儡汉亡。次年4月,刘备在成都即皇帝位,是为汉昭烈帝。曹丕是曹魏的首位皇帝,死后谥号曰文帝。

受禅,亦称"受禅"。王朝更迭,新皇帝受旧帝让给的帝位。《孔丛子·杂训》:"夫受禅于人者则袭其统,受命于天者则革之。"

吾子,是对对方的敬爱之称,一般用于男子之间。《仪礼·士冠礼》:"某有子某,将加布于其首,愿吾子之教之也。"郑玄注:"吾子,相亲之辞。吾,我也;子,男子之美称。"南朝梁·沈约《报王筠书》:"擅美推能,寔归吾子。"

实理,即指真实的情况。《鬼谷子·反应》:"同声相呼,实理同归。"

答曰:此乃所以尊晋也。但绝节赴曲,非常耳所悲,见殊心异,虽奇莫察,请为子言焉。

绝节,犹绝唱。誉称无与伦比的诗文创作。晋·陆机《演连珠》之二三:"绝节高唱,非常耳所悲。"

赴曲,应合曲调的节奏旋律,合着拍子。《文选·宋玉〈高唐赋〉》:"更唱迭和,赴曲随流。"吕向注:"言鸟之唱和,与流水合度。"

非常耳所悲,即不是平常耳朵能感受到其声律的悲壮。

子,古代特指有学问的男人,是男人的美称,如夫子。

昔汉氏失御,九州残隔,三国乘间,鼎峙数世,干戈日寻,流血百载,虽各有偏平,而其实乱也。宣皇帝势逼当年,力制魏氏,蠖屈从时,道有不容之难,躬蹈履霜之险,可谓危矣!魏武既亡,大难获免,始南擒

孟达，东荡海隅，西抑劲蜀，旋抚诸夏，摧吴人入侵之锋，扫曹爽见忌之党，植灵根以跨中岳，树群才以翼子弟，命世之志既恢，非常之业亦固。景文继之，灵武冠世，克伐贰违，以定厥庸，席卷梁益，奄征西极，功格皇天，勋侔古烈，丰规显祚，故以灼如也。至于武皇，遂并强吴，混一宇宙，乂清四海，同轨二汉。除三国之大害，静汉末之交争，开九域之蒙晦，定千载之盛功者，皆司马氏也。而推魏继汉，以晋承魏，比义唐虞，自托纯臣，岂不惜哉！

　　失御，御者，治理、统治之意也。失御，即失治、没能治理好之意。九州残隔，即指中国出现了分裂割据的局面。宣皇帝，即司马懿（179—251年），字仲达。出身士族。多谋略、善权变。初为曹操主簿。后任太子中庶子，每与大谋，辄有奇策，为曹丕所重。魏明帝时，任大将军，多次率军与诸葛亮相拒，使诸葛亮北伐中原难于得手。曹芳即位，他和皇族曹爽受遗诏辅政。嘉平元年（249年）诛曹爽专国政。死后其子师、昭相继专权。其孙司马炎称帝之后，建立晋朝，追尊其为宣皇帝。蠖屈，本意形容像尺蠖一样的屈曲状。喻指人不遇时，屈居下位。唐·李绅《灵蛇见少林寺》诗："琐文结绶灵蛇降，蠖屈蝺盘顾视闲。"清·戴名世《〈齐天霞稿〉序》："回首少时，宛如昨天，而意气已略无复存……即诸同学之士亦多食贫作苦，蠖屈不伸。"遂羁戎役，晦明掩耀，龙潜下位，俛首重足，鞠躬屏息俛首，意为低头。常用于表示恭顺、服罪、羞作、沉思等情状。《战国策·赵策四》："冯忌俛首，欲言而不敢。"屏息，言屏气集中注意，诚恐有失的畏惧之状。《列子·黄帝》："尹生甚怍，屏息良久，不敢复言。"

　　孟达（？—228年），安公度，扶风（今陕西兴平东南）人。三国时期人物。始事刘璋，后降刘备，襄樊之战因未救关羽畏罪降魏，后又欲反魏归蜀汉，事败而死。官至散骑常侍、建武将军、新城太守、平阳亭侯等。海隅，亦作"海嵎"，即海角、海边。常指僻远之所。《书·君奭》："我咸成文王功于不怠，不冒海嵎出日，罔不率俾。"东荡海隅，即谓公元238年司马懿率部攻灭辽东公孙渊政权一事。

　　诸夏，周代分封的中原各诸侯国。泛指中原地区。《左传·闵公元

年》："诸夏亲昵，不可弃也。"又可指代中国。

曹爽（？—249 年），字昭伯，三国时魏将。谯（今安徽亳县）人。曹操侄孙。魏明帝时为武威将军。曹芳即位，他同司马懿受遗诏辅政。后与司马懿争夺政权的斗争中，为司马懿所杀。灵根，本为神木之根。在这里当是指有德有才之人。扬雄《太玄经》中有："藏心于渊，美厥灵根。"中岳，本指中国的名山——河南登封市的嵩山。在文中当是借指中土。汉·牟融《理惑论》："原夫佛之所以夷迹于中岳，曜奇于西域者，盖有至趣，不可得而缕陈矣。"

景文，景即司马师（208—255 年），三国魏权臣。字子元。司马懿的长子。继其父为魏之大将军，专国政。嘉平六年（254 年）废魏帝曹芳立曹髦，公元 255 年病死。晋朝建立，被尊为景帝。文即文帝司马昭。灵武冠世，超人出众，天下一流。晋·陆机《汉高祖功臣颂》："灼灼怀阴，灵武冠世。"

贰违，亦称"违贰"，即背离者、背叛者、有二心之人。《晋书·荀勖传》："明公以对公宰天下，宜仗正义以伐违贰。"宋·陈彭年《江南别录·李璟》："诸将争功，自相违贰，崇文不能制。"

厥庸，厥当为"乃、才"之意，当作副词用。《史记·太史公自序》："左丘失明，厥有国语。"庸，含劳苦之意。《诗·王风·兔爰》："我生之初，尚无庸；我生之后，逢此百凶。"郑玄注："庸，劳也。"衍化为功劳之意。

席卷，亦作"席捲"。这里的席卷含有两层意思：一是比喻如卷席一般地全部占有。汉·贾谊《过秦论》："（秦）有席卷天下、包举宇内、囊括四海之意，并吞八荒之心。二是形容气势迅猛。清·刘献廷《广阳杂记》卷二："然清兵力竭，亦不能乘胜席卷而前。"

梁益，即梁州与益州。今之陕西、甘肃南部及四川省。三国时期为蜀汉所辖。这里用以代指蜀国。公元 263 年，司马昭发兵灭蜀。

奄征，征伐、覆盖。《左传·襄公十三年》："赫赫楚国，而君临之，抚有蛮夷，奄征南海，以属诸夏，而知其过……"

西极，喻指西方极远之地。《楚辞·离骚》："朝发轫于天津兮，夕余至于西极。"唐·杜甫《送从弟亚赴河西判官》诗："西极最疮痍，连山暗

烽燧。”又，《往在》诗：“安得自西极，申命空山东。”仇占鳌注：“西极，指京师之西，与山东相对。”这里的西极，泛指西方。

功格，格，感动之意。《书·说命下》：“佑我烈祖，格于皇天。”

勋侔，勋，即功勋、功劳之意；侔，即相等、相齐之意。

古烈，前代的义烈之士。汉·王符《潜夫论·交际》：“惟有古烈之风，志义之士，为不然尔。”

丰规，规，法度、准则之意。韩愈《寄崔二十六立之》诗：“诸男皆秀朗，几能守家规。”丰规，可视为“丰茂世之规”一语的缩略。扬雄《羽猎赋》：“醇洪鬯之德，丰茂世之规。”

显祚，显，即明显、显著之意。《诗·周颂·维天之命》：“于乎不显，文王之德之纯。”显，又具表现、显示之意。《诗·周颂·敬之》：“敬之，敬之，天维显思。”毛传：“显，见。”祚，乃福、福运之意。《国语·周语下》：“若能类善物，以混厚民人者，必有章誉蕃育之祚。”

灼如，昭明显赫貌。此语当是习凿齿所创。灼，鲜明貌。曹植《洛神赋》：“远而望之，皎若太阳升朝霞；迫而察之，灼若芙蓉出绿波。”《文选·潘岳〈射雉赋〉》：“莺绮翼而赪挝，灼绣颈而衮背。”吕延济注：“灼，明也。”清·李渔《慎鸾交·论心》：“休咍貌比夭桃灼，开时偏虑随风落。”灼，又有彰著之意。《书·吕刑》：“灼于四方，罔不惟德之勤。”孔传：“灼然彰著四方。”

武皇，即晋武帝司马炎（236—290年）。

混一，亦作“混壹”。意为齐同、统一。《战国策·楚策一》：“夫以一诈伪反复之苏秦，而欲营天下，混一诸侯，其不可成也亦明矣。”

宇宙，在这里意指天下、国家。南朝梁·沈约《游沈道士馆》诗：“秦皇御宇宙，汉帝恢武功。”

乂清，安定、平靖。三国魏·钟会《檄蜀文》：“今边境乂清，方内无事。”

同轨，引申为同一、一统之意。《汉书·韦玄成传》：“四方同轨，蛮貊贡职。”颜师古注：“同轨，言车辙皆同，示法制齐也。”

九域，即九州。《文选·潘勖〈册魏公九锡文〉》：“缓爰九域，罔不率俾。”李善注：“薛君曰：九域，九州也。”陶潜《赠羊长史》：“九域甫

己一，逝将理舟舆。"

蒙晦，兼合了"蒙"与"晦"二字之意，表示遮蔽、昏暗之意，当是习凿齿所创之词。蒙，即具遮蔽、遮掩之意，引申为蒙昧无知、蒙愚之意。唐·唐彦谦《牡丹》诗："那堪更被烟蒙蔽，南国西施泣断魂。"晦，即昏暗、不明亮之意。《诗·郑风·风雨》："风雨如晦，鸡鸣不已。"毛传："晦，昏也。"

比义，即效法之意。《国语·楚语上》："教之训典，使知族类，行比义焉。"《国语·楚语下》："其知能上下比义，其圣能光远宣朗。"

唐虞，唐，传说中的朝代名，为尧所建；虞，传说中的朝代名，为舜所建。比义唐虞，即效法尧舜之意。

自托，亦即自讬，意为自己有所依托。《战国策·赵策四》："一旦山陵崩，长安君何以自托于赵？"东方朔《七谏·谬谏》："经浊世而不得志兮，愿侧身岩穴而自托。"

纯臣，即忠纯笃实之臣。《左传·隐公四年》："石碏，纯臣也。"晋·葛洪《抱朴子·仁明》："盖明见事体，不溺近情，遂为纯臣。"

今若以魏有代王之德，则其道不足；有静乱之功，则孙刘鼎立。道不足则不可谓制当年，当年不制于魏，则魏未曾为天下之主；王道不足于曹，则曹未始一日之王矣。昔共工伯有九州，秦政奄平区夏鞭挞华戎，专总六合，犹不见序于帝王，沦没于战国，何况暂制数州之人，威行境内而已，便可推为一代者乎！

王道，是儒家提出的一种以仁义治天下的政治主张，与霸道相对。《书·洪范》："无偏无党，王道荡荡。"《史记·十二诸侯年表》："孔子明王道，干七十余君，莫能用。"

共工，计有两说：一为古代神话人物。这在《国语》《山海经》《淮南子》《史记》、司马贞补《三皇本纪》中各记有其事迹，但诸说不同。二为古史传说人物。据《书·舜典》及《史记·五帝本纪》载，是尧的臣子，试授工师之职，后与驩兜、三苗及鲧并称为"四罪"，被舜流放于幽州。

秦政，即秦始皇"嬴政"（前259—前210年），是秦王朝的建立者，政治家。平生多有建树。

奄平，奄，意为覆盖，引申为尽、包括之意。《诗·鲁颂·閟宫》："奄下有国，俾民稼穑。"郑玄笺："奄犹覆也。"平，有平一、平定、统一之意。《史记·秦始皇本纪》："皇帝休烈，平一宇内，德惠修长。"奄平，当是习凿齿综合"奄"与"平"之意而创的新词，以表示大一统之意。

区夏，在这里兼有多义。一谓诸夏之地，指华夏、中国。《书·康诰》："用肇造我区夏。"孔传："始为政于我区域诸夏。"唐·贾至《燕歌行》："我唐区夏余十纪，军容武备赫万祀。"又谓中原地区。《警世通言·杜十娘怒沉百宝箱》："说起燕都的形势，北倚雄关，南压区夏，真乃金城天府，万年不拔之基。"

华戎，此语当为习凿齿将"华夷"等词所变用而来。华，是汉族的古称。唐·许浑《破北虏太和公主归宫阙》诗："恩沾残类从归去，莫使华人杂犬戎。"华夷，指汉族与少数民族。《晋书·元帝纪》："天地之际既美，华夷之情允洽。"戎，古代典籍中泛指我国西部的少数民族。《礼记·王制》："西方曰戎。"《大戴礼记·千乘》："西辟之民曰戎。"戎夷，泛指少数民族。《礼记·王制》："中国戎夷，五方之民，皆有性也，不可推移。"《敦煌曲子词·望江南》："若不远仗天威力，河湟必恐陷戎夷。"

专总，乃独揽之意。《后汉书·窦宪传》："窦宪兄弟，专总威权。"六合，意为天下、人世间。贾谊《过秦论》："吞二周而亡诸侯，履至尊而制六合，执敲扑以鞭笞天下，威震四海。"

沦没，意为沉没、湮没。《史记·封禅书》："周德衰，宋之社亡，鼎乃沦伏而不见。"

"若以晋尝事魏，惧伤皇德，拘惜禅名，谓不可割，则惑之甚者也。何者？隗嚣据陇，公孙帝蜀，蜀陇之人虽服其役，取之大义，于彼何有！且吴楚僭号，周室未亡，子文、延陵不见贬绝。宣皇帝官魏，逼于性命，举非择木，何亏德美，禅代之义，不同尧舜，校实定名，必彰于后，人各有心，事胡可掩！定空虚之魏以屈已，孰若杖义而以贬魏哉！夫命世之人正情遇物，假际会，必兼义勇。宣皇祖考立功于汉，世笃尔劳，思报亦

深。魏武超越，志在倾主，德不素积，义险冰薄，宣帝与之，情将何重！虽形屈当年，意申百世，降心全己，愤慨于下，非道服北面，有纯臣之节，毕命曹氏，忘济世之功者也。

惧伤，这当是习凿齿所创的一个词语。惧，当作病的意思。《方言》第十三："惧，病也。"《汉书·张安世传》："安世瘦惧，形于颜色。"伤，即伤害、损害之意。《论语·乡党》："厩焚，子退朝曰：'伤人乎？'不问马。"综合"惧"与"伤"之义，惧伤当有惧怕、伤害之意。

拘惜，这当是习凿齿所创的一个词语。谓拘泥而可惜，或谓因害怕而显拘泥之意。惜，在这里当作怕的意思。李白《感兴》诗之三："不惜他人开，但恐生是非。"

隗嚣据陇，陇为甘肃省的简称。隗嚣据陇，即隗嚣盘踞甘肃。隗嚣（？—33年），字季孟。天水成纪（今甘肃秦安）人。新莽末，为当地豪强所拥立，据有天水、武都、金城（均在今之甘肃）等郡。曾一度依附刘玄，自称西都上将军。建武九年（33年），屡为汉军所败，忧愤而死。

公孙帝蜀，即公孙述在蜀称帝。公孙述（？—36年），字子阳。扶风茂陵（今陕西兴平东北）人。新莽时为导江卒正（蜀郡太守）。后起兵，据益州称帝，号成家。建武十二年（36年）为汉军所破，被杀。僭号，冒用帝王的称号。这对于正统的帝号来说有非法的意思。《汉书·扬雄传下》："诸儒或讥以为雄非圣人而作经，犹春秋吴楚之君僭号称王，盖诛绝之罪也。"吴僭号，当指公元前586年，吴君去齐（前？—前586年）卒，子寿梦（前？—前561年）称王之事。楚僭号，当指公元前704年，楚熊通自立为武王事。本来，只有周天子可称为王，吴楚等诸侯依制只能称公或侯，今亦称王，故曰"僭号"。

子文，即闘穀於菟，楚成王时之贤臣令尹子文，是闘伯比子，名子文。传说是伯比的私生子，弃之于云梦，由虎喂乳，后再收养成人。楚人称"乳"为"穀"，称虎为"於菟"，因以为名。楚成王八年至三十五年间（前664—前637年）为令尹。曾率军灭弦（今河南潢川西南）攻随（今湖北随州）。延陵，即春秋时吴王诸樊之弟，吴之贤臣公子季札。子文与季札均是有名的贤臣。

贬绝，即贬低、贬抑至极点。或谓不待贬责而其恶明也！《公羊传·昭公元年》："《春秋》不待贬绝而罪恶见者，不贬绝以见罪恶也；贬绝然后罪恶见者，贬绝以见罪也。"

杖义，亦作"仗义"，即主持正义。汉·陆贾《新语·辅政》："杖仁者霸，杖义者强。"《三国志·魏志·崔林传》："宰相者，天下之所瞻效，诚宜得秉忠履正本德杖义之士，足为海内所师表者。"

正情，谓情态端庄。《世说新语·赏誉》："世目周侯嶷如断山。"刘孝标注引晋孙盛《晋阳秋》："顗正情嶷然，虽一时侪类皆无敢媟近。"

际会，机遇、时机之意。《汉书·王莽传上》："安汉公莽辅政三世，比遭际会，安光汉室，遂同诛风，至于制作，与周公异世同符。"

义勇，这里当指义勇之人。《后汉书·张酺传》："酺虽儒者，而性刚断，下车擢用义勇，搏击豪强。"

祖考，即祖先之意。《诗·小雅·信南山》："祭以清酒，从以骍牡，享于祖考。"祖考，又泛指父祖之辈。唐·范摅《云溪友议》卷上："武年二十三，为给事黄门侍郎；明年拥旄西蜀，累于饮筵对客骋其笔札。杜甫拾遗乘醉而言曰：'不谓严定之有此儿也。'武恚目久之，曰：'杜审言孙子，拟捋虎须？'合座皆笑，以弥缝之。武曰：'与公等饮馔谋欢，何至于祖考矣。'"世笃尔劳，谓一生忠心。《书·盘庚》："世选尔劳。"全句指司马懿的先祖事汉忠心耿耿、大有功劳。

道服，家居穿的道袍。清·钱泳《履园丛话·古迹·王右军别业》："寺门有右军壤像，青巾道服，坐于正中。"毕命，即尽忠效命。《艺文类聚》卷七引汉·杜笃《首阳山赋》："昌伏事而毕命，……乃兴师于牧野，遂干戈以代商……余闷而不食，并卒命于山旁。"

济世，救世、济助世人之意。《庄子·庚桑楚》："简发而栉，数米而炊，窃窃乎又何足以济世哉？"成玄英疏："此盖小道，何足救世。"

　　夫成业者系于所为，不系于所藉；立功者言其所济，不言所起。是故汉高禀命于怀王，刘氏乘毙于亡秦，超二伪为远嗣，不论近而计功，考五德于帝典，不疑道于力政，季无承楚之号，汉有继周之业，取之既美，而己德亦重故也。凡天下事有可借喻于古以晓于今，定之往昔而足为来证

者。当阳秋之时，吴楚二国皆僭号之王也，若使楚庄推鄢郢以尊有德，阖闾举三江以奉命世，命世之君、有德之主或藉之以应天，或抚之而光宅，彼必自系于周室，不推吴楚以为代明矣。况积勋累功，静乱宁众，数之所录，众之所与，不资于燕哙之授，不赖于因藉之力，长辔庙堂，吴蜀两毙，运奇二纪而平定天下，服魏武之所不能臣，荡累叶之所不能除者哉！

汉高，即汉高祖刘邦（前256—前195年，一作前247—前195年），字季。沛县（今属江苏）人。

禀命，亦作"禀令"。犹受命。《书·说命上》："王言惟作命，不言臣下罔攸禀令。"孔传："禀，受；令，亦命也。"宋·程大昌《考古编·夫子论》："四时于当行而自行，百物于其应生而自生，舍天则无所禀令，而天岂临事旋出此令欤！"

怀王，即楚怀王熊心（前？—前206年），战国时楚怀王之孙。秦灭楚后，他沦落民间为人牧羊。秦二世元年（公元前209年），项梁率起义军渡江西进，知陈胜死，听范增之计，拥立他为楚怀王，建都盱眙（今江苏盱眙东北）。项梁战死，他乘机去往彭城（今之徐州）取项羽、吕臣兵权，改用宋义为上将军。后被项羽杀死于徙往长沙的途中。

乘毙，乘，即利用、凭借之意。《左传·文公十七年》："秋，周甘歌败戎于邙垂，乘其饮酒也。"毙，在这里意为挫败。《后汉书·郑太荀彧等传论》："夫以卫赐之贤，一说而毙两国。"李贤注："（子贡）至吴，请夫差伐齐。又之越，说勾践将兵助吴……故子贡一出，存鲁乱齐破吴。"宋·苏轼《次韵陈履常张公龙潭》："玄黄杂两战，绛青表双蟠。烈气毙强敌，仁心恻饥寒。"乘毙，即乘挫败之机，此词当是习凿齿所创用。

远嗣，言历经漫长时间继承君位。此语当为习凿齿取"远""嗣"二字之义所创用。远，为漫长、时间久之意。《吕氏春秋·大乐》："音乐之所由来者远矣。"高诱注："远，久也。"嗣，在这里是指继承君位。《书·舜典》："帝曰：'格汝舜……汝陟帝位。'舜让于德，弗嗣。"

五德，《文选·班固〈典引〉》："肇命民主，五德如初。"蔡邕注："五德，五行之德。自伏羲已下，帝王相代，各据其一行。始于木，终于水，则复始也。"

阳秋，即"春秋"。晋简文帝母郑太后，名阿春，晋人避其讳，皆以春秋为阳秋。

楚庄，即楚庄王（前？—前591年），春秋时楚国国君、政治家。公元前611年攻灭庸国（今湖北竹山一带），继而又攻陆浑之戎，陈兵周边境，派人问九鼎之轻重。后又大败晋军，陆续使鲁、宋、郑、陈等国归附，遂为霸主。

鄢郢，鄢与郢的合称，均为地名。鄢即鄢陵，在今河南鄢陵西北，春秋时曾为楚都。郢，在今湖北江陵西北，曾为楚都。

阖闾，即阖庐（前？—前496年）。春秋末吴国国君。他于公元前495—前473年在位时，曾攻下楚国郢都。

三江，三江之说颇多，它是古代各地众多水道的总称。故不少诗人的诗作中常出现其所经过地之"三江"一词。如谢灵运《入彭蠡湖口》诗："三江事多往，九派理空存。"《国语·越语上》韦昭注以吴江、钱塘江、浦江为三江，显然更切合吴王阖闾的统治范围。

光宅，即充满、覆被之意，引申为据有、占据之意。《书·尧典序》中有"光宅天下"句。

燕哙之授，燕哙，即燕王哙（前？—前314年），战国时燕国国君。在位时，主张选拔人才、勤俭治国。燕王哙三年（前318年），将君位让给相国子之，实行改革。后太子平和将军市被等起兵叛乱，齐宣王乘机攻占燕国，他和子之均被杀害。

长辔庙堂，喻指帝王用某种政策、手段掌控朝政。《晋书·庾翼传》："御以长辔，用逸待劳，比及数年，兴复可冀。"

累叶，犹累世之意。《后汉书·耿弇传论》："三世为将，道家所忌，而耿氏累叶以功名自终。"晋·左思《吴都赋》："虽累叶百叠，而富强相继。"

自汉末鼎沸五六十年，吴魏犯顺而强，蜀人杖正而弱，三家不能相一，万姓旷而无主。夫有定天下之大功，为天下之所推，孰如见推于阁人，受尊于微弱？配天而为帝，方驾于三代，岂比俛首于曹氏，侧足于不正？即情而恒实，取之而无惭，何与诡事而托伪，开乱于将来者乎？是故

故旧之恩可封魏后，三恪之数不宜见列。以晋承汉，功实显然，正名当事，情体亦厌，又何虚尊不正之魏而亏我道于大通哉！

鼎沸，喻形势纷扰动乱。《汉书·霍光传》："今群下鼎沸，社稷将倾。"宋·王谠《唐语林·识鉴》："及安禄山之乱，华夏鼎沸。"

犯顺，意为违背情理、违反正道。《左传·襄公二十五年》："其辞顺，犯顺不详。"在本文中亦含有叛乱之意。《晋书·甘卓传论》："甘卓伐暴宁乱，庸绩克宣，作镇扞城，威略具举。及凶渠犯顺，志在勤王。"《新五代史·东汉世家·刘旻》："郭公举兵犯顺，其势不能为汉臣，必不为刘氏立后。"

杖正，即凭恃、依托正统地位之意。此语当为习凿齿所创用。杖，有凭恃、依靠之意。《左传·襄公八年》："杖莫如信。完以老楚，杖信以待晋，不亦可乎？"《汉书·李寻传》："外臣不知朝事，窃信天文即如此，近臣已不足杖矣。"颜师古注："杖，谓倚任也。"正，在这里当是指正义、正邪，即一系相承、一统全国的封建王朝，与"僭窃""偏安"相对。汉·班固《典引》："膺当天之正统，受克让之归运。"

旷，在这里作长久、久远的意思。《文选·陆机〈为顾彦先赠妇〉诗之二》："形影参商乖，音息旷不达。"李善注引《广雅》："旷，久也。"

闇人，闇是暗的异体字。闇人即暗人。于人者，暗人即是昏乱、愚昧、不明白之人；于君者，暗君则是昏乱、愚昧、不明白之君。《荀子·王霸》："暗君者，必将急逐乐而缓治国，故忧患不可胜校也。"《荀子·天道》："上暗而政险，则是虽一无至者，无益也。"《世说新语·言语》："南郡庞士元闻司马德操在颍川。"刘孝标注引《司马徽别传》："居荆州，知刘表性暗，必害善人。""暗人"一语，当是习凿齿所创用。

三代，有多解，一般是指夏、商、周。《论语·卫灵公》："斯民也，三代之所以直道而行也。"邢昺疏："三代，夏、商、周也。"三代，又泛指三个朝代。鲍照《芜城赋》："出入三代，五百余载，竟瓜剖而豆分。"此指汉、魏、晋。

恒实，当是恒久不变的事实之意。这也是习凿齿综合"恒"与"实"的意义所创用之新词。恒，长久、固定之意。《易·恒》："《象》曰：恒，

久也。刚上而柔下。"实，即实际、实事。《易·既济》："东邻杀牛，不如西邻之禴祭实受其福。"

诡事，当为欺诈之事。笔者据手头资料，前不见此词，当为习凿齿所创用。《梁书·贺琛传》："卿又云：'百司莫不奏事，诡竞求进。'此又是谁？何者复是诡事？今不使外人呈事，于义可否？"

托伪，谓依托非正统的统治者。这亦是习凿齿取"托"与"伪"二字的字义所创用之词。

故旧，即旧交、旧友。《论语·泰伯》："君子笃于亲，则民兴于仁；故旧不遗，则民不偷。"《汉书·王莽传上》："（公）清静乐道，温良下士，惠于故旧，笃于师友。"

三恪，三恪之制是一种帝王之制。周朝新立，封前代三王朝的子孙以王侯名号，称三恪，以示敬重。周封三朝之说法有二：一说封虞、夏、商之后于陈、杞、宋。《左传·襄公二十五年》："昔虞阏父为周陶正，以服事我先王。我先王赖其利器用也，与其神明之后也，庸以元女大姬配胡公，而封诸陈，以备三恪。"杜预注："周得天下，封夏、殷二王后，又封舜后，谓之恪，并二王后为三国。其礼转降，示敬而已，故曰三恪。"一说封黄帝、尧、舜之后于蓟、祝、陈。《诗·陈风》孔颖达疏："案《乐记》云：'武王未及下车，封黄帝之后于蓟，封帝尧之后于祝，封帝舜之后于陈；下车乃封夏后氏之后于杞，投殷之后于宋。'则陈与蓟祝共为三恪，杞宋别为二王之后矣。"后世帝王亦多承三恪之制。

厌，意为适合。班彪《王命论》："取舍不厌斯位。"

大通，犹大道之意。《庄子·大宗师》："颜回曰：'坠肢体，黜聪明，离形去知，同于大道，此谓坐忘。'"成玄英疏："大通，犹大道也。道能通生万物，故谓道为大通也。"

昔周人咏祖宗之德，追述羁商之功；仲尼明大孝之道，高称配天之义。然后稷勤于所职，韦来未以羁商，异于司马氏仕乎曹族，三祖之寓于魏世矣。且夫魏自君之道不正，则三祖臣魏之义未尽，义未尽，故假涂以运高略；道不正，故君臣之节有殊。然则弘道不以辅魏而无逆取之嫌，高拱不劳汗马而有静乱之功者，盖勋足以王四海，义可以登天位，虽我德惭

于有周，而彼道异于殷商故也。

翦商，言周文王在其势力雄厚之时，逐步吞并原来臣属于商的部族，此谓之翦商（亦有另说，见本书 F 卷）。

仲尼，即孔子（前 551—前 479 年），春秋末期杰出的思想家、教育家。

后稷，这里是指古代周族的始祖。神话传说有邰氏之女姜嫄踏巨人脚迹，怀孕而生，因一度被弃，名弃。善于种植各种粮食作物，曾在尧舜时代做过农官，教民耕种。周族认为他是开始种稷和麦之人。

聿来，来，表语气。聿来，谓迅速轻快之貌。《古文苑·宋玉〈小言赋〉》："体轻蚊翼，形微蚤鳞，聿遑浮踊，凌云纵身。"

三祖，指三位祖先。《左传·哀公二年》："会孙蒯聩敢昭告皇祖文王、烈祖康叔、文祖襄公……以信大事，无作三祖羞。"杨伯峻注："三祖，皇祖、烈祖、文祖。"《文选·潘岳〈关中〉诗》："三祖在天，圣皇绍祚。"李善注引臧荣绪《晋书》："宣帝追号曰高祖，文帝号曰太祖，武帝号曰世祖。"文中的三祖即司马懿、司马师、司马昭，他们父子三人是西晋政权的实际创立者。

假涂，亦作假塗，又作假途，即借路。《公羊传·僖公四年》："桓公假塗于陈而伐楚。"《战国策·赵策》："将之薛，假涂于邹。"涂，《史记·鲁仲连邹阳列传》作"途"。《三刻拍案惊奇》卷四："张贡生道：'赴京廷度，假途贵省，特来一觐台光。'"

弘道，即弘扬大道、弘扬正道、弘扬大一统之道。《论语·卫灵公》："人能弘道，非道弘人。"三国魏·何晏《景福殿赋》："上则崇稽古之弘道，下则阐长世之善经。"《文选·陆机〈皇太子宴玄圃宣猷堂有令赋诗〉》："皇上继隆，经教弘道。"李周翰注："以经教天之大道也。"

逆取，意为违背常理而取。《荀子·非十二子》："行辟而坚，饰非而好，玩奸而泽，言辩而逆，古之大禁也。"杨倞注："逆者，乖于常理。"《史记·郦生陆贾列传》："且汤武逆取而顺守之，文武并用，长久之术也。"古代从正统观念出发，认为汤武以诸侯身份用武力夺取帝位，不合君臣之道，故叫"逆取"。即位后，偃武修文，法先圣，行仁义，合乎正道，故叫"顺守"。

高拱，两手相抱、高抬于胸前的一种安坐的姿势。《墨子·非儒下》："君若言而未有利焉，则高拱下视，会噎为深。"汉·贾谊《新书·权重》："力当能为而不为，畜乱宿祸，高拱而忧其纷也。"

"今子不疑共工之不得列位于帝王，不嫌汉之系周而不系秦，何至于一魏犹疑滞而不化哉！夫欲尊其君而不知推之尧舜之道，欲重其国而反厝之于不胜之地，岂君子之高义！若犹未悟，请于是止矣。"

滞而不化，即指局限、拘泥、固执而不知变化的意思。《楚辞·渔父》："圣人不凝滞于物，而能与世推移。"汉·陈琳《檄吴将校部曲文》："说诱甘言，怀宝小惠，泥滞苟且，没而不觉。"

厝，放置、安放之意。《战国策·魏策二》："王厝需于侧以稽之。"《宋书·前废帝纪》："阖朝业业，人不自保，百姓遑遑，手足靡厝。"

子辟强，才学有父风，位至骠骑从事中郎。

辟强（350—？年），字中立。咸安元年（371年）任骠骑从事中郎。卒葬江西分宜梅仙洞下海螺形。妻王氏（354—？年）。卒葬姚家园蜈蚣形。生子安邦、安国、安民。据《梅田习氏族谱·世系总图》。

骠骑从事中郎，骠骑，即骠骑将军，其位在三司，品秩同大将军。清初为武职正二品。其下的"从事中郎"可分掌诸曹，为骠骑的亲近官员，有时亦为要职。

（三）《白梅习氏合修族谱·习凿齿新传》今译

前面已经较为简略地论述了详注详析、补充史料、重编重排《白梅习氏合修族谱·习凿齿传》的缘由。事实上，经过上述几道"程序"之后，一部《白梅习氏合修族谱·习凿齿传》已经成了《白梅习氏合修族谱·习凿齿新传》，将其重新全译，就显得很有必要了。因为：

一是尽管经过了上述两道"程序"，总体上来说阅读起来较为顺畅，

但一部《白梅习氏合修族谱·习凿齿新传》还是不能一读就懂。

二是一部以本传为主体的《白梅习氏合修族谱·习凿齿新传》，而本传中所出现的习凿齿"语言"有不少当是其独创，不作全译或在全译中不适当添加笔者所理解的话语，阅读还是不太方便。

三是一部《白梅习氏合修族谱·习凿齿新传》中，夹杂着笔者的一些解释与考证，使得阅读不太方便。

四是为了使一部《白梅习氏合修族谱·习凿齿新传》能够通俗化，这样做，不仅有利于读者阅读，对解说《白梅习氏合修族谱·习凿齿传》中的谜团与疑问亦不无裨益。

笔者拟参考许嘉璐主编的《晋书·习凿齿传》（翻译）①，并在此基础上，结合自己所掌握的新资料和自己对于该传的理解，将《白梅习氏合修族谱·习凿齿新传》全译胪列如下：

习凿齿，字彦威，号半山。生于东晋咸和三年（328 年）。襄阳人。后因避苻坚之难，隐于万载书堂山，再徙居于临江之新余白梅，子孙遂为新余人也。家族富裕兴盛，世世代代有人出任"乡豪"之官。习凿齿从小便有积极向上的志气，他知识广博且多有见识，年少时就以爱好读书、兼善文笔而出名。永和元年（345 年）十一月，荆州刺史桓温征聘他为从事。江夏相袁乔对他也非常器重，多次在桓温面前夸赞他的才干，于是桓温提升他担任西曹主簿，与他的关系十分深厚密切，将他视为自己的亲信。

当时桓温征蜀大获成功，便心怀非望，有举"大事"的志向。在征蜀时他交往过蜀地一个出名的、懂得天文地理的占星者，后将这位占星者带回了荆州，当夜就拉着占星者的手问东晋王朝命运的长短。占星者回答道："世世代代的祭祀正当长久。"桓温怀疑他有不便直说的话，就粉饰其词道："如果真如你所讲，岂止是我一个人的福分，更是老百姓的幸运也！然而今天你只管畅所欲言，如果国家必定会有小小的苦难之处，你也应该说出来。"这个占星者说道："上天三宫的太微、紫微、文昌的环境与形势就是这样，绝没有什么忧虞、患难之焦虑。等到五十年之后就不好言定了。"桓温听后不高兴，也就只好作罢。事后，桓温给占星者送去一匹绢、五千文钱。占星者为此吓得慌忙跑去找习凿齿，说道："我家住在益州，

① 汉语大词典出版社 2004 年版。

接受你们的命令远道而来，现在叫我自杀，我的骸骨没有办法送回家乡了。因为您仁义厚道，恳求您为我买下棺木并立下一个圆顶的墓碑以标识之。"习凿齿细问其中原委，占星者说道："赐绢一匹，是令我以绢自缢，赐钱五千，是让我购买棺材之用。"习凿齿说道："你差一点错误理解而死，你不曾听说过占星有时有不能验证的说法吗？这是用赐绢跟你开了个玩笑，用钱是给你回家做路费的。这就是说你可以离开呀！"占星者大喜，天一亮就去与桓温告别。桓温问他离去的意思，占星者就用习凿齿的话作了回答。桓温便笑着说："习凿齿担心你会意错误而死，你却是错误地活下来了。这真是白读了三十年儒家之书，倒不如拜访一次习主簿。"

桓温多次提升习凿齿的官职，直至晋升到别驾。桓温出征时，习凿齿有时跟随而去，有时则留守刺史府第。他所担任的职务，都属机要的工作，他处理事务，颇有政绩。他擅长撰写公文论议，桓温对他很是器重。当时的清谈之士韩伯、伏滔等人都与他交好。

后来桓温派遣他到京城去见相王，相王（后来的简文帝司马昱）也很器重他。回来之后，桓温问他说："你看相王是个怎样的人？"他回答道："是我一生以来没有见过的人物。"由此大大地与桓温派他去见相王的真实目的相抵触，桓温便将其降职为户曹参军。

以往，习凿齿与他的两个舅舅罗崇、罗友，都在桓温部下任荆州从事。习凿齿升任别驾后，因为他的职位在两个舅舅之上，便多次向桓温陈述自己不当如此。这样一来，便激怒了桓温，使他气愤至极，桓温便破格提拔他的两个舅舅，让他们相继出任襄阳都督，将习凿齿调离身边并任命为衡阳太守。按东晋太守任职以六年一任为期，六年后，又将习凿齿再次出调为荥阳太守。

当此之时，在太守任上的习凿齿，知桓温对朝廷存有非分之想，便试图撰写《汉晋春秋》一书去规劝、警示、抑制他。是书内容上起东汉光武帝刘秀，下至东晋孝武帝司马曜。对于三国之时，视蜀为承继了汉朝宗室的政体，而魏虽受汉帝位之禅让，还只能作篡国的叛逆，等到文帝平定蜀汉，才能算汉亡而晋才开始真正兴起。引用世祖名司马炎兴起而灭汉得到帝位，表明天意是不能依靠势力而强迫的。拟为五十四卷。

东晋哀帝兴宁元年（363 年），燕宁东将军慕容忠拟攻荥阳，桓温借口

习凿齿有蹇疾而将其解组故里。这年四月慕容忠攻下荥阳，荥阳继任太守刘远败走鲁阳，荥阳失守。

桓温的弟弟桓祕也颇有才气，素来与习凿齿交好。习凿齿解组回乡之后，在给桓祕的信中写道：

我于去年（363 年）五月三日来到襄阳，满眼的悲凉，半点欢乐情绪也没有，那些悲伤苦恼而又凄怆的事情，不是在信中能一一说清楚的。每次拜望舅舅家，当从北门而进时，西望隆中，就会想起卧龙先生当年的吟咏之诗；向东眺望白沙，就会思念凤雏先生那清韵之音；向北达及樊城，心系邓老这样高洁的隐者；向南眷顾城镇，常会怀念羊祜（221—278 年）将军当年的风采；放眼而望襄阳西南的檀溪，不禁想起崔州平、徐元直他们之间的友情；极目眺望鱼梁洲，必然会追思庞德公与司马德操二人的超脱与飘逸，这未尝不会令人久久地在日影下徘徊、惆怅与感伤。因而抚摸所乘之车显露着自己犹豫不决之态，不由慨然流泪！至于建安十三年（208 年）七月魏武攻取荆州的置酒庆贺之地，孙坚在襄阳南风林关遭伏击而身亡之所，裴潜、杜袭的故居，繁钦、王粲的旧宅，遗迹仍在。这些先人留下的故事，有如繁星之多而历历在目。与前面诸葛亮、庞统等名士相比，这些人品不端的人物，均只能算作卑微庸碌的常人凡士。他们哪里能使我的寸心有所感触呢！

浓郁的清香来自椒与兰这两种芳香之物，清脆而洪亮的声响发自美玉。著称于世且具有天生资质的治国之才，必定会传留下值得发扬光大的余风；德行高尚而超常的人，必定有其光彩的遗迹韵事。像以前的诸葛亮、庞统、邓方、羊祜、崔州平、徐元直、庞德公、司马德操这八君子，他们的德行与事迹，将会永留人间，何况他们与当今相隔时间并不遥远！然而彼一时此一时，哪里能知道今天的人才不如往昔呢？百年之后，我与足下不就都成了刘景升这样的人物了吗！

习凿齿的风度品格就是这样雄健豪迈、优异卓越。

东晋兴宁三年（365 年），有沙门释道安（314—385 年）这个人，擅长论辩且具有杰出的才能，他受凿齿之邀，自北方到达荆州。与习凿齿初

次见面时，释道安说："弥天释道安。"习凿齿便说："四海习凿齿。"当时的人都称赞是绝妙的对话。

在与释道安相处的时日，凿齿往返于襄阳城和谷隐山，一面从事著述，一面协助道安弘扬佛法。

等到东晋太元四年（379年）二月襄阳被苻坚（338—385年）之子苻丕攻陷，苻坚平素就知道习凿齿的名望，派车将他与释道安一起载往长安。相见之后，与之交谈，苻坚高兴异常，给他甚为丰厚的馈赠。又因为他脚有毛病，就特意给各地长官写信道："从前司马氏平定吴国，所获得的好处是得到了陆机、陆云两个人才；如今我攻取了汉南之地，仅仅得到了一个半名士。"在长安没多久，习凿齿便借口有病返回了襄阳。为了躲避苻坚的再次征召，防止其利用他向东晋发难，习凿齿立即逃往江西万载，在书堂山以授徒为业隐居度日，后来落籍于当时属安成郡的江西新余白梅村，从事著述与开馆授徒。其子孙遂为江西新余人。东晋太元九年（384年）四月，随着东晋收回襄阳、邓州之地，朝廷在读到习凿齿怀着赤诚之心三十余年的临终上书后，拟征召他主持编撰国史，可惜他上书不久即离开了人世。此事便没有了结果。

万载书堂，山水清幽；新余白梅，类似唐门。隐居如此清净地，时势仍然系心间；点点滴滴入著述，开馆授徒耗心血。木衰知风厉，岁暮一何速！八五高龄病魔顾，三十余年转眼间。疏论蕴藏心底久推敲，将别尘世呈与东晋朝。

习凿齿遂于东晋义熙八年（412年）临终之前，向朝廷呈上一疏一论写道：

臣一贯认为，大晋王朝应越过魏而承继汉朝，不应该把曹魏的后代定为三恪去敬封以表示敬重之意。臣的身份低微、官职卑下，没有渠道向皇上表达我的想法，心中怀着这种愚昧而忠诚的情怀三十余年了。如今身患重病，已是性命难保，我的这种愚昧情怀，将要与我的身体一道朽烂，为了这种真情挚意，深感哀伤惋惜，故谨慎、尽力撰写论文一篇，抄写奉上如左（旧时行文竖书由右而左）。期盼陛下考求其中之古义，探寻其外之常理，超然远望，不要因为臣的地位低微下贱而废言。臣的议论是：

139

有人问道："魏武帝的功劳遍布中原地区，魏文帝接受了汉的禅让，而先生您（习凿齿）却说汉亡后方才有晋，难道您有什么确切的道理吗？况且魏被废除，则晋的国运也就要随之，这就出现问题了，您作为晋朝的臣子难道能同意这样的说法吗？"

臣的回答是："这正是尊崇晋的说法。但凡无与伦比的绝唱，应当合曲调的节奏与旋律，这不是平常人的耳朵所能听懂的，见识不同理解则异，其绝唱再美妙绝伦也难于察知，就请听我向先生解说吧！"

"从前大汉刘氏没有治理好国家，致使中国出现三国鼎立、战争不断、流血百年的分裂割据局面。虽说稍后三国在各自的疆域内都进行了治理，可是在本质上还是处于分裂动乱的局面。宣皇帝当时为曹魏的强势所逼迫、为曹魏所制约而屈居人下得以顺时，被迫参加征战以韬晦隐迹，真有如潜龙入海水，俯首而恭顺、小心而谨慎，诚恐有错，正确的意见时有不被采纳的艰难，又亲身经历过严重的危险，真可谓险而又险！魏武帝死后，方才大难得免，开始在南边擒拿谋反的孟达，在东边扫荡公孙政权，在西边抑制不时北伐的蜀汉，旋而安抚中原地区，摧毁吴国入侵的锋芒，扫平曹爽一伙忌恨的党羽，培植了占据中原的美好根基，培养了辅佐子弟的大批人才，从而实现了治理国家的志向，巩固了异乎寻常的功业。神武冠世的景（司马师）文（司马昭）继承了宣皇帝的基业，先后征伐了不归顺者，从而建立了大功劳，全部占领了梁、益之地而蜀平，征伐至西方极远之地，功劳感动了上天，功勋可与古代义烈之士比肩，丰茂之规显示出功高国强的福运。到了武皇帝时，一举吞并了强吴，一统天下，安定平靖了全国各地，使四方国轨一统与两汉相同。除去了三国分裂之大害，结束了汉末纷争的动乱局面，荡涤了长期遮蔽全国之昏暗，奠定了这千载大功之人，都是司马氏。而提倡推崇魏继汉，以晋继魏，是效法唐、虞，自托是忠诚笃实之臣，这难道不令人感到痛惜吗！

"当今如果以为魏有一代君王的德威，但它的道行不足；有平定战乱之功绩，但又有孙权、刘备政权与之鼎峙而立。正因为其道行不足就不能说魏控制了当时的局势，当时的局势没有被控制，没有一统天下，那么魏就没有一天成为天下之主；既然曹魏不以仁义治理天下，那么曹魏就没有一天成为大一统的君王呀！以前的共工霸有九州，秦王嬴政统一华夏，控制着汉族和各少数民族，独揽天下，尚且被排除于帝王之列，最终在战乱中灭亡，何况只是暂时控制几州之地的曹魏，其权力仅在其境内施行罢了，就可以被推为一代之君王吗？

"假若因为晋曾是魏的臣下，惧怕因此而损害了皇帝的德行，拘泥看重神授的名分而不肯割舍，那么就是很大的迷惑。这是为什么呢？隗嚣曾盘踞甘肃，公孙述曾在蜀地称帝，蜀地、甘肃地方的人虽然曾服从于他们的役使，但于大义而言，他们何所之有？而且吴国寿梦、楚国熊通均先后自立为君王，其时周王朝并未灭亡，楚之子文、吴之延陵不曾被贬黜灭绝。宣皇帝虽说曾任职于魏，只是因为性命有危险，并非是因为择主而仕，对于其美德并没有什么损害，禅让取代的道理，与尧、舜不同，校定事实确定名义，在后代必然彰著，人的思想各不一样，客观事实怎能掩盖！肯定空虚的魏而委屈自己，怎能比得上依仗正义而贬魏呢？宣皇帝祖先一辈就曾有功于大汉王朝，世世代代劳苦功高，报恩于汉的情怀也很深切。魏武越过次序，其志在倾覆汉主，没有积累善德，他所处的形势有如履薄冰之险，宣皇帝帮助他，情义是何等的深厚！虽然在当年是迫于形势而屈服，他的用意是在子孙后代，压制着自己的本意以保全自身，愤慨地居于下位，并不是从道义上心悦诚服，有忠笃之臣的气节，尽忠效命于曹魏，而舍弃了自己的救世功业。

"能够成就功业的人，靠的是自己的作为去维系，而不是凭借别的什么东西；建立功业的人只说自己的作用，不道其所以然。因此汉高祖受命于楚怀王，刘邦乘着秦灭亡的机会，超越这两个非法者而向上继承，不谈眼前的事以计算功绩，考求金、木、水、火、土五行之德于大典，不疑道于暴政。刘邦没有继承楚的名号，而是承继周的事业，这样取得天下就很好，而自己的好德行就得到了显示。大凡天下的事是可以借古代的事来说明今天的事，从前的事足以被视为未来之事的证明。在春秋时期，吴、楚两国都是冒用帝号之王，如果楚庄王推让出鄢郢来奉有德之主，阖闾以三江之地拥戴贤明之君，贤明之君、有德之主或由此而顺应天命，据有基业而建都于此，他必定会把自己与周室相联系，而不推奉吴、楚作为前朝，这是很明显的。何况积勋累功，平定战乱、安抚众人，历数之记载，众人之帮助，不凭借燕王哙式的礼让，不依赖握有的力量，而是借施行政策掌

141

控朝政，吴、蜀皆亡，运奇谋达两世之久而平定了天下，降服了魏武所没有降服者，扫荡累世所未能扫除的啊！

"自从汉末形势纷扰、动乱五六十年以来，吴、魏违背正道情理而强盛，蜀汉凭恃、依靠汉朝政体之道反而羸弱，魏、蜀、吴三国不能统一，致使万民长期无主。那些有平定天下大功的，受天下之人推崇的，却比不上得到昏乱愚昧之人推崇敬仰、得到卑微之人的尊敬的人呢？与天意相配而称帝，方可与三代一统之大业并驾齐驱，这能和向曹氏俯首，敬畏而不敢正立相比吗？依据实际当是恒久不变的道理，取之而无愧，这怎能与欺诈行事而托伪名，给将来埋下祸乱相比！所以从故旧之恩来看，可以封赐曹魏之后人，但不宜置于三恪之位。以晋继承汉，功勋确实明显，名正事当，情理适合，又何必要虚尊名不正、言不顺之魏而损害我们顺应天命之大道呢！

"以往周代的人赞颂祖宗的大德，是追述他们先是称颂、后又逐步吞并商王朝的部族的功绩；孔子明白大孝的道理，高度顺应天意的义举。然而后稷勤于职守，追述先人的功业并不是为了逐步灭掉商王朝的部族，这与司马氏在曹魏做官，宣皇帝父子三人托身于魏有所不同。再说魏主本身的为君之道不正，那么宣皇帝父子三人做魏臣的名义就不符。名义不符，就得借机运筹谋略；道义不正，所以君臣的忠节也就有区别。弘扬正义之道而不去辅佐魏就没有违背常理而取的嫌疑，安坐而不经劳苦征战而得到平定战乱之功的人，其勋劳足以君临天下，其理应登天位，虽然德行还不及有周一朝，但魏的道行与殷商也不同，就是这个道理。

"如果您不怀疑共工不能算作帝王，不摒弃汉继承周而不继承秦，怎么对'越魏继汉'之理还如此拘泥而不知变化呢？想要尊崇君王而不懂得用尧、舜之道去推求，想要提高国家的地位却把国家置于不胜的境地，这难道是君子的道义吗？如果还是不能醒悟这些道理，那就说到这里为止罢！"

其子习辟强（350—?），字中立，他的才学有父亲的遗风，元兴年间的官职为骠骑从事中郎。

五、习凿齿的主要著作及其贡献与影响

一览"习凿齿的经历、交往、写作与仕途"可知：习凿齿在整个晋代，应当是一个非常有影响力的重要人物。他是中国古代赤诚为国、"达则兼济天下，穷则独善其身"的知识分子的典型。他忠烈重德，不因"穷"而坠，他"穷"时忠烈之志逾坚，仍关心朝政、著书不辍，给后人留下了宝贵的文化遗产。

（一）习凿齿的主要著作

除《汉晋春秋》五十四卷外，习凿齿"还著有《襄阳耆旧记》三卷（裴松之注《三国志》引用较多）、《逸人高士传》八卷、《习凿齿集》五卷和《魏武帝本纪》四卷等"①。又一说是："习凿齿著述甚丰，《汉晋春秋》54卷，《襄阳耆旧记》3卷，《魏武帝本纪》4卷，《习凿齿集》5卷，《汉晋阳秋》等。"②《汉晋阳秋》与《汉晋春秋》是否同书异名，有待笔者找到《汉晋阳秋》后核对鉴定。

（二）习凿齿的主要贡献

笔者在前面的文字中，实际上也涉及习凿齿的某些贡献，但很零散。今归纳起来，其主要贡献在下列六大方面：

一是提出了"越魏继汉论"，即"大一统论"。

由于司马氏是通过弑君篡权等一系列阴谋手段取得帝位的，这是极不光彩的卑鄙行为。对此，阎步克教授依据《晋书·贾充传》等史料写道："司马氏曾想通过御用文人曲解历史，来缓和、摆脱这种不利氛围。于是，修史者们围绕晋史断限发生了一场争论。一个王朝的开端，当然应从取得政权、建立新朝之日算起，而当时荀勖却主张，晋史应从魏齐王曹芳正始元年（240年）写起，惠帝时荀藩、荀畯（这二人分别为荀勖子、孙，而荀勖乃贾充死党）、华混继之；而王缵又主张从魏齐王曹芳嘉平元年（249

① 习根珠：《写在沙上的文字》，北京：作家出版社2006年版，第183页。
② 郑先兴：《习凿齿史学思想简论》，《许昌学院学报》2006年第1期，第109页。

年）开始，惠帝时有荀熙、刁协继之。对这伙人的企图，周一良先生有精细揭露：'按照荀勖的继限，齐王芳的废黜，高贵乡公的被害，都已经是大晋王朝至少在史书文字上矗立以后'，'这样就使这两桩大事件在当时的非正义性多少有所减轻'，也就是要'以向上延伸晋朝历史的办法来掩饰冲淡禅代过程中的阴谋与暴力'。后来王戎、张华、王衍、乐广等人支持贾谧的意见，以泰始为晋之始；但从一些情况看，这一意见并未被采纳，断限仍是被提前了。"①

在"继限"或曰"断限"的问题上，朝臣们可谓各怀"鬼胎"。陈寿则宗魏黜蜀汉，其时的不少大学问家争论日久，不得要领。习凿齿虽身处晋朝，但没有一个人能够像他那样精擅学术，能从国家大一统的角度与高度提出"越魏继汉论"即"大一统论"。

二是提出如何实现国家"大一统"的"君""臣"的标准。

在早先附于《习氏族谱》中的《晋书·习凿齿传》和《汉晋春秋》等习凿齿著作中，除了秉笔直书司马氏先祖的秽行之外，习凿齿的"越魏继汉论"即"大一统论"，就如何实现继汉"大一统"的问题，提出了当如明主刘备、名臣诸葛亮为一统事业"鞠躬尽瘁，死而后已"这样的标准。

如果皇帝都能如初期的刘备那样以民为本，臣子都能如诸葛亮那样忠于国家大一统事业，那么统一大业何愁不成！

然纵观历朝历代，君王往往是功成名就之后，统一大业完成之时就开始腐败（也有的稍有点儿成功就腐败起来，直至灭亡），或第二代腐败或第三代腐败……腐败生乱、生变，往往会导致国家分裂，分裂一出现，则外寇窃喜、窥测、入侵！再读笔者的《汉晋春秋新辑本》，习凿齿的良苦用心亦不言自明。

三是勇于践行自己忠烈重德的学术主张。

"魏晋南北朝是一个充满了阴谋、背叛与杀戮的大动乱时代，战祸、饥荒、瘟疫蔓延大半个中国"②，导致魏晋名士少有全者的惨烈局面。《世

---

① 参见阎步克：《西晋之"清议"呼吁简析及推论》，《中国文化》1996年第4期，第119页。

② 杨朝蕾：《魏晋南北朝政论蠡述》，《成都大学学报》2015年第2期，第52页。

说新语》研究专家余嘉锡，曾经"为了纠正社会上的不良风气，使人们吸取历史教训"，在研究了《世说新语》之后，他深有体会地写道：

　　盖魏晋士大夫止知有家，不知有国，故奉亲思孝，或有其人；杀身成仁，徒闻其语。王祥、何曾之流，皆不免党篡。求忠臣必于孝子之门，竟成虚言。六代相沿，如出一辙，而国家几胥而为夷。爰及唐、宋，正学复明，忠义之士，史不绝书，故得长治久安，而吾中国，亦遂能灭而复兴，亡而复存。览历代之兴亡，察其风俗之变迁，可以深长思矣。①

　　余嘉锡先生之研究，可谓深透！其时的"文人注重以保全自我为前提，并试图在华美的文章中寻求人生寄托"②，这只能说是就一般而论。但这些先生们忽略了习凿齿这样的特例：一疏一论为一统，临终之言见精神。将这些魏晋士大夫、名士与习凿齿相比，更凸显了习凿齿形象的高大与辉煌，如人们心目中"竹林七贤"，一直在历朝文士的心目中熠熠生辉。而习凿齿的六大闪光点，则更加独放异彩。

　　因为当时没有哪一个学者能像习凿齿那样，为了践行自己的学术主张，不要名、不要利、不要官，对抗着一心要搞分裂的自己的顶头上司桓温。"愚者暗于成事，智者见于未萌。"（《商君书·更法》）当桓温背叛朝廷之心萌发之时，习凿齿为了不因此而造成国家分裂，便不顾桓温以往所给予其个人的"恩惠"，亦不顾个人的利益得失，拟著《汉晋春秋》以裁正之，表现了他维护国家统一的决心和壮志。故而唐代著名史学理论家刘知几（661—721年），在比较历代史学家所录之史事和他们的忠烈举动后，在其《史通·直书篇》中对凿齿称赞道："然则历考前史、征诸直词，虽古人糟粕，真伪相乱，而披沙拣金，有时获宝。案金行在历，史氏尤多。当宣、景开基之始，曹、马构纷之际，或列营渭曲，见屈武侯，或发仗云台，取伤成济。陈寿、王隐咸杜口而无言，陆机、虞预各栖毫而靡述，至习凿齿，乃申以死葛走达之说，抽戈犯跸之言。历代厚诬，一朝如雪。考

　　① 郝刚：《余嘉锡史学述论》，《西藏民族学院学报》2008年第4期，第114页。
　　② 宋展云、韩丽敏、柳宏：《论张华与晋初诗风演变》，《扬州大学学报》2011年第2期，第69页。

145

斯人之书事，盖近古之遗直欤！"

四是为了家国统一，拒绝敌国高官厚禄的征召。

前秦皇帝苻坚多次征召习凿齿为高官，为其一统江山服务。然习凿齿的一统，则是要恢复西晋初期之大一统，因而视苻坚之一统为僭乱，故坚拒苻坚之召，这在《习氏族谱》中写下了光彩的一笔。多位名臣作序时，无不会记下习凿齿在苻坚寇晋之时，"屡以书征，凿齿不屈，携妻及子隐于万载之书堂山，而终卜居于斯（即指新余白梅）"。就是在万载书堂山周边的张氏，也在其族谱中记有："书堂之先开儒术者，无过习襄阳。观其著《汉晋春秋》以裁桓温逆萌，居山谷诵读以避苻坚氏僭乱，因真儒之用也。"（白梅村委会《白梅习氏合修族谱》，2006 年自印本）这是习氏家风族风与习氏文化中最为光辉的一页。

五是"忍辱负重"为一统。

一般来说，当一个人在政治上遭到了打击之后，不大会再过问"政事"。习凿齿虽被桓温罢归里巷，但他并未从此消沉，而是仍然关注国事，发挥自己精通佛理的特长，仍然争取让佛教势力为日后晋的"统战"事业服务。

事实证明：习凿齿利用自己的影响力去信邀请释道安来襄阳弘法，其政治效果是十分显著的，是非常成功的，这不仅使佛教事业在襄阳得到了发展，而且对于东晋政权的巩固也起到了很好的"统战"作用。释道安虽然为苻坚所虏而北去长安。但是，他未对苻坚攻晋起半点作用。相反，在苻坚孤注一掷攻晋时，他是持坚决反对态度的。

六是临终不改忠烈志。

东晋一朝，鲜有学者为了使自己于国于民有贡献的学术理论不至于泯灭，而冒着生命危险，用毕生精力撰写学术著作并临终冒险上书。

（三）习凿齿的深远影响

在笔者所见的习氏族谱中，有一种在一般族谱所未见的学术理论，那就是习凿齿"精擅学术并勇于践行"的"越魏继汉论"即"大一统论"。这种"精擅学术并勇于践行"的"凿齿之风"，在习氏族谱和习氏后裔中表现得十分突出，如习嘉言等的"刚正不阿、学以致用的苦读，特立独行多创见"的事迹就是这种"凿齿之风"影响后世子孙的明证。

自唐、宋、元、明、清以来，上至皇帝对"越魏继汉论"的称许，下至国家重臣、进士、举人、秀才们在为《习氏族谱》所撰写的序、跋、诗、词、歌、赋、联语、像赞、文论、碑刻中，均称赞习凿齿高尚之人格与不朽之学术。在称颂"越魏继汉论"为"千古纲常之大论"的同时，对凿齿后裔中"刚正不阿、学以致用的苦读，特立独行多创见"的高尚人物亦多有称颂，此不赘述。

习凿齿的深远影响主要表现在：

1. 首发之论　后人推重

"越魏继汉论"即"大一统论"（笔者以为，是论不全同于后人碍于时君或媚于时君将习凿齿是论解读为"正统论"。为了避免论述时驳杂的解说，笔者姑且从而仍之。至于"越魏继汉论"为什么不同于后人说的"正统论"，留待日后专论），上承两周两汉大一统思想观念，而"越魏继汉论"中习凿齿对曹魏于大汉的不忠及对司马氏的某些批评，从颇受李世民称赏并在《晋书·习凿齿传》中一字不漏地记录下"越魏继汉论"，且在其亲撰的《宣帝纪》史论中挞伐司马懿不忠的情况来看，李世民对"越魏继汉论"当是十分赞同的。

后又经由宋代朱熹、萧常等先贤对"越魏继汉论"的解读，影响甚巨。在尔后史书的编撰体例和内容的安排上，晋·陈寿撰写的《魏志》三十卷、《蜀志》十五卷、《吴志》二十卷。"其书以魏为正统，至习凿齿作《汉晋春秋》，始立异议。自朱子以来，无不是凿齿而非寿。"（参见史部·目录·清·赵翼、纪昀等《四库全书总目提要》卷四十五·史部一/四库全书本），逐渐形成了一种"大一统文化"而影响至今。

中华大一统、中华民族永不分裂，是中华民族共同心声的表达与共同意志的体现。统一的中国是激励民族情感、凝聚民众力量、振奋民族精神的重要载体。中华大一统观念，在维护祖国的和平与统一中，将起着不可估量的巨大作用。

在史书的编写体例上，《汉晋春秋》直接影响到司马光的《资治通鉴》。清人赵翼说：

《通鉴》仿《左氏》编年体，虽创于温公，然温公以前已有为之者。晋时习凿齿已著《汉晋春秋》。

[参见赵翼《陔余丛考（卷15）·子部·清代笔记》，乾隆五十五年湛贻堂初刊本]

在史书的编写理论上，则直接影响到朱熹等一批大学者。明人郎瑛有云：

司马公《通鉴》以魏为正统，本陈寿《三国志》也。朱子《纲目》以蜀为正统，本习凿齿《汉晋春秋》也。

[参见郎瑛《七修续稿（卷1）·子部·明代笔记·天地类·通行本》]

赵翼有云：

《通鉴》书三国事，犹承陈寿之旧，以曹魏继汉为正统。至朱子作《纲目》，乃始改蜀汉继献帝。然习凿齿《汉晋春秋》早以蜀汉为正。

[赵翼《陔余丛考（卷15）·子部·清代笔记》，乾隆五十五年湛贻堂初刊本]

而《四库全书总目提要》总宋、明诸说之大成曰：

晋陈寿撰，宋裴松之注……凡《魏志》三十卷、《蜀志》十五卷、《吴志》二十卷。其书以魏为正统，至习凿齿作《汉晋春秋》，始立异议。自朱子以来，无不是凿齿而非寿。

[赵翼、纪昀等《四库全书总目提要（卷45）·史部·目录》，四库全书本]

可惜由于战乱等诸多方面的原因，《汉晋春秋》这部名著已经佚亡。但它不仅影响了汉民族，亦为我国少数民族开国者所全盘吸收，并为中华

民族大一统作出了不朽的贡献，如清太祖、太宗等即是。甚至诗人、学者提及习凿齿，亦为其人、其事、其论而感慨不已。特别是自宋代以来，杨亿、刘敞、黄庭坚、李廌、谢逸、周紫芝、韩元吉、陆游、周必大、杨万里等近二十位诗人的题咏中道及习凿齿；至有清一代，如朱彝尊、袁枚等大诗人、大学者亦在其诗中多次提及习凿齿。

袁枚有诗云：

不学习凿齿，重到襄阳悲不止。

[袁枚《小仓山房诗集（卷30）·集部·别集》，嘉庆随园藏本]

清人于养源的《咏史》诗（一说为清人谢兰生所作）则抒其慷慨，道其一生"仰止习凿齿"的心得，谈习凿齿的"越魏继汉论"有着"振聋发聩"的影响，"大一统"的精神深入人心，批评陈寿"帝魏寇蜀"是冠履倒置，赞朱熹这样的大学问家深受习凿齿大一统论的启迪而撰写史书。其诗云：

> 我生三十年，曾读汉魏史。
> 我读汉魏史，仰止习凿齿。
> 谓魏为正统，蜀乃以寇视。
> 茫茫数百年，谁复能议此。
> 赖公发聋聩，大声震里耳。
> 独帝汉昭烈，分别冠与履。
> 天道以不丧，人心以不死。
> 煌煌良史才，下启紫阳子。

[于养源《咏史》载《晚晴簃诗汇（卷151）·集部·别集》通行本]

当代学者宋志英称："'正统'之说最早见于《春秋公羊传》，并在汉代由于统治者的需要而在政治、史学领域有所涉及，但把它作为一种理论问题进行阐述则始于东晋著名史学家习凿齿。……应该说，习凿齿是摆脱五德终始等神秘学说，从'王道'的角度在理论上论证三国正统的第一

人。此后，三国历史成为多种正统论的焦点，不同标准的正统论首先在对三国历史的评论中体现出来。不过，自朱熹《资治通鉴纲目》面世后，以蜀汉为正统的标准便占主导地位。习凿齿的议论是这种正统观的首发之论，备得后人推重，在中国古代史学中产生了很大的影响。"①

史论、诗、书永千秋，人格高尚显风流。习凿齿的上述作为和其千古宏论为一统的光辉价值以及其人品、官品、气节操守与爱国情怀，时刻启迪着每一个中华儿女的心灵。

2. 万古千秋　德风长留

笔者在撰写这个小节时，觉得有必要先引一段典籍：

《左传·襄公二十四年》云："'太上有立德，其次有立功，其次有立言。'虽久不废，此之谓三不朽。若夫保姓受氏，以守宗祊，世不绝祀，无国无之。禄之大者，不可谓不朽。"

此段意为：最高的是树立德行，其次是树立功业，再次是树立言论。此谓之"三不朽"。

对于这"三不朽"之论，历代贤人虽多有阐发，但万变不离其宗，故不多言。习凿齿为官虽说只有17年，赋闲15年，但其间曾两次面见皇帝（一次见司马昱，即后来的简文帝，一次见前秦皇帝苻坚。两位均欣赏他的才华）。

在对待桓温、司马昱、苻坚三人的问题上，充分地展现了他以"德行立身"的高尚道德情操。笔者虽未见有资料说明习凿齿随桓温出征或守荥阳时有过什么"战功"，但是其"越魏继汉论"即"大一统论"，永远符合厌倦纷争、期盼统一、和谐安定的民心民意，并得到历代名贤的称赞。其落籍白梅的行踪，亦曾引起明清两朝两代皇帝的关注与关照（指赐祭田和钦定王直为白梅族谱所作的序中肯定习凿齿落籍白梅"乃是史不及载"的事实），其功永垂！其立言影响千古、光照千秋。

从总体上说，习凿齿当是做到了中国传统的"三不朽"，这是他生命的延续，是其为官重德的"德风流长"。习凿齿的一生，可谓"德、功、

---

① 宋志英：《晋代史论探析》，《南开学报》2001年第3期，第53～54页。

言"皆备，达到了人生之高尚境界，身虽死而名永不朽灭，故其卒后影响甚巨。

（1）俨田改书堂，张氏慕名来。

晋贤习襄阳侯凿齿，读书于馆，其地原名俨田，因苻坚陷襄阳而居。此谷深邃，虽霁恒存云雾，墨池书迹存。凿齿为桓温别驾，字彦威，确读不辍于此，后人名为书堂山，在县西八十里。……书堂始祖，千岳，字仁翁，行一郎，慕书堂为晋贤乐隐读书之地，遂鼎居书堂之南溪……①

（2）大家顾野王，舆地志"齿墓"。

南朝梁、陈间大学者顾野王（519—581年），是舆地学大家，他著的《舆地志》，是一部开中国地学体例先河的专著。其《舆地志》六明载："分宜有墓即古凿齿之墓也。"当是最早载录习凿齿墓葬地的典籍。

（3）成语传千载，凿齿功不没。

习凿齿虽说有著作5部合70余卷，但大多佚失，仅存少数篇章而已。就仅存的这些篇章来看，他在词语的运用上，有某些特点（如创造了一些新的词汇，笔者就所见的有关辞书收载新词和创新用语多条），如《辞源》时所收之"缉穆""突将""事会"等皆记为其论著中收词所首见。

至于成语，仅就上海辞书出版社1989年版的《中国成语大辞典》而言，就收有人们辑佚《汉晋春秋》时所记下的4条，即"七纵七擒""束之高阁""司马昭之心""死诸葛走生仲达"。习凿齿仅存文字不过数万，而现代辞书所收其所记词语竟达7条之多，足见习凿齿对语言之贡献。

然在收载的四条成语中，有两条还没有确认习凿齿的首载之功，亦不太符合辞书使用义例之规则，现校正如下。

如"束之高阁"这一常见成语，《中国成语大辞典》释之曰："谓弃之不用或不去管它。"《晋书·庾翼传》："京兆杜乂、陈郡殷浩，并才名冠世，而翼弗之重也，每语人曰：'此辈宜束之高阁，俟天下太平，然后议其用耳。'"其实，这条成语首出于习凿齿的《汉晋春秋》，且字词小有所异。《汉晋春秋》曰："是时杜乂、殷浩诸人盛名冠世，翼未之贵也。常曰：'此辈宜束之高阁，俟天下清定，然后议其所任耳！'"

---

① 《水尾衙背张氏族谱世系与诸种张氏族谱的校对若干差异》，http://547687.bokee.com/6207274.html。

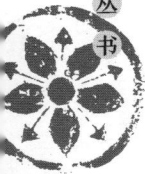

又如"死诸葛走生仲达",这亦是家喻户晓的成语。《中国成语大辞典》释之曰:《三国志·蜀书·诸葛亮传》裴松之注:三国蜀军主帅诸葛亮病死军中,蜀军密不发丧,魏军主帅司马懿(字仲达)虽知此信而不敢追逼,百姓为之谚曰:"死诸葛走生仲达。"《三国演义》第一百〇四回亦述此事。因借指用死人吓唬活人。《晋书·宣帝纪》:"时百姓为之谚曰:'死诸葛走生仲达。'帝闻而笑曰:'吾便料生,不便料死故也。'"这条成语的首出同样是习凿齿的《汉晋春秋》,只不过字词小有所异,《汉晋春秋》曰:"亮卒于郭氏坞,杨仪等整军而出,百姓奔告宣王,宣王追焉。姜维命仪反旗鸣鼓,若向宣王者,宣王不敢逼。于是仪结阵而去,入谷然后发丧。宣王之退也,百姓为之谚曰:'死诸葛走生仲达。'或以告宣王,宣王曰:'吾能料生,不能料死也。'"

成语,作为形式简洁而寓意深刻、长期习用且已定型的词组或短语,在解释其来源时,漏其首出之文是不妥的,故笔者将之补上。《汉晋春秋》一书目前所存文字不过 2 000 字,即录有 4 条成语,这也是习凿齿在保存祖国优秀语言方面所作的一大贡献!

(4)知几知凿齿,"古之遗直欤"!

唐代著名史学理论家刘知几(661—721 年),在比较历代史学家所录之史事后,见习凿齿敢于秉笔直书当时事,故独视其所记史事为金为宝,他在其《史通·直书篇》中这样写道:

然则历考前史、征诸直词,虽古人糟粕,真伪相乱,而披沙拣金,有时获宝。案金行在历,史氏尤多。当宣、景开基之始,曹、马构纷之际,或列营渭曲,见屈武侯,或发仗云台,取伤成济。陈寿、王隐咸杜口而无言,陆机、虞预各栖毫而靡述,至习凿齿,乃申以死葛走达之说,抽戈犯跸之言。历代厚诬,一朝如雪。考斯人之书事,盖近古之遗直欤!

刘知几在评述中所提及的四位,皆为晋时史学大家与文学名士,当属"魁士"级别的顶尖名人。

陈寿(233—297 年),字承祚,西晋巴西安汉(今四川南充)人,是《三国志》的作者,著名史学家。陈寿是晋臣,晋承魏而取得天下,所以

陈寿在其《三国志》中尊魏为正统。

王隐，字处叔，陈郡陈（今河南淮阳）人，约晋元帝建武元年前后在世，70余岁。平生留心晋代史事。太兴初为著作郎，诏令其撰《晋史》。

陆机（261—303年），字士衡，吴郡吴县（今江苏苏州）人。西晋文学家、书法家。与其弟陆云并称"二陆"。曾任平原内史、祭酒、著作郎等职。陆机不仅是文学名家，也著有史学著作，撰有《晋纪》四卷、《吴书》若干卷、《汉阳记》一卷、《要览》三卷，惜佚失。

虞预（约285—340年），东晋著名史学家，余姚（今浙江余姚）人。著有《晋书》四十四卷、《会稽典录》二十四卷等。

上述四大家的史学著作，没有一个能像习凿齿那样敢于直书朝中统治者那些见不得人的丑恶之事。刘知几用习凿齿著作中的事实，将陈寿、王隐、陆机、虞预这四大名家比了下去。

（5）"越魏继汉论"，朱熹再弘扬。

司马光在其《资治通鉴》卷六十九"魏文帝黄初二年"的记载中，为了给自己的写作找到立论的依据，不点名地批评习凿齿的"越魏继汉论"，他写道：

正闰之际，非所敢知，但据其功业之实而言之。周、秦、汉、晋、隋、唐，皆尝混一九州，传祚于后，子孙虽微弱播迁，犹承祖宗之业，有绍复之望，……据汉传于魏而晋受之，晋传于宋以至于陈而隋取之，唐传于梁以至于周而大宋承之，……非尊此而卑彼，有正闰之辨也。昭烈之于汉，虽云中山靖王之后，而族属疏远，不能纪其世数名位，……是非难辨，故不敢以光武及晋元帝为比，使得绍汉氏之遗统也。①

司马光不愧为有宋一代文章高手，经他这么一论证，习凿齿的"越魏继汉论"似是毫无道理可言。但是，司马光的这一段论说，是有意掩盖了下列最为基本的事实：

一是司马炎只是名义上代魏，实际上，司马昭杀了曹髦之后，已成了

① （宋）司马光撰，（元）胡省注：《资治通鉴》（卷六十九），北京：中华书局1976年版，第2187~2188页。

事实上的皇帝，是司马昭灭蜀汉并着手灭吴，从这个角度说，"越魏继汉论"是站得住脚的。

二是司马氏发迹于汉，司马懿本人就曾不愿仕曹魏。孙盛《晋阳秋》载曰："宣帝初不欲屈节曹氏，辞以风痹，不能起。魏武使人往，微刺之，以观信否。宣帝坚卧不动。"《晋书·宣帝纪》亦载云："汉建安六年，郡举上计掾。魏武帝为司空，闻而辟之。帝知汉运方微，不欲屈节曹氏，辞以风痹，不能起居。魏武使人夜往密刺之，帝坚卧不动。及魏武为丞相，又辟为文学掾，敕行者曰：'若复盘桓，便收之。'帝惧而就职。"

从根本上说，司马氏是能够接受"越魏继汉论"的，这也许是习凿齿虽在其《汉晋春秋》中揭露司马氏那么多秽行，而临终上书仍不被追究的原因之一。

三是司马光云："昭烈之于汉，虽云中山靖王之后，而族属疏远，不能纪其世数名位。"对此，纪昀等在《四库全书总目提要》中据理批驳道：

> 朱子作《通鉴纲目》，始遵习凿齿《汉晋春秋》之例，黜魏帝蜀。同时张栻作《经世纪年》，萧常作《续后汉书》，持论并同。震传朱子之学，故是书亦用《纲目》之例。其谓论昭烈者第以族属疏远为疑。使昭烈果非汉子孙，曹操盖世奸豪，岂不能声其罪而诛其伪。今反去之千百载下，而创疑其谱牒耶。其所发明可谓简而尽矣。

四是"越魏继汉论"从表面上看是为蜀汉争正统的统序之争，从"越魏继汉论"及《汉晋春秋》的具体内容来看，实际上是崇尚曾为明君的刘备爱民勤政，以及他的贤臣诸葛亮等为了华夏能像大汉王朝一样实现大一统而"鞠躬尽瘁，死而后已"精神，此语现在几乎已经成了勤政爱民、忠心为国的代名词。

五是司马光所要刻意回避而不敢正视的是：晋、宋王朝均是靠阴谋手段夺取政权的。晋、宋统治者用各种严厉而卑鄙的手段严防臣下故伎重演，也因此导致宋王朝兵弱将寡，这是其致乱或无力实现大一统的根源之一。

司马光所处的所谓的大宋王朝，最多只能是借"澶渊之盟"力求自保

"皇帝宝座"，充其量只不过是与辽、西夏并立三国之一而已。作为著名史学家的司马光，对此当是心知肚明的，但他不敢说也不能说。

世人之所以对习凿齿的"越魏继汉论"称颂不已，这与朱熹对习凿齿"越魏继汉论"的接受与创新，并进行深层次阐释是分不开的；与朱熹对"越魏继汉论"的精髓和真谛的揭示与发掘是分不开的。请看有关学者研究朱熹后所作出的中肯分析：

朱熹之所以要撰写《通鉴纲目》，主要是因为对司马光所著《资治通鉴》不满。在朱熹看来，《资治通鉴》在正统问题和纲常伦理等问题上把关不严，没能把"天理"贯穿于史书的全过程中。他曾说："旧读《资治通鉴》，窃见周末诸侯僭称王号而不正其名，汉丞相亮出师讨贼，而反书入寇，此类非一，殊不可晓。"① 认为司马光在正名分、守纲常方面做得很不够。朱熹还说："《通鉴》之书，顷尝观考，病其于正闰之际、名分之实有未安者。因尝窃取《春秋》条例，稍加隐括，别为一书。"② 这就明确地表明了朱熹撰写《通鉴纲目》的目的就是序正统、正名分。

从天理的角度出发，朱熹把《通鉴纲目》编纂的目标定为明正统、正纲常，通过书法义例来达到这一目的。对于明正统，朱熹阐述得很清楚，"问《纲目》主意。曰：'主在正统。''问何以主在正统？'曰：'三国当以蜀汉为正，而温公乃云，某年某月"诸葛亮入寇"，是冠履倒置，何以示训？缘此遂欲起意成书。推此意，修正处极多，若成书当亦不下《通鉴》许多文字。'"③

朱熹有着较为系统的正统理论，在他看来，天下一统、政权归一，就是正统王朝，"只有天下为一，诸侯朝觐，狱讼皆归，便是得正统"④。以此为标准，朱熹认为中国历史上只有周、秦、汉、西晋、隋、唐是正统，其余均不得列入。对于正统王朝，朱熹又分为"正统之始"和"正统之余"两种。"有始不得正统而后方得者，是正统之始；有始得正统而后不

① （宋）朱熹，郭齐、尹波校点：《朱熹集》，成都：四川教育出版社1996年版，第926页。
② （宋）朱熹，郭齐、尹波校点：《朱熹集》，成都：四川教育出版社1996年版，第2204页。
③ （宋）黎靖德：《朱子语类》，北京：中华书局1986年版，第2637页。
④ （宋）黎靖德：《朱子语类》，北京：中华书局1986年版，第2636页。

得者，是正统之余。"① 前者如秦，初不得正统，秦始皇并天下后方得正统；如隋，灭陈后方得正统。后者如蜀汉、如东晋都是"正统之余"。除了以上两种情况外，还有一种"无统"，"如三国南北朝五代，皆天下分裂，不能相君臣，皆不得正统"。② 可见，朱熹判别王朝正统的基点就是国家是否统一、政权是否归一。③

王记录对朱熹的评述是精到的，他在评述朱熹的基础上，进一步揭示了朱熹对习凿齿"越魏继汉论"即"大一统论"有着创造性的发挥：

其一，对司马光不敢"继汉"、不敢倡导大一统进行了有力的批判。司马光、朱熹同在赵宋王朝为臣，而朱熹敢于直批司马光，亦可视为有"遗直"之遗风。

其二，重新肯定了秦王朝亦属大一统王朝。习凿齿出于崇"仁"、崇"德"，或是他当时所见到的史书，均未能充分注重秦始皇"大一统"之功。也许是他或当时的著史者皆对秦始皇"焚书坑儒"深恶痛绝而将秦归于战国，这显然是有失偏颇的，朱熹对秦王朝一统之功予以充分肯定，是对习凿齿"大一统论"事例的一大补充。

其三，明确地将"正统"即"大一统"政权分类，将"蜀汉""东晋"划定为"正统之余"。既是"正统之余"，则恢复"正统"乃是君王、群臣之天职和奋斗之目标。"蜀汉"既是"正统之余"，则司马氏灭蜀汉才算取得了继正统的合法地位，既是"正统之余"，编写历史就不能不用其纪年，这实质上是对习凿齿的"晋宜越魏汉论"理由最为通俗的解说。

其四，将"越魏继汉论"即"大一统论"作出了更明确的界定。此前，欧阳修对"大一统论"有过引证、解说，他在其《正统论》中云："《传》曰：'君子大居正。'又曰：'王者大一统。'正者，所以正天下之不正也；统者，所以合天下之不一也。……夫居天下之正，合天下于一，斯正统矣。"而朱熹对"越魏继汉论"即"大一统论"的界定，则更为明确、直接，这就是"国家是否一统""政权是否归一"，国家要统一、政权

---

① （宋）黎靖德：《朱子语类》，北京：中华书局1986年版，第2636页。
② （宋）黎靖德：《朱子语类》，北京：中华书局1986年版，第2636页。
③ 王记录：《理学与朱熹的史学思想》，《上饶师范学院学报》2007年第1期，第35页。

要归一，对任何一位统治者和其助手们来说，如若不像刘备初始时那样勤政爱民，如若不具有诸葛亮那样为大一统而"鞠躬尽瘁，死而后已"的精神的话，就难以做到"政权归一""国家一统"。

纵观中华五千年文明史，国家不能统一，不就是这两大因素造成的吗？朱熹对"越魏继汉论"的这一界定，从某种意义上说，不仅是对司马光"帝魏寇蜀汉"的批判，同时也是对南宋小朝廷偏安江南的指摘。

朱熹对习凿齿"越魏继汉论"即"大一统论"的接受、界定与阐释，已注入每个优秀中华儿女的心灵深处。特别是后来的《三国演义》以蜀汉为正统去争全国大一统那种"鞠躬尽瘁，死而后已"所展现的精神，不能说不对尔后元、明、清持续的大一统产生过深远影响！

克罗齐说，"一切历史都是当代史"。从以史观今、以史喻今和接受学的角度来看，人们往往将历史事实，结合现实进行解读，并被赋予当代情怀、精神的各种现象来说，此论实为确论。

习凿齿的"越魏继汉论"即"大一统论"，尤其是自朱熹而后，历经代代名贤的解读与世人的接受，又给其注入新的深邃内涵，让它显现出无穷的活力，使"大一统论"的爱国精神光昭日月、熠熠生辉。自鸦片战争至新中国成立，中华民族虽饱受多个帝国主义列强的侵略与奴役，但用爱国精神凝聚起来的中华民族在强敌面前从未屈服。中华民族英雄辈出，仁人志士灿若群星，中华民族是任何力量也征服不了的！以往的悲壮惊天动地泣鬼神，现在的成就举世瞩目齐惊叹！

人们常说，古埃及、古巴比伦、古印度、古希腊、古罗马文明乃至玛雅文明，都是人类伟大的文明，但这些文明均先后中断了，唯有中华文明延续至今且长盛不衰。其中最根本的原因，就是中华民族那"鞠躬尽瘁，死而后已"的一统精神深入人心。试想，国家不统一、政权不归一，遑论辉煌灿烂的中华文明之传承！

综上所述可知，如果说"七贤"们留下的是魏晋风度的隔代回响的话，那么习凿齿在其时的名士中，以其难得的清醒面对世俗陈见，奉献给后世的则是黄金般耀眼的光芒。

正是那耀眼的光芒在向中华儿女昭示："中华民族是一个。"① 我国各民族团结进步是中华民族生命之所在、力量之所在、希望之所在，绝不容许任何败类或敌对势力从事分裂活动！

（6）凿齿"立异议"，"无不是凿齿"。

人们将习凿齿的"越魏继汉论"这一原创性学术成果与国家政治、民族命运紧密结合起来，给历代学者、政治家、军事家以深刻影响。永瑢、纪昀等在《四库全书总目提要》中将这一影响总其大成，高度地作了概括：

晋陈寿撰……《魏志》三十卷、《蜀志》十五卷、《吴志》二十卷。其书以魏为正统，至习凿齿作《汉晋春秋》，始立异议。自朱子以来，无不是凿齿而非寿。

"无不是凿齿而非寿"已成经典之语，可以说它是人人盼明君、盼仁德之君、盼诸葛亮式的忠臣、贤臣，痛恨曹操式、司马氏式奸佞心态最为凝练的总括，是千百年来大一统精神最为精准的语言表达。

（7）落籍白梅村，正史有明载。

习凿齿晚年落籍江西新余白梅的史料，不下于十种，而有的人则是以所谓非"正史"资料否定之。

习凿齿晚年落籍白梅的史料中，有的是高于所谓正史资料的。

什么是正史？所谓正史，严格地说，就是经过皇帝御批之史，如："清代乾隆年间编辑《四库全书》，确定以纪传体史书为正史；并规定凡不经'宸断'（皇帝批准）的不得列入，诏定二十四史为正史。"②

习凿齿晚年落籍白梅之事，通过疏奏等形式，可以说是向皇上报告过的，其时是有皇上御批可查的。

一是落籍白梅事隔1 000余年之后，明代宗朱祁钰对习凿齿落籍白梅之事有过御批：

---

① 顾颉刚语，即中华民族是经过长期民族融合的一个统一体，参见罗新慧：《顾颉刚先生对古代民族融合的考察》，《史学史研究》2011年第2期。

② 《辞海》，上海：上海辞书出版社1979年版，第3121页。

习嘉言于明代宗景泰二年（1451年）请求为他的始祖习凿齿墓田免税的《请恩宠祀疏》中说："臣有始祖习凿齿于东晋时出守荥阳，忠贞存心，耿介矢念。……（从略：前已录）。"奉旨："依议钦此。"

（李木子《新余风物录》，新余市博物馆1988年编印，第135页。又，校于《梅田习氏族谱·习嘉言〈疏〉》）

由此疏可知：习凿齿暮年遁隐江西新余白梅，这是千真万确的事实。因为没有公认的史实为依据，仅为了一点儿"墓田"就去造假，这说不通，习嘉言是不敢冒诛灭九族之险去欺骗代宗皇帝的。况且在明正统十四年（1449年）十一月，习嘉言还曾向景泰皇帝上书痛陈时弊，没隔两年又去要墓田，他要是没有以事实为依据而向后来权倾朝野的严嵩的老家要墓田，只要严嵩父子一句话，就会让家族招致诛灭九族之祸。像这样的御批，当为确凿信史。

二是事隔1300余年后，乾隆皇帝钦定《四库全书》（成书于1782年），其中有文章涉及习凿齿晚年落籍白梅事，可以说，这亦为正史所首肯的：

新余于唐属袁州，白梅习氏相传为东晋习凿齿之后，盖其里有凿齿祠，分宜之枣木山有凿齿墓，墓去白梅十余里，万载书堂山乃凿齿授徒处，旧有书堂，后因以为祠，其迹可考如此，见石门梁先生所作清高宗谱序中。……则虽百世有耀也（从略，前已录）。

（钦定《四库全书·集部·别集类·明洪武至崇祯·抑庵文集·后集卷十五》）

王直之序，历经明清的历史风云300余年，将习凿齿落籍江西新余白梅这样"此时来居而史不及载"的历史事实，终入正史。

三是笔者在前面就把《晋书·习凿齿传》中的内容论证清楚了：习凿齿自公元379年离开长安，30余年后临终上书，说明习凿齿卒年为公元412年。《晋书·习凿齿传》也明载习凿齿离开长安后30余年才上书，习凿齿所撰《襄阳耆旧记》所记朱序死于公元393年，与《晋书·朱序传》

完全吻合。

　　四是官修《大明一统志》《大清一统志》等皇家志书均明载，习凿齿因避苻秦之难而落籍江西新余白梅，这是不争的事实。

　　（8）凿齿遗风在，世代子嗣贤。

　　在《习氏族谱》中，为其谱作序者，无不称颂习凿齿的"越魏继汉论"。而其子孙向皇帝上书，亦"报告"是论并得到皇帝的首肯，"大一统论"不仅让族众自豪，亦被社会所广泛接受。

　　在《习氏族谱》中，无不附有习凿齿的"越魏继汉论"，表现出习氏子孙具有强烈的家族荣誉感。此论在称赞晋朝完成了统一全国的伟业的同时，指出了晋宜继汉而不应该尊魏，此论的题目就是反分裂的。其具体理由是：魏是割据者，灭魏只是统一了北方而已！从这个角度看，继魏的道理确实不足。而扫平一直致力于恢复全国统一的蜀汉，继而灭亡吴国，实质上才算是继承了大汉的统一事业。

　　自从习凿齿携妻、子定居白梅后，子孙绵延，益久益昌，且良好的家教、族风，形成了优良的习氏传统，"凿齿之风"得到了发扬光大，后裔人才辈出，不乏社会的栋梁之材，有的则是肩挑国家、民族希望的栋梁。

　　从二十六世起，后世子孙以白梅为起点，枝蔓式地逐渐向外扩散。目前尚无法准确统计，除白梅之外，还有多少个凿齿后裔的村庄，更无法计算其人口。只知省内就有十四五个县（区、市）有源自白梅的习氏村庄。

　　"人之祖先犹木之本，水之源，入祠思敬，过墓思哀，春秋享祀，永世勿忘。"[1] 叶落兮归根，故里兮牵魂！每年清明节，各地习氏代表都不约而同地聚集白梅，同往枣木山为始祖扫墓，念始迁祖之恩泽、认祖归宗、祈福未来。人数多则上万，最少也不下两百。认宗收族崇始祖，道德文章励后昆。

　　习凿齿的人品学问及其对中国历史、文化的贡献，已成为其后人的骄傲，以此孕育了以诗书继世、忠厚传家的"凿齿情结"。在这难分难解的情结中，一个"大白梅"概念悄然形成。

　　1996 年，湖南省桃江县鸬鹚渡习家代表为新修族谱，经由吉安寻根到

---

　　① 苏东来：《成都东山客家地区民间信仰特点简析》，《成都大学学报》2012 年第 1 期，第64 页。

白梅。经对照族谱，确认鸬鹚渡习家两千余人均是凿齿后裔。

2006 年，白梅九修族谱（与渝水区八个习氏村及上高土桥习氏合修），借来峡江湖洲、新干等地的族谱参照。经考对，湖洲、新干从一世到二十八世的谱牒世系与白梅族谱完全相同。凿齿三十一世孙习有毅由白梅徙居湖洲，为湖洲始祖。湖洲始祖的后裔亦有子孙不断向外迁徙繁衍，其中有习思敬一支最为繁盛。据《习仲勋传》载，思敬于明洪武二年（1369 年）徙居河南邓县。[①] 其后世子孙永盛后再徙居于陕西富平。（白梅村委会《白梅习氏合修族谱·总序》，2006 年刊本。注：白梅族谱将"永盛"写作"永生"，而其他世系人名全同）如是，邓州习营村、富平习氏均为凿齿后裔。

又，据 2012 年 10 月 26 日习家店习氏族谱编修委员会、习家店习氏第十四世孙习长国撰《习家店习氏渊源考》载："历史进入到了东晋，习郁的后裔、文学家、官至荥阳（今郑州）太守的习凿齿（字彦威，号半山），因前秦国王苻坚破襄阳后，屡以书征不仕，凿齿正直自处，不肯从召，遂携妻儿从襄阳到江西万载县书堂山隐居，后迁居新喻白梅（今江西省新余市欧里镇白梅村），至此，习凿齿便在那里繁衍生息，成为江西新余市习氏始祖。北宋宝元元年（1038 年），习凿齿后裔习有毅任江西吉州刺史，北宋庆历五年（1045 年）卸任后，便在古石阳县址安家建院，繁衍生息，成为湖洲花门楼（今江西省省峡江县水边镇湖洲村）习氏始祖。南宋绍兴三年（1133 年），习有毅第五世孙习文德，博古好诗，游淦城，路见塘头山水秀丽，风景迷人，遂卜居塘头，成为临江府新淦县塘头（今江西吉安市新干县金川镇塘头习家村）习氏始祖。明洪武初，因战乱和灾荒，习思敬由江西省临江府新淦县迁徙至河南邓州，成为邓州堰子里习营（今邓州市十林镇习营村）习氏始祖。清光绪八年（1882 年），因河南南阳一带战乱灾荒，习思敬第十五世孙习永盛携妻儿从邓州逃荒至陕西富平县丹村乡中和村，成为富平县习家庄习氏始祖。关于习家店的始祖问题，需要说明的是，由于习氏没有全面系统地修编家谱，中间断代较多，很多问题无从查证，加之 1966 年'文化大革命'，文物破坏较多，当时均县第三中学校址就在习家店上街头，学生们砸碑文、烧家谱、破四旧、立四新，习家店

---

① 《习仲勋传》编委会：《习仲勋传》，北京：中央文献出版社 2008 年版，第 5 页。

许多碑文及卧龙岗、火星庙、泰山庙等处许多文物均荡然无存。因此，在得到陕西镇安习良玉保存的习氏族谱证实之前，虽经多方努力、四处奔访，习家店习氏始祖到底是谁、什么时候到的习家店、叫什么名字这些问题都无从得知，有的说叫习天爵，有的说叫到山祖宗，但一无资料可查，二无碑文可考，实在难以调查清楚，仅有几个方面的情况可供参考：一是现已查明在思敬公坟西南方向约20米处确有一座均州坟；二是习家店习皓等老人口传，清朝时河南邓州习家曾经过来续过家谱；三是习家店习氏祠堂后面到山祖宗的坟（官坟），为什么和邓州思敬公的坟那么相像，都是一个圆形大土包子；四是习家店又是邓州、淅川人到武当山朝爷的必经之路等。综合多方面的情况分析，习家店习氏从邓州习营迁过来做生意而留居于此的可能性是很大的。因此，编委会始终抱着科学的态度，存查存疑，继续寻找文字根据。直到2012年3月3日，习长国、习明玉等到陕西省镇安县永安镇王家坪考证时，才从习良玉保存的家谱中得到了定论。在习良玉保存的1931年邓州十林街习氏族人习所传所写的谱序中有明确记载：予族原籍江西省临江府新淦县花楼门也，明时习思敬迁居河南邓县堰子里居焉。其先家谱明启祯年间失去至清乾隆五年（1740年），有习融公之后商公者，因子孙繁衍，枝节分析，重修家谱，以联络之。自习思敬以下六辈失去，八世以下分代详悉，而门分之远近仍无考焉。八世习栋、习融居住东老营，十世习馥住西营，八世天爵迁居均州习家店，天性迁居十林街，习赐迁居禹山里石门限。八世习兴之孙习恺迁居汤河里，习珍迁居十东门外……文中清楚记载了习思敬第八世（现以碑文考定为第六世）孙习天爵迁居均州习家店。证实了习家店习氏始祖的确是习天爵，的确是从邓州习营迁过来的，的确是思敬公的后裔。"习长国先生所考，与笔者所掌握的资料无异，笔者以为是可信的。

2008年清明节，萍乡市湘东区习家湾代表一行八人，认祖到白梅，并为始祖扫墓，回村后即筹修族谱。因老谱在"文革"中被毁，即全面普查家族人口世系。获知原为国民党军队上海军用机场机械师、本族习国昌，1949年随国民党军队败退到台湾后，子孙繁昌，已形成有三十多口人的大家族。其长子习润德生前供职于美商海陆运输公司，为企业高管。

2008年清明节后编印出了《白梅习氏家族通讯录》，其中有分宜县塘

西村书记习勇斌、峡江县湖洲村主任习国平、新淦县塘头村书记习海儿和前任书记建华、宜春市新坊东云村的习文华、吉水县八都习家村书记习文峰、上高县田心镇科溪习家的习秋生、萍乡市湘东区习家湾的习明德等各地代表七十余人。

此外，近年还不断有来自四面八方的、以各种方式寻根问祖到白梅的习氏子孙，这让人知晓，凿齿后裔还散居在省外很多地方。

习凿齿后裔，在国内事业有成者、著作等身者、德业辉煌者为数众多，此不赘述。

习凿齿后裔，在海外求学、创业、发展者，也大有人在。据笔者所知，现定居于美国加州的习笑梅博士，就是习凿齿第五十二代后裔。习博士已有三十余项科研成果获美国专利，以资深科学家身份加盟一家美国公司后，开发超级电极材料达到当前同行业的世界领先水平。其子习党骐（五十三世）曾于 2005 年响应老师的倡议，归国寻根到新余。此外，他还专程到仙女湖名人岛拜谒习凿齿塑像，并摄影留念。

曾胸怀"济天下"的"四海习凿齿"最终壮志未酬。现在正逢盛世，他数以万计的后裔已遍布四海，在各自的岗位上兢兢业业、奋发进取，为国家强盛、民族振兴、人民幸福、人类进步而不懈努力！

（9）古今论"正统"，人数过两百。

习凿齿虽已逝世 1 600 余年，但其身名永不朽灭，特别是他提出的"晋宜越魏继汉论"，可以说历代最高统治者、名臣及学者们无不高度关注，可谓影响甚巨且影响至今。

房玄龄眼光高远，在主持编辑《晋书·习凿齿传》时，首次将是论全文辑入该传之中。

有必要说明的是："大一统论"及"正统"一说，习凿齿之前早已有之。但习凿齿在当时特殊的社会背景之下，针对十分特殊的人物和社会现象提出"越魏继汉论"，这引起了统治者和学者们的高度重视。就拿"正统论"而言，论者众多。据陈福康先生统计：古代及民国时期直接撰文论"正统"的学者人数近200。① 如果将当今涉及评述"正统论"的学者计算

---

① 参见陈福康：《读饶宗颐先生〈国史上之正统论〉》，《上海大学学报》2014 年第 4 期，第 134～140 页。

进去，人数超过 200 当毫无问题。由此可见"越魏继汉论"的影响之深远。

但笔者以为，出于多种历史原因，前贤们将"越魏继汉论"解读为"正统论"，这是不恰当的。因为，这两者是有区别的，笔者在是书中姑且仍之。"越魏继汉论"的内涵不能等同于后人所说的"正统论"。一旦资料备全，再行申论。

第四章 习凿齿后人传承

一、明代习嘉言

（一）《白梅习氏合修族谱·习嘉言新传》写作缘起

自习凿齿徙居江西新余白梅以来，习凿齿也将在襄阳时的习氏家风族风带到了白梅且发扬光大，自此形成的"凿齿之风"为白梅习氏开创了新风。具体是：习氏宗族富盛，少有志气，博学多闻，以文章著称在白梅继承之；以耕读为本，经史传家，历代文风昌盛发扬之；为官爱民重德忠烈之志光大之。

查自凿齿之后，白梅习氏人文蔚起、簪缨迭出，经久不衰，素有金马流芳、翰苑世家之称。自凿齿之子辟强之后，历刘宋、萧齐、萧梁、陈、隋、唐、五代十国、宋、元、明，至有清一朝，由白梅走出去的习氏后人，在朝廷或地方为官者不在少数，而以习嘉言的官最大，他"历事五朝，精忠显白，屡有建明，溢而为文，浑厚详赡，渢渢乎雅颂之音，诚足以鸣。国家之盛矣！一时扬芳中外，咸为青宫得人"①。在他身上所展现的"凿齿之风"也最为显著。

习嘉言是有明一代官至正三品、辅导太子，并被皇帝亲书为嘉议大夫的一个较为出色的政治人物、书法家、著作家和诗词歌赋皆有文名的诗人，然而明史居然无传。只是在《梅田习氏族谱》留有景泰四年（1453年）三月一日，国子监祭酒泰和萧镃撰写的《詹事习公传》。然其时谱不公开，其传只是族中不多的人知道而已，况且传中传主的事迹多所遗漏。既然如此，那理所当然地在《中国人名大辞典》中也只有几句关于习嘉言生年不详的极其简单的话语而已，而谭正璧先生于1934年在光明书局出版

---

① 参见李龄撰《詹事府詹事习公先生招辞并序》。

的《中国文学家大辞典·习经条》也极其简略，且多有错误。该条云："习经（约公元1424年前后在世）字嘉言，号寅清居士，自号寻乐翁，新余人。生卒年不详，约明成祖永乐末前后在世。永乐十六年（公元1418年）举进士第。以试《黄鹦鹉赋》称旨，擢授编修。官终詹事府詹事。经文结构有法，诗工七言长句。有《寻乐集》二十卷（《四库全书总目提要》），行于世。"

笔者所见的其他一些辞书，均无习嘉言的词条。清朝进士黄之晋于道光二十八年（1848年），在其《重刻习寻乐先生文集序》中称："寻乐先生当时（直雄按：'当时'应为'在'）明成祖时，与吉水周功叙，并以试《黄鹦鹉赋》称旨擢官，词垣历三十余载，与修《三朝实录》暨《经世大典》与《君臣故事》诸书，与《汉晋春秋》之作，祖武孙绳，后先相望。"实为确评！

笔者览有关习嘉言的履历与著作，其人传承了"习凿齿忠烈重德的刚正不阿之风"，在其位勤其政，对家国作出了应有的贡献。

如果说习凿齿因正直耿介而遭际逆境，但仍然坚守正直自处的高尚情操、砥砺气节，且临终不忘向皇帝敬奉"大一统"理论的话，那么习嘉言则是一帆风顺地在朝廷、皇帝的身边为官，但他并不因此而失操守，而是接力"凿齿之风"续写新章：他官越大越正直敢为、壮志不坠、老而弥坚，可以说是有"苟利国家生死以，岂因祸福避趋之"的胆略。这是"凿齿之风"使然，也是传承、光大"凿齿之风"的典型。

再是梳理习嘉言的事迹，不仅可以改正现有词条之简陋错误，有的地方亦可补明代史事之阙，有其文史价值。

三是今人李木子的《习凿齿流寓殁葬新余说与习嘉言〈六事疏〉》（见李木子著，新余市博物馆编印：《新余风物录》）中，多有错漏。如开篇就说："习凿齿是东晋襄阳人，习嘉言是明初新余人，一在今湖北，一在今江西，两人时隔一千多年，住地相距几千里，是风马牛不相及也，怎么把他俩拉到一起来呢？这说得有些道理。但考虑两人都姓习，后者又承认前者是自己始祖……为了说明某些问题方便，便勉强拉在一起了。"是风马牛不相及吗？是勉强拉在一起吗？习嘉言是习凿齿后裔没有道理吗？前文多已详论，在此不赘。

此外，史实亦有不当之处，如称："习嘉言的《六事疏》，就是在英宗狼狈回到京城的情况下写的。"〔否！正统十四年（1449年）十一月上《六事疏》。景泰元年（1450年）八月英宗返京〕基于此，有必要为其作传，以正其误。

笔者参考了清人张廷玉等撰的《明史》，张习孔、田珏主编的《中国历史大事编年》，蔡东藩撰的《中国历史通俗演义》（这不是无根据的小说。正如该套丛书的"出版说明"中所言："蔡东藩治学严谨，务实求真，诚如他自己所说：'以正史为经，务求确凿；以轶闻为纬，不尚虚诬。'"正因为蔡东藩《中国历史通俗演义》这一鸿篇巨制，在史料上始终坚持"以正史为经，务求确凿；以轶闻为纬，不尚虚诬"的原则，反对"凭空捏造，诬古欺今"瞒天过海的荒唐手法，[1] 所以笔者有选择地参考乃至引用）这三部著作。此外还参考了多种版本的"习氏族谱"。特别是谱中所载当时名宦的文章。如，明代光禄大夫、柱国少师、工部尚书兼谨身殿大学士杨荣的《湘潭教谕敕封翰林编修文林郎致仕习君墓碣铭》，太子太保、吏部尚书何文渊的《故嘉议大夫詹事府詹事习公行状》，国子监祭酒萧镃撰写的《詹事习公传》，翰林侍讲经筵官刘俨撰写的《寻乐习先生文集序》，詹事府府丞李龄的《詹事府詹事习公先生招辞并序》，翰林学士经筵官兼修国史柯潜撰写的《寻乐习先生文集序》等资料，撰成《习嘉言新传》，以补明史之阙如。

（二）《白梅习氏合修族谱·习嘉言新传》

习嘉言，生于明洪武戊辰（1388年）五月十四日，卒于明景泰三年（1452年）九月七日，享年64岁。名经，以字行，号寅清居士，晚自号寻乐翁。江西临江府新喻白梅（今江西省新余市孔目江生态经济区欧里镇白梅村）人，是有明一代显要的政治人物。

习嘉言的始迁祖是习凿齿。习凿齿为东晋荣阳太守，著《汉晋春秋》，性情忠直耿介，不从苻坚征召，遂自公元379年初由湖北襄阳首迁江西万载，授徒设教。后人慕其名节，改俨田为书堂山。约一年后，徙居江西新余白梅。世代为望族。

---

① 见黄飞英、黄建东：《近代著名史学家蔡东藩》，《团结报》，2008年4月8日。

习凿齿三十世孙习贵达，是为太祖，宋乡贡进士，号梅胭。高祖允亨，曾祖父汉舟，祖父均泰，虽有大才却不仕朝廷，而以仁厚著称于乡里。父亲习怀恭"积行忠厚，能赴人难，且喜解忿。乡邑称先生长者。……为人温厚方正。……姚黄氏有懿行……吴氏……贤淑为闺门所称……"①。

习怀恭终日专于经典，被荐任广东南雄郡学训导，历湖南浏阳、平江训导，任期十年后升任湖南湘潭教谕。

在这样一个忠厚仁慈的书香之家，习嘉言受到了良好的家庭熏陶，立志"致君泽民，以伸素志"②。当在孩童之时，诵读属对，闻名乡里，稍长之年，工诗歌，每有命题，下笔立就，为人"沈毅庄靖"，于书无所不读。授课先生与长者们无不赞誉有加！

明永乐十三年（1415年），族侄习侃（字刚如）举进士第。嘉言闻之，慨然奋起曰："我可以落后耶！"遂从其伯父"国子学录"怀清学习《诗经》。不久便到湘潭侍其父改学《春秋》。日夜刻苦自励。

永乐十五年（1417年），赴湖广乡试，获举人第一名。十六年会试中进士。初为翰林院庶吉士。不久便预修《天下郡志》。

永乐十八年（1420年），云南守臣向永乐皇帝朱棣进献"黄鹦鹉"。永乐皇帝有意试一试宫中15位庶吉士的才华，便命他们作《黄鹦鹉赋》，中选者六人皆可受职。习嘉言名列前茅，即授编修，参与修撰《通鉴直解》。

洪熙元年（1425年）春正月元夕，明仁宗朱高炽赐君臣观灯于万岁山，山上有殿亭计七所，统系金碧辉煌、阂丽异常。嘉言进《观灯赋》。仁宗读后为之赞叹。这年四月，即敕封其父为"翰林编修文林郎"，封其母吴氏为"孺人"，封其妻黄氏为"孺人"。

宣德丙午元年（1426年），习嘉言参与修撰《太宗、仁宗两朝实录》及《君臣故事》。这年九月，胡虏寇边，宣宗即亲自率师剿平之。嘉言在兴奋之余，敬献《平胡颂》。

是年12月15日丑时父怀恭卒，嘉言回家丁父忧。宣宗此次平胡，当

---

① 参见《梅田习氏族谱·先考湘潭教谕敕封翰林院编修文林郎致仕府君行状》。
② 参见《梅田习氏族谱·先考湘潭教谕敕封翰林院编修文林郎致仕府君行状》。

是兀良哈寇众入侵。此事史未及载。由习嘉言《平胡颂》的作年以及明代杨荣的《湘潭教谕敕封翰林编修文林郎致仕习君墓碣铭》，何文渊撰写的《故嘉议大夫詹事府詹事习公行状》，萧镃撰写的《詹事习公传》，刘俨撰写的《寻乐习先生文集序》，李龄撰写的《詹事府詹事习公先生招辞并序》，柯潜撰写的《寻乐习先生文集序》，习嘉言在宣德二年所撰写的《先考湘潭儒学教谕敕封翰林院编修文林郎致仕府君行状》等资料，推断宣宗朱瞻基于宣德元年九月巡边击败胡虏的进犯。此事在《明史·宣宗》等典籍中俱不见载，当可补史载之阙如。

《明史·宣宗》载：（1428 年，宣宗朱瞻基巡边，于）"九月辛亥，次石门驿。兀良哈寇会州，帝帅精卒三千人往击之。乙卯，出喜峰口，击寇于宽河。帝亲射其前锋，殪三人，两翼军并发大破之。寇望见黄龙旗，下马罗拜请降，皆生缚之，斩渠酋。甲子，班师。癸酉，至自喜峰口。"宣宗即亲自率师剿平之。此次平胡，嘉言在家丁父忧。故曰："1426 年宣德平胡可补史载之阙。"

宣德六年（1431 年），尽孝期满，回朝任事。

宣德九年（1434 年）升为"修撰"。

宣德十年（1435 年）乙卯正月，宣宗死于乾清宫，年仅 38 岁。宣宗幼即为成祖所钟爱，并立为皇太孙，巡幸征讨皆在左右。其父仁宗（朱高炽）在东宫时为谗言所害，失爱于成祖，危而复安亦得力于皇太孙（朱瞻基）。宣宗在位，委政于"三杨"（杨士奇、杨荣、杨溥），吏称其职，政得其平，仓庾充羡，大有治平之象。

是年，太子朱祁镇即位，是为英宗睿皇帝，年仅九岁，1436 年丙辰改元为"正统"。当此之时，嘉言参与修撰《宣德实录》，任经筵侍讲，升侍讲官，英宗朱祁镇赐会子、宝券之类的纸币与镶以白金的华丽丝织物为奖赏，并赐宴于礼部。

正统三年（1438 年），《宣宗实录》修成，朱祁镇又赐嘉言镶金的成套衣服和银币，同时赐游万岁山。

正统三年（1438 年）十月二十九日嘉言母死。

正统四年（1439 年）十二月二十一日出葬，嘉言丁母忧。

正统七年（1442 年）尽孝期满回朝。

正统八年（1443 年）即参与修《五伦书》。

正统九年（1444 年），杨士奇、杨荣相继病卒，杨溥年老。是年夏，大旱。习嘉言奉朱祁镇之命，前往东岳泰山祈祷，嘉言事敬诚恳，祈祷一完，天即喜降大雨，为民沾灌，嘉言即写下《代祀灵应之碣》，凡是他所经历之处，皆赋诗纪其行。

正统十年（1445 年），朱祁镇任命习嘉言为会试考官。

正统十二年（1447 年），朱祁镇任命其为"京闱乡试"的主考官。嘉言鉴别人才公正、为官廉明。这年十月，朱祁镇赐其"古今书籍"，以示奖赏。

元朝灭亡之后，蒙古贵族退至蒙古草原及东北各地，经朱元璋讨伐，分为兀良哈部、鞑靼部、瓦剌部。

正统十四年（1449 年）七月，瓦剌部也先统一了蒙古三部，之后即大举犯边，守将失利、边塞陷没。这年八月，朱祁镇在其宠信宦官王振的挟持下御驾亲征，于土木堡（今河北怀来东南）兵败被俘。该月二十四日，正当英宗为也先所虏，有的大臣主张逃往南京、家国危亡之际，习嘉言仗义挺身，主张与也先决一死战，追回英宗。

有铁肩道义，方有妙手文章。习嘉言慨然挥笔上《诏求直言疏》（即《尊主安民事》）。痛斥太监王振专权误国，疏中所陈，皆当时急务。

正统十四年（1449 年）十一月，当此家国危难之际，嘉言针对明朝以往的教训与时弊上《六事疏》，是向最高统治者提供救亡图存的医治药方（以下专论，此不赘），代宗朱祁钰嘉奖并采纳之。

朱祁镇之弟朱祁钰正式即位后，是为景泰元年（1450 年）。其时京城危急，也先指挥部队攻德胜门、安定门、西直门各门。朱祁钰很是看重忠直的习嘉言，赐其镶有白金的华丽丝织物，并升其为太常少卿，同时命其守阜成门。习嘉言遵命坚守，不负皇帝所望，阜成门固若金汤。

景泰二年（1451 年）十月，上书《请颁恩赐祭田》，以永崇始祖习凿齿家庙，实则重申凿齿之"大一统论"，可谓用心良苦。疏刚上，即获恩准。

景帝朱祁钰考察习嘉言是"谨厚有德量、端重之臣"，于景泰三年（1452 年）四月，皇太子朱见深正位东宫之际，将嘉言晋升为"詹事府詹事"，请其掌统府、坊、局之政事，以辅导太子，并赐之以镶有白金的华

丽丝织品若干，与此同时，按例给其父母妻子以封赠。

景泰三年（1452 年），嘉言自这一年秋天不幸染病，久治无效。然而他仍然起居如常不误政事。于九月七日不幸寿终任所。景帝下发文书，指派礼部侍郎兼詹事府少詹事萨琦专理丧事。先妻黄氏早卒，封赠"孺人"；继妻张氏，封赠"恭人"。有子习褒、习襄。有一女，嫁与城东章良邵。有孙男四人，名寯、实、敝、敏。孙女二人，长孙女嫁黎球心。

嘉言为人沉稳娴静、平和而宽宏大量。在家能敦孝友人之行，待人接物有谦让之节。于书无所不读。上自经史百家，下逮阴阳、医卜、天文、地理，亦皆旁通。为文典雅庄重，出人意外地令人喜读。其诗尤其雄浑含蓄，有盛唐之风。更兼书法工于楷书与草书，书风姿态劲美，有晋人的风度品位。故四方求诗求书者几无虚日，多到难以应酬的地步。平生著有《漫稿》《垣西稿》《寻乐集》二十卷，藏于家。

他曾在自己的老屋之东修建房屋一间，题匾曰"东坡草堂"，以为日后退休藏书、读书、习书之所。

习嘉言为官三十余年，操履严明、守正不阿，举止没有什么过失，一生际遇可谓荣幸也！故病亡之日，朝廷的官宦士大夫们，街巷的士人与普通百姓们，均涕零相吊，皆有丧善人、义士之叹！

讣告说：天子下旨祭祀，着令治理建祠造坟，供给舟船以方便归葬故里。命其子习襄在大学就读，等待选用。

景泰五年（1454 年），习襄扶柩南还，于九月二十二日归葬白梅故里。

二、习嘉言的仕途及其对忠烈重德家风的光大

（一）才华横溢仕途顺

由《习嘉言传》可知，他的仕途可谓一帆风顺，虽身历五朝、为官三十余年，却异常顺利，何也？皆因其"操履平正，举无玷缺，始终遭际，可谓荣也"！[①]

他于永乐十五年（1417 年）年仅 29 岁便一举在湖广乡试中获举人第

[①] 参见《梅田习氏族谱·赐进士第荣禄大夫、少傅兼太子大保吏部尚书何文渊〈故嘉议大夫詹事府詹事习公行状〉》。

一名。30 岁会试中进士。初为翰林庶吉士。仕途起步即进入明政府的中央机关；永乐十八年（1420 年），32 岁授编修；宣德九年（1434 年），46 岁升任为修撰；1436 年丙辰改元为正统，48 岁任经筵侍讲，升侍讲官；正统十年（1445 年），57 岁被朱祁镇任命为会试考官；正统十二年（1447 年），59 岁被朱祁镇任命为京闱乡试的主考官；景泰元年（1450 年），62 岁升任太常少卿，并进中宪大夫；景泰三年（1452 年）四月，皇太子朱见深正位东宫之际，64 岁的习嘉言晋为詹事府詹事，执掌詹事府、坊、局之政事，以辅导太子，此时他已是朝廷的重臣。

（二）"立朝谔谔"社稷臣

习嘉言的先祖习凿齿的仕途，是由顺利到坎坷，最终不改忠烈重德之志，而习嘉言的仕途一直是顺畅的。他为官 34 年，主要是在皇宫中，且大多数时间是在皇帝的身边，官至辅导太子的詹事，可谓皇帝的近臣、重臣。

然而，他是一个忠烈重德为社稷的重臣。他为官一世，可以说是将其先祖习凿齿那种忠烈重德的家风族风，发挥到了极致。具体表现如下：

习嘉言为官能做到"操履平正，举无玷缺"，从习嘉言的疏陈背景来看，他不光是"操履平正，举无玷缺"，在国家命运危难之际，显现了他具有"立朝谔谔"社稷臣的道德风范。

何谓"立朝谔谔"？"谔谔者"，直言争辩之貌也！就是遇事识大体，敢作敢为敢言，能忧国忧民，知无不言，言无不尽。

典籍为我们记录了这些"立朝谔谔"朝臣的作用和形象。《韩诗外传》有云："有谔谔争臣者，其国昌；有默默谀臣者，其国亡。"故又云："众人之唯唯，不如一士之谔谔。"《史记·商君列传》中云："千人之诺诺，不如一士之谔谔。"《晋书·傅玄传论》有云："抗辞正色，补阙弼违，谔谔当朝，不忝其职者矣。"自从习嘉言来到皇帝身边，先事永乐皇帝，这是一个与其父朱元璋一样强悍有为的皇帝，交趾、倭寇、蒙古瓦剌各部、诸地封王等皆难以兴风作浪，国家相对安定。

事仁宗朝，仁宗当国仅一年，革除不少弊政，施行不少仁政，重用"三杨"（江西泰和杨士奇号西杨；湖北南郡杨溥号南杨；福建建安杨荣号

东杨。并称"三杨",皆四朝元老),国家相安无事。

至宣宗朝,宣宗为政亦多有建树,信任"三杨",吏称其职,政得其平,仓庾充羡,国家呈一片繁荣景象。

俗云:"疾风知劲草,国乱见忠臣。"宣德十年(1435 年)正月,宣宗死,英宗即位。其亲信内臣(即宦官、太监之类的近臣。王振实为太监)王振掌司礼监后,更加狐假虎威、招权纳贿、陷害朝臣、弄权当朝,遂专横跋扈。当此之时,杨荣年老、杨溥多疾,诸大臣自杨士奇以下皆依违莫能制。

正统七年(1442 年),王振盗毁洪武中置于宫门、铸有"内臣不得干预政事"之三尺铁碑。当此之时,蒙古瓦剌部日强、倭寇浙东、水旱蝗灾时至,义军轰然四起,王振专权日甚一日,"三杨"相继谢世,正直忠臣多被王振陷害入狱。

正统十四年(1449 年)七月,王振挟持英宗亲征瓦剌,八月,土木堡一战,号称五十万的明军,在几万瓦剌军的攻击下,分崩离析,数十万官兵死于非命,英宗为也先所俘。消息传来,宫廷顿时鼎沸,众官彷徨,京师危急,人心惶惶。

当此之时,侍讲徐珵"火上浇油",主张弃京师南下至南京。习嘉言挺身而出,于八月二十日以《尊主安民事》一文上书景泰皇帝,这就是有名的《诏求直言疏》。在这短短 411 个字的奏疏中,习嘉言大义凛然地提出由朱祁钰当国的正义性,时人不得有异想;要敢于直言国事,要举贤用能;在痛斥王振的同时,指出英宗亲征的正义性,时人不得非议;要忠孝两全,仗义出师,直捣也先大营,追回英宗,以雪国耻。此疏"皆当时急务"[1]。这对于激励人心、稳定时局,起到了很好的作用。故而"天子即位陞升其为太常少卿,赐白金文绮"[2]。

在也先挟持英宗索去大量金银文绮后又直逼京师,攻打德胜门、安定门、西直门之际,习嘉言于正统十四年(1449 年)九月二十日,受景帝之命据守阜成门。由于习嘉言的严防死守,阜成门未被攻破!

---

① 参见《梅田习氏族谱·赐进士第荣禄大夫、少傅兼太子大保吏部尚书何文渊〈故嘉议大夫詹事府詹事习公行状〉》。
② 参见《梅田习氏族谱·赐进士第荣禄大夫、少傅兼太子大保吏部尚书何文渊〈故嘉议大夫詹事府詹事习公行状〉》。

这年十一月，习嘉言深感朝事日非，乃上《六事疏》，以六事警帝。景泰二年（1451 年）二月，又上《请恩宠祀疏》，借要"祭田"之机，向景帝重申始祖习凿齿的"大一统论"，真可谓用心良苦！

在英宗即将复辟、朝臣各怀心思，国内外矛盾重重之际，习嘉言重申习凿齿的"大一统论"，这正是他践行先祖们的忠烈重德之训，是一个忠君爱民之官。

三、习嘉言的著作及其贡献

习嘉言是文章家、诗家兼书法家。惜其书法作品一件不存。对于文字工作，他自读书之始，就为文不少。时人称习嘉言："书无所不读，上自经传子史百氏，下至阴阳医卜天文地理之说，横竖勾贯为文章，宏博演迤若无际涯，而于诗尤长清肆娴雅可喜。当时求者接踵于户，而公（指习嘉言）应之，恒有余然。"[①]

又称："诗尤雄浑涵蓄，驰骋盛唐。四方求者无虚日，靡不酬应。书兼工真草，有晋人风致。"[②] 现据《梅田习氏族谱》等相关典籍予以梳理，他的主要著作大致如下：

（一）参编著作有多部

习嘉言在朝之时与人合著的著作计有：《经义论策》《天下郡志》《通鉴直解》《太宗、仁宗两朝实录》《君臣故事》《宣宗实录》《五伦书》等。

（二）独立著作亦有多部

习嘉言的独立著作计有：《漫稿》《垣西稿》《寻乐集》。然《漫稿》《垣西稿》不存。其《寻乐集》中包含下述内容（下述内容中的诗文体例多在习氏族谱中出现，除常见的"诗"之外，笔者均作简要诠释）：

诗，为人们所常见的体式较为全面，总计四百六十一首。其中四言古

---

① 参见《梅田习氏族谱·赐进士出身资善大夫、太子少师兼户部右侍郎翰林学士知制诰兼经筵官前国子祭酒萧镃〈詹事习公传〉》。

② 参见《梅田习氏族谱·赐进士第荣禄大夫、少傅兼太子大保吏部尚书何文渊〈故嘉议大夫詹事府詹事习公行状〉》。

诗（计三首）；五言古诗（计四十六首）；七言古诗（计五十七首）；五言律诗（计四首）；七言律诗（计二百五十首）；五言绝句（计三十六首）；七言绝句（计六十五首）。

　　赋，是介于诗、文之间但更近于诗体的边缘文体。习嘉言的赋作总计七篇，分别是：《皇都大一统赋》《上元观灯应制赋》《瑞应甘露赋》《癸丑元夕赐观灯赋》《黄鹦鹉赋应制》《瑞应麒麟赋》《万木图赋》。

　　疏，这里的"疏"，不是通常所说的对注文的引申与解说，而是指"奏疏"或"奏议"，是臣子向君王陈述自己对事情的意见与看法的一种文体。习嘉言的疏计有三篇，分别是：《疏陈尊主安民事》（即《诏求直言疏》）、《六事疏》、《请恩宠祀疏》。

　　赞，是旧时的一种文体，其内容是用来称赞人物的。习嘉言作赞计三篇，分别是：《御制为善阴骘书赞并序》《刑部尚书魏源像赞》《侍读周君功叙像赞》。

　　颂，也是诗的一种。早在《诗经》中就有《风》《大雅》《小雅》《颂》四篇列其首位。它是贵族在家庙中祭祀鬼神、赞美治者功德的一种乐曲，在演奏时要配以舞蹈。作为古代的一种文体，一般是用来歌功颂德的，后泛指一切赞美、歌颂的诗文。习嘉言为颂计三篇，分别是：《瑞应景星颂》《瑞应甘露颂》《平胡颂》。

　　序，即"序言"，为文章之引，是一篇之始，是写在正文之前的文章，起到引入正题的作用。一般是用以说明文章的创作主旨或文章的写作背景及经过，或介绍、评论本书内容。习嘉言为序计五十一篇，主要有为友人诗作的序；送友人赴任的送别序；赠友人之序；为友人诗文集作的序；贺友人之序。

　　记，作为一种文体，在六朝时展现其生命力，自唐而宋，其内容不断拓展，形式不断固定，至明清更加成熟。可用之于叙事、写景、状物、抒情、寄志等。习嘉言作记计一十五篇，多是亭记、堂记、庙记、寺记、楼记、轩记等。如《奉旨代祀灵应记》，是记载其代皇帝到东岳泰山求雨时大获成功的一种事记。

　　铭，即"铭文"。作为古代的一种文体，多散见于青铜器、墓碑、石、室等载体上，用以称功德或申鉴戒，内容多简短且雅俗共赏。习嘉言为铭

计一篇。

箴，其本意是劝告、劝诫。但它作为古代的一种文体，多以告诫、规劝为主。习嘉言为箴计一篇。

跋，也写作"后序""后叙""后题"，到了宋代就称为跋。它是写在文章或书籍正文后面的短文，主旨是用来说明写作经过、资料来源及其他与成书有关的情况，诸如心得、意见、考证等。习嘉言作跋计有十篇。

说，计一篇。

传，计一篇。

祭文，是为祭奠死者而写的哀悼性文辞，也是祭祀的祭品之一。它是在死者灵前诵读的感情真挚、悲哀沉痛的文辞，抑或是在死者周年时发表的悼念文辞。古时的祭文，范围广泛，可用于祭天、祭地、祭鬼、祭神、祭人、祭物……习嘉言的四篇祭文，主要用来表达对亡亲故友的哀念之情。

行状，行指行迹，状指本来状貌，是死者的门生故旧主动或应邀记述死者生前行事的一种实用性文体。习嘉言作行状计二篇。

墓表，犹墓碑。其竖于墓前或墓道内，是用以表彰死者的文辞。习嘉言作墓表计三篇。

墓志铭，是一种悼念性的文体，也是历史悠久的文化表现形式。墓志铭多是由志和铭两部分组成，亦有只有志或只有铭的。志一般以散文方式撰写，简述死者的姓名、籍贯、生平事略；铭用韵文总括全篇，评价死者一生。有的是死者生前写的，有的是别人写的。习嘉言作有墓志铭四篇。

杂著，明人徐师曾（1517—1580 年）在其《文体明辨序说》有言："按杂著者，词人所著之杂文也；以其随事命名，不落体格，故谓之杂著。"杂著或评古议今，或评政论教，灵活自由。虽名曰"杂"，然实本乎义理，发乎性情，行文以理为主。杂著古已有之，刘勰《文心雕龙》著有《杂文篇》。此类文章，习嘉言作有六篇。

（三）《六事疏》的贡献与影响

因习嘉言的《漫稿》《垣西稿》不存，唯见其《寻乐集》。该集为其子福建兴化府同知习襄所编。其文结构颇为得法，诗中的七言长句清婉，

后学李东阳（1447—1516年）与之颇似，也许是李东阳从中汲取了营养。然笔者览手头所掌握之习嘉言诗文等方面的资料，以为贡献最大者，当是其政论《六事疏》。

有鉴于此，笔者据白梅习氏在清光绪年间所修《梅田习氏族谱·六事疏》及《寻乐集·六事疏》予以标点、校注、翻译及对其意义予以评析，以供人们参考借鉴。

《六事疏》原文的标点、校注（选择字体的大小，力争尽合原文之意，均以正楷表示之；空缺处以"□"表示之，原作者凡在"陛下""天"等前面均空格，大概是对所要表述的"对象"以示敬意，故如此为之！为保留"疏"之原貌，故笔者以"□"为之）。

1.《六事疏》的原文标点

正统十四年十一月□□□日，大常寺卿臣习嘉言，谨题为政要事：臣窃惟在昔帝王中兴者，必奋大有为之志，以成大有为之功，使天下后世称为中兴令主。若周之宣王，汉之孝宣、光武是矣！今历考所为，惟躬理庶政、信任忠良、惠安群黎、制伏夷狄而已，奚有他术也？伏惟□皇帝陛下□天纵圣德、出类拔萃。当危难之秋，嗣登大宝，方将大有为于今日。而以中兴之志自奋，中兴之业自勉，中兴之令主自期矣！顾念目前之事，可为痛哭流涕者：重以不共戴天之仇尤可痛恨也，实由太监王振久逞欺奸专擅威福，致迷误于□大上皇帝万乘轻出，遂被虏寇遮留，蒙尘北狩，彼虏犹是恣肆，妄启觊觎。假送还□圣驾之名，入犯京城，震惊□祖宗陵寝、荼毒生灵弥旬而后引去。其不共戴天之仇，固臣子所不忍言者。□天地神祇，实所共怒。祖宗在天之灵，宁不为愤恨？惟今之计，须以复仇为先务。寝食不安、昼夜不遑，转图追回□圣驾，以雪万世之耻而后可也！然复仇之策，莫先于修武事，以恭行天讨；简文职，以要结人心，又莫先于亲群臣，以重乎臣道；而后得以总揽权纲，振举庶政其要，又莫先于□陛下求之身心，务践实德，忧勤惕励以奉□上天，以慰□圣母皇太后，兼笃亲之义，俾中外协和，天人感通而后得以申复仇之志。此志一申，则大有为之功由此可成，隆平之治由此可望，中兴之令主由此可媲美。庶足慰□祖宗在天之灵以延长国祚万年之久！臣不揣愚陋，谨具列六条如左，冒干

□天威，伏乞□陛下宽铁钺之诛，少垂□睿览，万幸！万幸！臣无任恐悚战慄之至，谨具以闻：

一曰："奉天道。"□天鉴在上，有德可亲。故《书》言："钦若昊天。"《诗》言："昭事上帝。"其或垂戒昭示国家者，欲俾反躬自修，以召祯祥也！比年以来，南京则大风拔木于孝陵，回禄肆灾于三殿；北京则雷震殿门鸱吻，灾毁仓廪者数次，天象观变，尤为不一。河决山崩、水旱相仍。伏望□陛下究心于此，恒怀敬惧，饬德勤政，渐回天意，庶使转祸为福，以绵昌运。

二曰："崇人道。"夫人道莫先于孝悌慈爱，推之足以化成天下。昔虞舜恭己南面成乎至治者，亦为推本于此。伏惟□陛下昔在王府，于□圣母皇太后不及每日侍奉，今朝夕得以问安，备殚孝诚。且□太上皇帝未还，讵能割不忍之爱，无劳远怀。伏望□陛下侍奉之际，惓惓以追回□圣驾为言。□东宫幼冲，尤宜不时遣人看问，厚加慈爱。是又可以宽慰□圣母而得其欢心。至于宗室亲疏，俱须笃亲亲之道荐隆恩意，以厚本支，以资藩屏。使孝悌慈爱之实于内外，讵不足以感动臣庶，以济追回□圣驾之举！

三曰："隆君道。"人君以一心抚驭万方，必得其要，而后克臻治化。伏望□陛下如帝舜之明，四目达四聪，以天下臣民之耳目为视听。凡章奏之至，躬自省览，可行与否，断自宸衷。此即格物致知之事。为缉熙圣学之大端。久则自然纯熟，发必当理，仁义之泽，由是而行。自兹以往，尤宜开启。□经筵俾儒臣讲说经史，以求帝王为治之方，古今治否盛衰之由，以广心术。如此，则君道隆，足以副大有为之志。

四曰："重臣道。"天地相交而后万物通，君臣相交而后治功成，自然之理也！今之庶事分掌于六部都察院等衙门，不能归一。惟朝廷总揽权纲，可以周知其由，使彼相资成功，不至偏胜。臣前任叨居翰林。自永乐、洪熙、宣德年间伏睹□列圣每日朝退坐于门上，听各官密切言事，叩其心腹，商榷审当，方从施行。不惟事无漏泄，尤足致君臣相与亲厚之情爱。及正统，此典不举，遂致危难于今兹。伏望□陛下如永乐旧例，朝退仍听各官于门上密切言事，商榷施行。凡事有与各司相资者，命五六大臣同内阁儒臣及文臣端谨有学识者通行商榷，使不偏胜，条陈具奏处置或召至便殿，面听处分，尤为切当。如此，则人得尽忠，政无不举。

五曰："简文职。"方面郡县长贰，专为民牧所系俱重，今奉诏书内一拟节方面郡守，仍依宣德年间令，在京三品以上官举保，此固时措之宜。然必侯员缺数多，半年方得一举，不无妨误办理。今后既保举外遇有一二员缺。但是，方面官郡守及京官九年考满无人保举者，听吏部具奏例升二级，或不次升用，即令赴任管事。庶免听选淹滞亦以息造请奔竞之风。其监生出身者，吏部旧于入选之时，出考行移或榜论一道，即定高下授以一官，未免才否难辨。今后须用论策，榜判刑名，各色行移杂试六七次，严加考校，通计高下。如有几人可任知州、府同知，几人可任知县、通判、推官。止凭所考才能多少除授，不可拘定员缺，庶几才称于位。尤宜申明前令，俾各处巡抚、巡按官员同布按三司正官考察、问解。如考察之后，仍有前项不堪官员在任，有人举发，其原先考察官员俱应坐以失职、故纵之罪，庶使各有所警。官得其人，善加抚字，而人心以安。

六曰："修武事。"武事所关，信为重矣！要在选将士、练士卒、备兵器、严号令而后可以言战守。苟或将不得人，则与无将同；士卒无法操练，则与不教之民同；兵器不备而与战如空手以搏虎；号令不严而与阵如群羊之奔野。此皆今之积弊。盖自古今名将，如韩信未必由勋旧以兴，岳飞乃特自徒步而起，方兹为策。乞□敕令在京在外大小群臣，各举所知，不拘中外武官员并为事，充军为民及军民之中或智略出众，或臂力异常，或善论兵法，或武艺过人者，不皆限员，名奏付兵部考试，随其才能大小，除有官者外，或量与一职，或别置戎伍，多收广蓄，中间岂无堪任将帅之人？其士卒操练自有良法，如神铳之制。永乐年间，以牌刀弓箭两人相夹在前抵挡敌人。蔽障铳手，壮其心胆使详审端正而后发。故发无不中。今反列于牌刀弓箭之前，无所障蔽，见敌则惧怕，仓皇随手以发，何由取中？及马步等项，皆有良法，今后须用彼先操练。老手从新教训，庶使战守得济。其兵器造作，盔甲为难。造甲除钉穿之外，每甲叶一副，须用工匠三十日。宜令南北二京官司，叩定铁匠三十人。一日可造甲叶一副，三千人一日可造百副。至于盔与枪刀，亦可计日责成，庶得目下济急。他若号令之出，必须严明此则，委之主将，时加申饬操纵，庶俾战守毋误。信能如是，则复仇之师可举，中兴之功可成。而□朝廷之奠安可冀矣！伏望：圣明留意，不胜幸甚！

2.《六事疏》的原文校注

正统十四年十一月□□□日，大常寺卿臣习嘉言，谨题为政要事：臣窃惟在昔帝王中兴者，必奋大有为之志，以成大有为之功，使天下后世称为中兴令主。若周之宣王，汉之孝宣、光武是矣！今历考所为，惟躬理庶政、信任忠良、惠安群黎、制伏夷狄而已，奚有他术也？伏惟□皇帝陛下□天纵圣德、出类拔萃。当危难之秋，嗣登大宝，方将大有为于今日。而以中兴之志自奋，中兴之业自勉，中兴之令主自期矣！顾念目前之事，可为痛哭流涕者：重以不共戴天之仇尤可痛恨也，实由太监王振久逞欺奸专擅威福，致迷误于□大上皇帝万乘轻出，遂被虏寇遮留，蒙尘北狩，彼虏犹是恣肆，妄启觊觎。假送还□圣驾之名，入犯京城，震惊□祖宗陵寝、荼毒生灵弥旬而后引去。其不共戴天之仇，固臣子所不忍言者。□天地神祇，实所共怒。祖宗在天之灵，宁不为愤恨？惟今之计，须以复仇为先务。寝食不安、昼夜不遑，转图追回□圣驾，以雪万世之耻而后可也！然复仇之策，莫先于修武事，以恭行天讨；简文职，以要结人心，又莫先于亲群臣，以重乎臣道；而后得以总揽权纲，振举庶政其要，又莫先于□陛下求之身心，务践实德，忧勤惕励以奉□上天，以慰□圣母皇太后，兼笃亲之义，俾中外协和，天人感通而后得以申复仇之志。此志一申，则大有为之功由此可成，隆平之治由此可望，中兴之令主由此可媲美。庶足慰□祖宗在天之灵以延长国祚万年之久！臣不揣愚陋，谨具列六条如左，冒干□天威，伏乞□陛下宽铁钺之诛，少垂□睿览，万幸！万幸！臣无任恐悚战栗之至，谨具以闻：

正统十四年十一月□□□日，即明正统十四年（1449 年）十一月□□□日。

大常寺，即太常寺，是掌管礼仪事务的机构。太常寺卿，属九卿之一，是太常寺长官。

谨题，是表示谦敬之意的常用语。

为政要事，即重要的事情。明·沈德符《野获编补遗·历法·算学》："算学亦书数中要事，而于钩稽钱谷，尤为吃紧。"

180

臣窃惟，即自己思量认为之意。

中兴，即指中途转衰为盛之意。

令主，指贤德的君主。

周之宣王，即周宣王（？—前 782 年），姬姓，名静，一作靖，周厉王之子，西周第十一代君主，前 827 年至前 782 年在位。周宣王继位后，政治上任用召穆公、尹吉甫、仲山甫等一帮贤臣辅佐朝政；军事上借助诸侯之力，任用南仲、召穆公、尹吉甫、方叔陆续讨伐猃狁、西戎、淮夷、徐国和楚国，使西周的国力得到短暂恢复，史称"宣王中兴"。

汉之孝宣，即孝宣皇帝刘询，生于武帝征和二年（前 91 年），原名刘病已。汉武帝和卫子夫的曾孙，戾太子刘据和史良娣之孙，史皇孙刘进和王翁须的儿子。由于刘询幼年遭遇变故，长期生活在民间，因此对百姓的疾苦和吏治得失有所了解，这对他的施政有直接影响。他在位期间，励精图治，任用贤能，贤相循吏辈出。他很注重减轻人民负担，恢复和发展农业生产。并重视吏治，认为治国之道应以"霸道""王道"杂治，反对专任儒术。在对外关系上，刘询于本始二年（前 72 年）曾联合乌孙打击匈奴，后趁匈奴内部分裂之机，与呼韩邪单于建立友好关系，使边境逐步宁息。神爵二年（前 60 年），在乌垒城（今新疆轮台东北）设立西域都护府，监护西域诸城郭国，使天山南北这一广袤地区正式归属于西汉中央政权，具有划时代的重大意义。宣帝刘询雄才大略，文治武功彪炳史册，为中华民族的繁荣作出了巨大贡献。史称"宣帝中兴"。

光武，即刘秀，是东汉的开国皇帝，谥号"光武"。他领导春陵等义军，扫灭新莽，绍续汉业，成功地实现了"光武中兴"。他以"柔道"治天下，采取一系列措施，恢复、发展社会生产，缓和西汉末年以来的社会危机。施行了释放奴婢、恢复西汉较轻的田税制、简政减吏、遣散地方军队、排斥三公等政策。在他当政的中后期乃至明帝时期，出现了一个"马放牧，邑门不闭""四夷宾服，家给人足，政教清明"的稳定和谐的社会局面。

躬理，即亲身、亲自处理。

庶政，即各种政务。

群黎，即万民、百姓也。《诗·小雅·天保》："群黎百姓，遍为尔

德。"郑玄笺："黎，众也。群众百姓。"

夷狄，东方部族古称为夷，北方部族古称为狄。泛称除华夏族以外的各族。

奚有，哪里有之意。

伏惟，亦作"伏维"。是下对上的敬辞，多出现于奏疏或信函。谓念及，想到。汉·扬雄《剧秦美新》："臣伏惟陛下以至圣之德，龙兴登庸……为天下主。"

天纵圣德，指上天所赋予的至高无上的道德。

危难之秋，事指"土木堡之变"。这次大败影响深远，成为明王朝由强盛进入衰弱的一大转折点。

大宝，即皇帝之位。《周易·系辞下》："天地之大德曰生，圣人之大宝曰位。"

遮留，拦阻扣留之意。

蒙尘，即蒙受风尘，是指美好的事物蒙上了灰尘的意思。暗指皇帝被俘、皇权受到了损害。

北狩，皇帝被掳到北方去的一种委婉说法。

恣肆，放纵而无所顾忌。

觊觎，即指非分的希望或企图。

假送还□圣驾之名，入犯京城，震惊□祖宗陵寝、荼毒生灵，事指也先攻北京难入，"遂纵兵大掠，焚三陵殿寝祭器，自麾劲骑攻德胜门。"（见蔡东藩《中国历史通俗演义》卷五。）

弥旬，即指满十天。南朝梁·何逊《和刘谘议守风》："弥旬苦凌乱，揆景候阡陌。"

神祇，"神"指天神，"祇"指地神，"神祇"是神的泛指。

转图，即辗转图谋之意。

天讨，秉承天意而进行惩治、征伐。

臣道，即为臣的道理和本分。

惕励，亦即惕厉，即谨慎、激励。语出《易·乾》："君子终日乾乾，夕惕若厉，无咎。"《旧唐书·文苑传下·刘蕡》："任贤惕厉，宵衣旰食，诅追三五之逸轨，庶绍祖宗之鸿绪。"

圣母皇太后，当指其生母贤妃吴氏，其时为皇太后。

笃亲，即笃爱亲属。《资治通鉴·齐武帝永明五年》："（高允）笃亲念故，无所遗弃。"清·侯方域《明东平州太守常氏墓志铭》："司徒自笃亲，我自守己。"

天人感通，指天象和人事之间一方的行为感动对方，从而导致相应的反应。这里当指内部和谐一致。

隆平，即昌盛太平。

天威，即帝王的威严。

铁钺，类似于斧的兵器之一。

少垂，略微伸手之意。

睿览，即圣鉴、御览。唐·钱起《盖地图赋》："广竖亥之退步，资重华之睿览。"

无任，意为不胜。

战慄，惶惧不安，激动得颤抖。

一曰："奉天道。"□天鉴在上，有德可亲。故《书》言："钦若昊天。"《诗》言："昭事上帝。"其或垂戒昭示国家者，欲俾反躬自修，以召祯祥也！比年以来，南京则大风拔木于孝陵，回禄肆灾于三殿；北京则雷震殿门鸱吻，灾毁仓廪者数次，天象观变，尤为不一。河决山崩、水旱相仍。伏望□陛下究心于此，恒怀敬惧，饬德勤政，渐回天意，庶使转祸为福，以绵昌运。

奉天道，即奉行天道。所谓"天道"，也就是不可抗拒也不可改变的自然规律。

天鉴，本为"盛天下之理，鉴世间之事"。这里的"天"有指景帝的意思。

钦若昊天，典出《书·尧典》，其中有"乃命羲和，钦若昊天，历象日月星辰，敬授人时"句。

昭事上帝，典出《诗·大雅·大明》："昭事上帝，聿怀多福。"高亨注："昭，借为劭。《说文》：'劭，勉也。'此句言文王勤勉侍奉上帝。"

垂戒，亦作垂诫。意为垂示警戒，留给后人训诫。

祯祥，即吉祥与幸福。

比年，即近年之意。《三国志·魏志·钟会传》："比年以来，曾无宁岁。"

回禄，传说中的火神。《左传·昭公十八年》："禳火于玄冥、回禄。"杜预注："玄冥，水神；回禄，火神。"

鸱吻，相传是龙的九子之一。我国古代建筑屋脊正脊两端的一种装饰物。

究心，即专心研究。宋·周密《癸辛杂识后集·误书庙讳》："县尉不究心职事，至于格目亦忘署名，可见无状。"

恒怀敬惧，即总是谨慎小心。《墨子·尚贤上》："故当是时，虽在于厚禄尊位之臣，莫不敬惧而施。"

天意，即上天的意旨。《墨子·天志上》："顺天意者，兼相爱，交相利，必得赏。反天意者，别相恶，交相贼，必得罚。"《汉书·礼乐志》："王者承天意以从事，故务德教而省刑罚。"

昌运，即兴隆的国运。南朝宋·颜延之《拜陵庙作》诗："敕躬惭积素，复与昌运并。"

二曰："崇人道。"夫人道莫先于孝悌慈爱，推之足以化成天下。昔虞舜恭己南面成乎至治者，亦为推本于此。伏惟□陛下昔在王府，于□圣母皇太后不及每日侍奉，今朝夕得以问安，备殚孝诚。且□太上皇帝未还，讵能割不忍之爱，无劳远怀。伏望□陛下侍奉之际，惓惓以追回□圣驾为言。□东宫幼冲，尤宜不时遣人看问，厚加慈爱。是又可以宽慰□圣母而得其欢心。至于宗室亲疏，俱须笃亲亲之道荐隆恩意，以厚本支，以资藩屏。使孝悌慈爱之实于内外，讵不足以感动臣庶，以济追回□圣驾之举！

崇人道，尊崇、推崇人道。人道，是中国古代哲学中与"天道"相对的概念。一般指人事、为人之道或社会规范。这里主要是指为人之道，要求人们遵循道德规范。《易·系辞下》："有天道焉，有人道焉。"

孝悌，我国重要的传统道德规范之一。孝，指对父母还报的爱；悌，

指兄弟姊妹的友爱，也包括和朋友之间的友爱。

化成，是指教化成功。《易·恒》："圣人久于其道，而天下化成。"

天下，古时多指我国范围内的全部土地；天下即全国。《史记·五帝本纪》："天下有不顺者，黄帝从而征之，平者去之，披山通道，未尝宁居。"

虞舜恭己，虞舜恭己的典故很多。《尚书》云："德自舜明。"《史记·五帝本纪》载："天下明德皆自虞帝始。"这里说的虞舜，是上古五帝之一，也是中华民族的人文始祖之一。依据《尚书》《史记》等相关典籍，虞舜为人处世、治国理政，皆以德为先导，以和谐为依归，一生追求和合、和平、和谐，其和谐之道的典故众多。因品德高尚，能以德服人，虞舜后来被尧选定为部落首领。而虞舜代尧行"天子"事后，更注重以德化民，勤政爱民，以求协和天下。

南面，古代以坐南为尊位。故天子、诸侯见群臣，或卿大夫见僚属，皆面南而坐。帝位坐北朝南，故代称帝位。《易·说卦》中云："圣人南面而听天下。"

太上皇帝，明正统十四年（1449年）八月，皇太后命宣宗次子、英宗之弟郕王朱祁钰监国，代总国政。尔后，英宗被尊为太上皇。

讵，岂的意思。

远怀，即远大的抱负。唐·张九龄《登郡城南楼》："远怀不我同，孤兴与谁悉。"

伏望，表示希望的敬辞。多用于下对上。宋·王禹偁《滁州谢上表》："伏望陛下，思直木先伐之义，考众恶必察之言。"

惓惓，意为深切思念、念念不忘。宋·王安石《奉酬许承权》："三秋不见每惓惓，握手山林复怅然。"

圣驾为言，当为誓言之意。

东宫，古时除正房外，东为大。皇宫也是如此，皇上居正殿，太子地位仅次于皇上，应居东宫，所以把东宫作为太子的代称。

幼冲，谓年龄幼小。《书·大诰》："洪惟我幼冲人，嗣无疆大历服。"《汉书·循吏传序》："孝昭幼冲，霍光秉政。"

本支，亦作"本枝"。是指同一家族的嫡系和庶出子孙。《汉书·韦玄

成传》："子孙本支，陈锡无疆。"

藩屏，屏障。语本《诗·大雅·板》："价人维藩，大师维垣，大邦维屏，大宗维翰。"

臣庶，犹臣民。《书·大禹谟》："惟兹臣庶，罔或干予（预）正。"《后汉书·爰延传》："位临臣庶，威重四海。"

以济，有益、有助之意。《左传·桓公十一年》："莫敖曰：'盍请济师于王。'"

三曰："隆君道。"人君以一心抚驭万方，必得其要，而后克臻治化。伏望□陛下如帝舜之明，四目达四聪，以天下臣民之耳目为视听。凡章奏之至，躬自省览，可行与否，断自宸衷。此即格物致知之事。为缉熙圣学之大端。久则自然纯熟，发必当理，仁义之泽，由是而行。自兹以往，尤宜开启。□经筵俾儒臣讲说经史，以求帝王为治之方，古今治否盛衰之由，以广心术。如此，则君道隆，足以副大有为之志。

隆君，兴盛君道，君道即封建帝王治国的基本理念与统治权术，其核心内容是儒家所倡导的"仁政""仁义"原则。这为历代帝王所重视，因为它关系着国家的安定与王朝的巩固。在中国历史上，对君道发挥最好的当属唐代贞观年间的君臣。他们同心协力，共同开创了辉煌的"贞观之治"。

抚驭，即安抚控制。北周·庾信《周柱国大将军长孙俭神道碑》："公善于抚驭，长于接引，山薮无弃，苞苴不行。"

克臻，即能达到。明·刘若愚《酌中志·逆贤羽翼纪略》："（马谦）诚区画安详，任劳任怨，祁寒暑雨，未之少懈，不四五年，克臻厥成。"

四聪，即有能观察四方的眼睛，有能远闻四方的听觉。《书·舜典》："询于四岳，辟四门，明四目，达四聪。"聪明是说耳聪目明、视听灵敏。《管子·内业》曰："耳目聪明，四肢坚固。"亦指视听、闻见。《书·皋陶谟》曰："天聪明，自我民聪明。"孔颖达疏曰："天之所闻见，用民之所闻见也。"《辞源》对聪明的解释是："聪，聪觉，《易》曰：'闻言不信，聪不明也。'"聪觉灵敏。《荀子·劝学》曰："目不能两视而明，耳不能两听而聪。"聪明，有才智。南朝梁·江淹《江文通集》二《伤友人赋》曰："峻调迥韵，惠志聪情。"

省览，即审阅、观览之意。《汉书·盖宽饶传》："狂夫之言，圣人择焉。唯裁省览。"南朝陈·徐陵《与李那书》："循环省览，用忘饥渴。"

宸衷，即帝王的心意。南朝梁·沈约《瑞石像铭》："泛彼辽碣，瑞我国东，有符皇德，乃眷宸衷，就言鹫室，栖诚梵宫。"《旧唐书·杨发传》："礼之疑者，决在宸衷。"

格物致知，有两层意思。一是推究事物之理。《礼记·大学》："致知在格物，物格而后知至。"二是纠正人的行为。《三国志·魏志·和洽传》："俭素过中，自以处身则可，以此节格物，所失或多。"唐·刘禹锡《天平军节度使厅壁记》："示菲约以裕人，信赏罚以格物。"

缉熙，《诗·大雅·文王》："穆穆文王，于缉熙敬止。"毛传："缉熙，光明也。"又《周颂·敬之》："日就月将，学有缉熙于光明。"郑玄笺："缉熙，光明也。"后因以"缉熙"指光明，又引申为光辉。《汉书·扬雄传上》："喻于穆之缉熙兮，过《清庙》之雝雝。"南朝梁·刘勰《文心雕龙·时序》："并文明自天，缉熙景祚。"

圣学，乃精学、博学、绝学是也！一般指圣人治学之法、修学之道、成学之径、饱学之意！古之鬼谷、老庄、孔墨皆可谓圣学之大成者也！是故世人尊圣学者为圣人、圣贤！《吾思·圣神贤》诗曰：深思熟思，必有奇思。信师行师，自可名师。圣学博学，方成绝学。知善致善，是为上善。性勿恶，形勿舍。省勿止，神勿折。

大端，指主要的部分、重要的端绪、大概。语出《礼记·礼运》："故欲恶者，心之大端也。"孔颖达疏："端谓头绪。"

泽，是指一个人的功名事业对后代的影响。圣人行仁义教化人、影响人，使其道德本心变得温润，圣人用礼乐能束缚住他们的野性。

经筵，汉唐以来帝王为讲论经史而特设的御前讲席。宋代始称经筵，置讲官以翰林学士或其他官员充任或兼任。宋代以每年二月至端午节、八月至冬至节为讲期，逢单日入侍，轮流讲读。元、明、清三代沿袭此制，而明代尤为重视。除皇帝外，太子出阁后，亦有讲筵之设。清制，经筵讲官，为大臣兼衔，于仲秋仲春之日进讲。

以广心术，就是指皇帝的做法、思想、处理事情的准则和统治天下的手段。

四曰："重臣道。"天地相交而后万物通，君臣相交而后治功成，自然之理也！今之庶事分掌于六部都察院等衙门，不能归一。惟朝廷总揽权纲，可以周知其由，使彼相资成功，不至偏胜。臣前任叨居翰林。自永乐、洪熙、宣德年间伏睹□列圣每日朝退坐于门上，听各官密切言事，叩其心腹，商榷审当，方从施行。不惟事无漏泄，尤足致君臣相与亲厚之情爱。及正统，此典不举，遂致危难于兹。伏望□陛下如永乐旧例，朝退仍听各官于门上密切言事，商榷施行。凡事有与各司相资者，命五六大臣同内阁儒臣及文臣端谨有学识者通行商榷，使不偏胜，条陈具奏处置或召至便殿，面听处分，尤为切当。如此，则人得尽忠，政无不举。

重臣道，就是重视与尊重为臣的道理和本分。《易·坤》："阴虽有美，含之以从王事，弗敢成也。地道也，妻道也，臣道也。地道无成，而代有终也。"《谷梁传·桓公十一年》："死君难，臣道也。"

天地相交，中国古代视一切风水之根本在于天地相交，认为在天成象，在地成形。中国传统的风水理论来源于天体的运动。天地相交是一切风水的根本。

万物通，统指宇宙间的一切事物与众人相往来、相交接。

君臣相交，君王与臣子能相交往、相结交则能相互了解。

庶事，诸事。

六部，即指吏部、户部、礼部、兵部、刑部、工部。

都察院，是明清时期官署名，古代中央政府机构之一，功能属监察机关。

偏胜，即指一方超越另一方而失去平衡。宋·秦观《与乔希圣论黄连书》："今病本于肝而久饵苦药，使心有所偏胜，是所谓以火救火。"清·姚鼐《复鲁絜非书》："偏胜之极，一有一绝无，与夫刚不足为刚，柔不足为柔者，皆不可以言文。"

叨居，谓占据不应有的职位。这里用作自谦之词。

188

翰林，是指皇帝的文学侍从官，翰林院从唐朝起开始设立，始为供职具有艺能人士的机构，但自唐玄宗后演变成了专门起草机密诏制的重要机构，院里任职的人称为翰林学士。明、清改从进士中选拔。翰林学士实际上充当皇帝的顾问，很多宰相都从翰林学士中选拔。

永乐，永乐（1403—1424 年）为明朝第三个皇帝明成祖的年号，共22 年。永乐年间，明朝国势强盛，经济持续发展，史称"永乐盛世"。

洪熙，明仁宗朱高炽（1378—1425 年）的年号，仁宗是明成祖长子，其母为仁孝文皇后。

宣德，明宣宗朱瞻基（1398—1435 年）的年号，明宣宗在文化上的造诣很深，诗文很有文采。他也经过了良好的武备训练，是一位能文能武的明君。

不惟，即不仅、不但的意思。《书·酒诰》："罔敢湎于酒，不惟不敢，亦不暇。"宋·范成大《照田蚕行》："不惟桑贱谷芄芄，仍更苎麻无节菜无虫。"

正统，明英宗朱祁镇在位时的年号。

条陈，即指分条陈述。《汉书·李寻传》："夫变异以来，各应象而至，臣谨条陈所闻。"宋·陈亮《廷对》："凡可以同风俗、清刑罚、成泰和之效者，悉意而条陈之。"

便殿，即正殿以外的别殿，古时帝王休息、消闲之处。

五曰："简文职。"方面郡县长贰，专为民牧所系俱重，今奉诏书内一拟节方面郡守，仍依宣德年间令，在京三品以上官举保，此固时措之宜。然必候员缺数多，半年方得一举，不无妨误办理。今后既保举外遇有一二员缺。但是，方面官郡守及京官九年考满无人保举者，听吏部具奏例升二级，或不次升用，即令赴任管事。庶免听选淹滞亦以息造请奔竞之风。其监生出身者，吏部旧于入选之时，出考行移或榜论一道，即定高下授以一官，未免才否难辨。今后须用论策，榜判刑名，各色行移杂试六七次，严加考校，通计高下。如有几人可任知州、府同知，几人可任知县、通判、推官。止凭所考才能多少除授，不可拘定员缺，庶几才称于位。尤宜申明前令，俾各处巡抚、巡按官员同布按三司正官考察、问解。如考察之后，

仍有前项不堪官员在任，有人举发，其原先考察官员俱应坐以失职、故纵之罪，庶使各有所警。官得其人，善加抚字，而人心以安。

简文职，就是精简文职人员。文职是指文官，相对武职而言。《水浒传》第一百一十八回："原来歙州守御，乃是皇叔大王方垕，是方腊的亲叔叔，与同两员大将，官封文职，共守歙州。"

方面，指一个地方的军政要职或其长官。《后汉书·冯异传》："（异）受任方面，以立微功。"李贤注："谓西方一面专以委之。"唐·王勃《梓州通泉县惠普寺碑》："丹轩紫绂，家传方面之勋；骥子鱼文，地列膏腴之右。"

长贰，是指官的正副职。宋·陆游《老学庵笔记》卷三："宣和中，百司庶府悉有内侍官为承受，实专其事，长贰皆取决焉。"宋·周必大《二老堂诗话·戏举诗对》："长贰每会食，多戏举诗对。"

民牧，旧时谓治理民众的君王或地方长官。《陈书·世祖纪》："朕自居民牧之重，托在王公之上，顾其寡昧，郁于治道。"元·陈高《丁酉岁述怀一百韵》："奉使为民牧，宣威到海旁。"

诏书，是指皇帝布告臣民的文书。出自于《史记·儒林列传》："臣谨案诏书律令下者，明天人分际，通古今之义，文章尔雅，训辞深厚，恩施甚美。"

在京三品以上官举保，语出《英宗睿皇帝实录》卷一百八十三载："今后方面及风宪官、郡守、御史悉依宣德年间令，在京三品以上官，举保任用，不限原任年月深浅，但举才德堪其任者。如或徇私谬举，连坐举主之罪。"

时措之宜，即因时制宜。《礼记·中庸》："成己，仁也；成物，知也；性之德也，合内外之道。故时措之宜也。"郑玄注："时措，言得其时而用也。"孔颖达疏："措犹用也。言至诚者成万物之性，合天地之道，故得时而用之，则无往而不宜。"

侯员缺，官职空缺。

不次，即指不依寻常次序，犹言超擢、破格。《汉书·东方朔传》："武帝初即位，征天下举方正贤良文学材力之士，待以不次之位。"颜师古

注："不拘常次，言超擢也。"

淹滞，谓有才德者而久沦下位。《左传·昭公十四年》："诘奸慝，举淹滞。"杜预注："淹滞，有才德而未叙者。"

造请，即登门晋见。《史记·酷吏列传》："公卿相造请禹，禹终不报谢，务在绝知友宾客之请，孤立行一意而已。"北齐·颜之推《颜氏家训·治家》："邺下风俗，专以妇持门户，争讼曲直，造请逢迎……此乃恒代之遗风乎？"

奔竞，晋·干宝《晋纪总论》："悠悠风尘，皆奔竞之士；列官千百，无让贤之举。"元·秦简夫《东堂老》第二折："我只去利名场往来奔竞，那里也有一日的安宁。"

监生，是国子监学生的简称。国子监是明清两代的最高学府，照规定必须是贡生或荫生才有资格入监读书，所谓荫生即依靠父祖的官位而取得入监资格的官僚子弟，此种监生亦称荫监。监生也可以用钱捐到，这种监生通称例监，亦称捐监。

吏部，是中国古代官署之一。长官称吏部尚书，置吏部侍郎二人。一度改称司列、天官、文部，旋复旧。后代相沿不改。唯宋代使职盛行，吏部职务为审官院、东西铨所掌，吏部尚书亦不治此部事。

行移，即旧时官署签发的通知事项的文件。宋·程大昌《演繁露·制度》："武人多不知书，案牍、法令、书判、行移悉仰胥吏。"明·邵璨《香囊记·治吏》："背律令如背《蒙求》，作行移似作对句。"

榜论，当是一种文告之类的文体。

论策，犹策论。宋代以来各朝常用作科举考试的项目之一。宋·周密《齐东野语·方翥》："昔忝知举，秘监赋重叠用韵，以论策佳，辄为改之，擢置高第。"明·归有光《三途并用议》："今进士之与科贡，皆出学校，皆用试经义论策。"

刑名，这里的刑名，当是主张循名责实、慎赏明罚。

杂试，当是多种多样的考试。

考校，当是仔细查考比较一番。

知州，中国古代官名。宋太祖为了削弱节度使的权力，防止唐、五代时期武人割据的局面重演，规定诸州刺史必须直接向朝廷奏报和接受诏

令，节度使不得干预除所驻州之外（所谓支郡）的政务。后来，逐步派遣京朝官（文臣）接替刺史管理州务，称"权知××州军事"。

同知，明清时期官名。同知为知府的副职，正五品，因事而设，每府设一二人，无定员。同知分掌地方盐、粮、捕盗、江防、海疆、河工、水利以及清理军籍、抚绥民夷等事务，同知办事衙署称"厅"。

知县，官名。秦汉以来县令为一县的主官。唐称佐官代理县令为知县事。宋常派遣朝官为县的长官，管理一县行政，称"知县事"，简称知县，如当地驻有戍兵，并兼兵马都监或监押，兼管军事。元代县的主官改称县尹，明、清以知县为一县的正式长官，正七品，俗称"七品芝麻官"。

通判，中国古代官职之一。官制始于宋朝，明朝时为各府的副职，位于知府、同知之下。在清朝通判也称为"分府"，管辖地为厅，此官职配置于地方建制的京府或府，功能为辅助知府处理公务，分掌粮盐都捕，品级为正六品。通判多半设立在边陲地方，以弥补知府管辖不足之处。清朝灭亡后，该官职废除。

推官，官名。唐朝始置，节度使、观察使、团练使、防御使、采访处置使下皆设一员，位次于判官、掌书记，掌推勾狱讼之事。

除授，即拜官授职。唐·白居易《论孙璹张奉国状》："况今圣政日明，朝纲日举，每命一官一职，人皆侧耳听之。则除授之间，深宜重慎。"宋·王谠《唐语林·政事上》："德宗躬亲庶政，中外除授皆自揽。"

巡抚，官名。我国明清时期地方军政大员之一，又称抚台。巡视各地的军政。清代巡抚主管一省军政、民政。其官职等级相当于现今的省长或省委书记。以"巡行天下，抚军按民"而名。

巡按，唐天宝五年（746年），派官巡按天下风俗黜陟官吏，巡按之名始此。明永乐元年（1403年）后，以一省为一道。派监察御史分赴各道巡视，考察吏治，每年八月出巡，称"巡按御史"，又称"按台"。

布按三司，布按三司是明朝省级行政区中的三个平行的组织，分别为承宣布政使司、都指挥使司、提刑按察使司，其中承宣布政使司掌行政，都指挥使司掌军事，提刑按察使司掌刑狱。明代在地方设这三个官属，以使之分权，不致地方官权力过大。

不堪，即不能承当、不能胜任。《国语·周语上》："众以美物归女，

而何德以堪之，王犹不堪，况尔小丑乎！"《韩非子·难三》："君令不二，除君之恶，惟恐不堪。"

抚字，本意是对百姓的安抚体恤。《北齐书·封隆之传》："隆之素得乡里人情，频为本州，留心抚字，吏民追思，立碑颂德。"宋·陆游《戊申严州劝农文》："虽诚心未格于丰穰，然拙政每存于抚字。"

六曰："修武事。"武事所关，信为重矣！要在选将士、练士卒、备兵器、严号令而后可以言战守。苟或将不得人，则与无将同；士卒无法操练，则与不教之民同；兵器不备而与战如空手以搏虎；号令不严而与阵如群羊之奔野。此皆今之积弊。盖自古今名将，如韩信未必由勋旧以兴，岳飞乃特自徒步而起，方兹为策。乞□敕令在京在外大小群臣，各举所知，不拘中外武官员并为事，充军为民及军民之中或智略出众，或臂力异常，或善论兵法，或武艺过人者，不皆限员，名奏付兵部考试，随其才能大小，除有官者外，或量与一职，或别置戎伍，多收广蓄，中间岂无堪任将帅之人？其士卒操练自有良法，如神铳之制。永乐年间，以牌刀弓箭两人相夹在前抵挡敌人。蔽障铳手，壮其心胆使详审端正而后发。故发无不中。今反列于牌刀弓箭之前，无所障蔽，见敌则惧怕，仓皇随手以发，何由取中？及马步等项，皆有良法，今后须用彼先操练。老手从新教训，庶使战守得济。其兵器造作，盔甲为难。造甲除钉穿之外，每甲叶一副，须用工匠三十日。宜令南北二京官司，叩定铁匠三十人。一日可造甲叶一副，三千人一日可造百副。至于盔与枪刀，亦可计日责成，庶得目下济急。他若号令之出，必须严明此则，委之主将，时加申饬操纵，庶俾战守毋误。信能如是，则复仇之师可举，中兴之功可成。而□朝廷之奠安可冀矣！伏望：圣明留意，不胜幸甚！

修，即整治之意；武事，即与军队或战争有关的事情。《左传·庄公四年》："故临武事，将发大命，而荡王心焉。"《后汉书·臧宫传》："福不再来，时或易失，岂宜固守文德而堕武事乎？"

韩信（？—前196年），淮阴（今江苏淮安）人，西汉开国功臣，官拜楚王、上大将军，中国历史上伟大的军事家、战略家、统帅和军事理论家。

勋旧，是指有功勋的旧臣。《晋书·陈骞传》："帝以其勋旧耆老，礼之甚重。"《新五代史·楚世家·马殷》："殷拊膺大哭曰：'吾荒耄如此，而杀吾勋旧。'"

岳飞（1103—1142年），字鹏举。北宋相州汤阴县永和乡孝悌里（今河南省安阳市汤阴县菜园镇程岗村）人。中国历史上著名的战略家、军事家、抗金名将。南宋中兴四将之首。他坚持抗金，十余年间，率领岳家军同金军进行了大小数百次战斗，所向披靡，位至将相。1142年1月，朝廷以"莫须有"的"谋反"罪名杀害岳飞，葬于西湖畔栖霞岭。

徒步，平民的代称。古时平民出行无车，故称集中营内，多为徒步。《战国策·齐策四》："今夫士之高者乃称匹夫徒步而处农亩，下则鄙野监门间里，士之贱也亦甚矣。"《汉书·公孙弘传》："弘自见为举首，起徒步，数年至宰相封侯。"

敕令，指帝王所发布的命令、法令或立法。简言之，就是帝王下达命令。

为事，即办事、成事之意。马王堆汉墓帛书《战国纵横家书·苏秦谓陈轸》："其为事甚完，便楚，利公。"《韩非子·南面》："人主欲为事，不通其端末，而以明其欲，有为之者，其为不得利。"

戎伍，即行伍、军队。《新唐书·曹华传》："华虽出戎伍，而动必由礼。"明·邵璨《香囊记·授诏》："三千队中，我飞骑偏骁勇，戎伍惯直前锋。"

铳，一种旧式火器，在当时是颇为神奇的，故有神铳之称。

官司，在这里指官府，即指政府的主管部门。晋·葛洪《抱朴子·酒诫》："人有醉者相杀，牧伯因此辄有酒禁，严令重申，官司搜索。"《水浒传》第十五回："吴用道：'偌大去处，终不成官司禁打鱼鲜？'阮小五道：'甚么官司敢来禁打鱼鲜，便是活阎王也禁治不得！'"

叩定，叩的本义是击与敲打。叩定当为敲定之意。

庶得，即庶几可得，差不多可得之意。

信能，即确实能的意思。

奠安，即安定。宋·陈师道《后山谈丛》卷一："一则奠安人心，二则张军势以疑敌谋。"元·郑光祖《伊尹耕莘》第三折："望贤士运神机，

施妙策，指顾三军，保乾坤奠安，解生民涂炭。"

圣明，旧时皇帝的代称。晋·刘琨《劝进表》："或多难以固邦国，或殷忧以启圣明。"唐·李翱《再请停率修寺观钱状》："阁下去年考制策，其论释氏之害于人者，尚列为高等，冀感悟圣明。"

不胜幸甚，表示非常庆幸、幸运与殷切希望之意。《史记·淮阴侯列传》："王曰：'吾为公以为将。'何曰：'虽为将，信必不留。'王曰：'以为大将。'何曰：'幸甚。'于是王欲召信拜之。"唐·韩愈《为韦相公让官表》："况今俊义至多，耆硕咸在，苟以登用，皆逾于臣。伏乞特回所授，以示至公之道，天下幸甚。"

3.《六事疏》的五大影响与贡献

据笔者所知，《六事疏》自收入《寻乐文集》与《梅田习氏族谱》以来，并未见有前贤时俊评论过。其实，这是诸多疏奏文体中一篇颇具价值的疏文。

（1）对景泰皇帝的影响。

这是习嘉言以大明五朝老臣的身份而撰写的疏文，是一篇针对明王朝种种危机及弊病，提出切实可行的解决办法、建议帝王如何从政治国的妙文。是文写于正统十四年（1449 年）十一月的某日，是习嘉言接受景泰皇帝令守卫阜成门之后对国事深感痛切、深怀感触之作，也是他从政三十年的经验总结。故而能够"言论恳切，多所裨益，上嘉纳之"①。

"上嘉纳之"当有具体表现。稽之史籍，不见专载朱祁钰阅了《六事疏》后办了什么事。但是，他在位之年确比其兄有建树。此后不久，习嘉言即呈先祖习凿齿的"越魏继汉论"，要求赐祭田，景帝立即批准。当景泰皇帝的太子正位东宫之时，立即升习嘉言为詹事府詹事，并赐"白金文绮"，同时封赠其母亲与妻子。可见，景泰皇帝对《六事疏》是欣赏与重视的。

景泰皇帝在位的这几年，也确实听取了习嘉言在《六事疏》中的建议，办成了几件大事，如：安定了边境，修筑防洪大堤，任用了贤人，升于谦为兵部尚书。当于谦有疾，即"遣太监兴安、舒良视于谦疾。言官有

① 参见《梅田习氏族谱·赐进士第荣禄大夫、少傅兼太子大保吏部尚书何文渊〈故嘉议大夫詹事府詹事习公行状〉》。

言于谦权柄过重。兴安云：'只说日夜与国家分忧，不要钱，不爱官爵，不问家计，朝廷正要用此等人，可寻一个来换于谦。'众皆默然"①。可见景泰皇帝是能辨忠奸、善用良臣的。

综上可见，《六事疏》对于当政的景泰皇帝，确实起到了很好的作用。

（2）对后世朝臣治国言事，具有很好的借鉴作用。

疏文出乱世，千秋启后人。

据笔者手头资料，所见"六事疏"有二。在习嘉言之后，有丞相张居正的《陈六事疏》颇为著名。

《陈六事疏》是张居正于隆庆二年（1568年）上书皇帝的一份重要的文件，他根据正德、嘉靖两朝以来的官场积弊，从省议论、振纪纲、重诏令、核名实、固邦本、饬武备六个方面提出改革的举措。当时的隆庆皇帝朱载垕看后不甚了了。而景泰皇帝朱祁钰读了习嘉言的《六事疏》后，因其"言论恳切，多所裨益，上嘉纳之"②。景泰帝如此重视此疏，朝臣们理所当然也会重视此疏！

经笔者对比，习嘉言的《六事疏》虽说没有多大"名气"，但其内容的深度、广度及其现实意义，实在张居正的《陈六事疏》之上。笔者据张居正的《陈六事疏》在诸如振纪纲、核名实、饬武备、固邦本、重诏令以及沿用《六事疏》之名等方面蠡测：张居正不仅是读过，当是研究过习氏的《六事疏》的。张居正的《陈六事疏》有一定现实意义，而习嘉言的《六事疏》的现实意义当更为深远。

（3）对导致土木堡之败的祸首王振的"盖棺定论"。

由于《六事疏》得到了景泰帝的重视，这对于后来清理王振党羽、迎还英宗，无疑起到了扫平道路的作用！

惜明代后世诸帝，并未从中吸取教训，1457年正月，英宗复辟即杀于谦，十月便赐王振祭葬，并立祠。"十二月，封太监曹吉祥养子曹钦为昭武伯。曹吉祥以司礼监总督大营，其侄、子皆为都督，门下厮养冒官者多

---

① 参见张习孔、田珏：《中国历史大事编年》（第四卷），北京：北京出版社1997年版，第415页。

② 参见《梅田习氏族谱·赐进士第荣禄大夫、少傅兼太子太保吏部尚书何文渊〈故嘉议大夫詹事府詹事习公行状〉》。

至千百人。"① 从此，时有阉党为害朝纲、削弱明政权的力量。这进一步从反面说明习嘉言对维护洪武时所立"内臣不得干预政事"的作用。

（4）是研究明王朝由勤政到懒政、由盛渐衰的重要文献。

作为亲历永乐、洪熙、宣德、正统、景泰五朝的元老，习嘉言耳闻目睹明王朝由勤政至英宗时的懒政、荒淫。《六事疏》在劝导朱祁钰如何当皇帝时，客观地记录了英宗朱祁镇是如何腐败的事实，除了其懒惰而轻易委政于宦官导致"土木之变"外，习嘉言记下了永乐、洪熙、宣德三帝，即使退朝之后，仍坐于"朝门"，听取散朝之官员们议及朝事，精审所议，而施行之的事实。及正统朝，不见有此勤政之举。由于正统皇帝的懒政，导致南京、北京"肆灾"，国内"河决山崩、水旱相仍"。由于正统皇帝的懒政，不自览章奏，不明国情，"经筵俾儒臣讲说经史"的制度，亦为正统皇帝所停罢……习嘉言所举的这些事实，无不说明，朱祁镇就是一个昏君。好在习嘉言辅佐的朱祁钰朝打压了一阵这种腐败之风。但英宗复辟之后，冤杀于谦，多有群小立于朝堂，国内时有动乱，消耗着明朝的国力。尔后明朝历代皇帝，均未能如洪武、永乐、洪熙、宣德时那样勤于政事、头脑清醒。洪武时所立的这一"大明天柱"，自此腐矣！朽矣！

（5）为研究明代至朱祁镇朝时的战备、将士作战时兵器的使用与战阵情况，提供了可贵的第一手资料。

朱元璋、朱棣、朱高炽、朱瞻基四朝，皆以强兵惯战安边著称。至朱祁镇朝，出现皇帝被掳的可悲事件。这除了有太监王振专权坏事之外，与自朱祁镇朝以来不修武事、轻视战法大有关系。

习嘉言在"修武事"条中有形象而客观的描绘。他写道："武事所关，信为重矣！要在选将士、练士卒、备兵器、严号令而后可以言战守。苟或将不得人，则与无将同；士卒无法操练，则与不教之民同；兵器不备而与战如空手以搏虎；号令不严而与阵如群羊之奔野。此皆今之积弊。"可谓一针见血。

武备不修，战法又如何呢？以往"其士卒操练自有良法，如神铳之制。永乐年间，以牌刀弓箭两人相夹在前抵挡敌人。蔽障铳手，壮其心胆

① 张习孔、田钰：《中国历史大事编年》（第四卷），北京：北京出版社1997年版，第418页。

使详审端正而后发。故发无不中。今反列于牌刀弓箭之前，无所障蔽，见敌则惧怕，仓皇随手以发，何由取中"？

从上述诸多军事见解来看，称习嘉言是军事指挥家当不为过，他曾奉景泰帝命守阜成门，对军事现状是有研究的。其"修武事"的见解，今仍不失借鉴意义！

四、近现代邓州习氏

（一）本卷写作缘起

鲁迅先生在《中国人失掉自信力了吗》一文中有名言云："我们从古以来，就有埋头苦干的人，有拼命硬干的人，有为民请命的人，有舍身求法的人，……虽是等于为帝王将相作家谱的所谓'正史'，也往往掩不住他们的光耀，这就是中国的脊梁。"

作为中华民族一员的习氏，翻开其族谱，自以习珍为始的习氏奠定"忠烈重德"之风以来，尽管在魏晋之时，"权力争斗与残酷屠杀更使得名士们人人自危，个个惴栗，一种新的人生态度开始形成。不同于此前士人以天下为己任的使命感和责任感，魏晋名士们表现出的更多的却是对残酷政治的避忌与恐惧，对官场俗务的蔑视与厌恶，他们或谈玄说理，远离政治，或清高放达，不问俗务，或隐于朝市而无为，或遁迹山林而自珍"。①然正如鲁迅所言"我们从古以来，就有埋头苦干的人，有拼命硬干的人，有为民请命的人，有舍身求法的人，……"习凿齿就是这样的"脊梁"人物：他为了国家的安定，舍弃桓温之私恩而力阻桓温搞分裂，不惜解组故里；为了国家利益，邀请释道安南下襄阳弘法，为国家的"统战"立下汗马功劳，致使释道安在苻坚的"威逼"下也反对其攻打东晋；鄙视前秦皇帝赐予的高官厚禄，远避苻秦而至江西新余白梅；到白梅28年来，他并非苟且度日，而是一边建书院教书育人，一边秉笔撰写《汉晋春秋》等著作，并在临终之时上书"越魏继汉论"即"大一统论"，表达了对家国的忠烈情怀。

---

① 孙婷：《〈世说新语〉中体现的远离政治"轻乎人事"的士风及其原因》，《兰州文理学院学报》2015年第2期，第88页。

自此以后，习凿齿的事迹便成了笔者所见的所有习氏族谱中必载的内容，其"忠烈重德"之风便成了习氏家风族风中的主旋律，不但奠基了习氏后裔注重"忠烈重德"的历史价值与深层意蕴，而且每当民族危亡的紧要时刻，这种精神便成了习氏一门中的有为之士彰显其"忠烈重德"之风的纽带。

在元军铁骑踏破大宋江山之时，当文天祥号令勤王抗元之际，白梅习氏、新淦习氏大义凛然地响应且不惧打击、迫害。然而，凭借习氏族人那良好的家风族风，白梅习氏与新淦习氏顽强地生存了下来，并形成了一个坚守"忠烈重德家风族风"的群体，并在明清两朝得到了大发展、大繁盛，且将"忠烈重德家风族风"进一步地发扬光大。

然而，到了近现代，正如毛泽东所言："我国从 19 世纪 40 年代起，到 20 世纪 40 年代中期，共计 105 年时间，全世界几乎一切大中小帝国主义国家都侵略过我国，都打过我们，除了最后一次，即抗日战争，由于国内外各种原因以日本帝国主义投降告终以外，没有一次战争不是以我国失败、签订丧权辱国条约而告终。其原因：一是社会制度腐败，二是经济技术落后。"① 毛泽东对中国近现代史的这段总结，可谓极富深意、情怀，洞见了近代以来中华民族所遭劫难的根本原因。

整个近现代，特别是日本帝国主义惨绝人寰的大举入侵，使中华民族到了最危险的时候。但是，中华民族是一个拥有 5 000 余年文明史的民族，是一个爱好和平又不畏强暴的民族。从鸦片战争到毛泽东逝世的 130 多年的中国近现代史，是一部中华民族的优秀儿女不甘于国土沦丧、不甘于屈膝为奴而奋起反抗的历史，是一部为推翻腐朽社会制度、改变我国经济技术落后状况的艰苦奋斗史，是一部在中国共产党的领导下，完成了民主革命和社会主义革命任务并开始朝着实现中华民族伟大复兴"中国梦"不断前进的胜利史。

家庭是社会的细胞，家风族风是民风国风的基石。若干家庭又组成家族，若干家族又组成国家。当中华民族到了亡国灭种的最危难时刻，每一个家族从来就没有忘记我们共有的家园——中国。他们用自己的血肉之

① 中共中央文献编辑委员会编：《毛泽东著作选读》（新编本下册），北京：人民出版社1986 年版，第 848 页。

躯，筑成新的长城，构建了使所有帝国主义侵略者，特别是日本侵略者永远难以逾越的防线，使日本帝国主义那"三个月灭亡中国"的狂言成了梦呓。

在生与死、血与火的考验中，习凿齿家族与全国其他优秀家族一样，振奋精神、英勇杀敌。尤其是邓州习氏，将"凿齿之风"中的"忠烈重德"之风发挥到了极致。他们用自己的英雄行为和极富教育意义的英雄事迹，传播、弘扬、践行优良家风，为中国人民的解放事业共同奋斗，从而不断丰富了邓州习氏的家风族风，让"凿齿之风"在新的历史条件下浸润着红色家风并再度闪光。

（二）近现代邓州习氏对家国的贡献

何谓"红色家风"？"红色家风是中国共产党人在长期的革命建设实践中培育和形成的宝贵财富。红色家风理论来源于马克思主义的家庭观，形成于革命、社会主义建设、改革开放中的伟大实践，植根于中国优秀传统文化，是中国共产党人的精神道德、价值取向和作风在家庭生活中的集中体现。其内核是爱党爱国、忠于理想的家国情怀，其基石是严守纪律、忠贞不渝的政治品格，其精髓是律己修身、廉洁奉公的清廉本色，其根本是从严治家、励志传承的历史责任。"[①] 在整个近代，在全国所有的革命根据地均处于敌强我弱之境时，为了改变这种不利形势，中国共产党领导下的中国人民进行了长期的艰苦斗争，在逆境中拼搏，他们在粉碎敌人的"会剿""追剿"，抵制"左"倾盲动的苦涩、艰难岁月里，充分展示出了坚忍不拔、不屈不挠、艰苦奋斗、不怕牺牲、勇往直前、大无畏的革命英雄主义精神。

在陕甘宁革命根据地这面鲜艳的革命红旗的感召下，在革命根据地领导们的指导下，在老布尔什维克和共产党人家风的熏陶下，涌现出了邓州习氏这样一个浸润着红色家风、积极参与革命的英雄群体。他们是习端桂、习中志、习中权、习中秋、习仲泰、习中申、习中茂、习正钦、习强斋、习朝林、习宗斌、习仲凯、习良运、习中旺、习中铭、习东光、习中

① 柯华、欧阳慧、邱明：《红色家风的内涵及其时代价值》，《中国井冈山干部学院学报》2015 年第 6 期，第 84 页。

来、习正兴、习良德、习安府、习中才、习正业、习富来、习金鹏等，是他们，用自己的革命行动甚至鲜血和生命，在血与火的革命斗争中，将"凿齿之风"注入红色基因，续写更加辉煌的篇章。

下面，略述其中四位的主要事迹，以见邓州习氏群体是如何在革命道路上为中国革命作出贡献的。

1. 长工头勇破封锁——习中志革命事迹二三事

（1）长工头当了"馆主"。1926 年春，在穷人连一棵杂草都不如、在遭难时被抛尸荒野的艰难岁月，习中志在走投无路的情况下，得到了习宗德的引荐，他凭借自己"饭量惊人、力气惊人、拳脚功夫惊人，犁耙耧磨皆行家里手"的本事，经过开明绅士桂家"试吃、试艺、试犁"等多种考试，终于在桂家站稳了脚跟，并得到了桂家的信任，逐渐成了长工头。

习中志不是一般的长工头，他人情练达、为人正直，仗义疏财、扶危济困。凡是从河南来的老乡，不管是经商的还是做工的，只要是认识他的，都去投奔他。乡亲们也为桂家干了不少好事，凡是农忙季节或是有了紧要事，习中志一声吆喝，河南老乡们会集中力量将桂家要干的事收拾得干干净净，并分文不取。凡是河南老乡，一旦遇到三灾八难，习中志都会招呼其他老乡解囊相助。

人心换人心，桂姓绅士看到长工和短工的栖身之所拥挤不堪、风雨难避，便主动出资，由习中志主持，在三原县东乡盖了一座处所，无意中成了由河南来的逃荒者的落脚之地，也被三原县城里的富人们戏谑地称为"河南会馆"，习中志也就理所当然地成了"馆主"。

（2）利用"会馆"干革命。这个"河南会馆"的地理位置十分重要，坐落在三原县清峪河南岸，距三原县城五里地，岸北有一条通往陵前、富平、耀县（今耀州区）等地的便道。其西侧，是杨虎城将军的部队。就是这个"会馆"，在习中志的主持下，利用这些有利条件为中国革命作出了独特的贡献。

其一是："会馆"一度成为陕北红军军需物资的中转站。

这个"会馆"在习中志的组织下，运用隐蔽手法，为苏区（陕北）转运枪支弹药、医药用品、棉花、布匹、粮食、烟叶、油料等紧缺物资。

1933 年春，三原县委便在这里开辟了一条经过渭北苏区转运军需物资

的通道。其时，有两条较为可靠的通往苏区的地下路径，一条绕过三原县城西，通往淳化、旬邑、庆阳一带；另一条就是城东东乡密道，直通照金。县委领导借口现三原陵前镇长坳堡沟南村有几家族中亲戚，多次来到村里，安排接应从三原东乡运来的物资枪械。而这些工作，则是由习中志带领的长工去完成的。

如 1933 年和 1935 年，面对国民党对苏区的严密封锁，习中志、习中权多次带头利用桂家的骡马，驮着布匹、药品、枪支部件，涉过清峪河，或绕道县城，奔往陵前镇长坳堡沟南村交付给习中秋家，再由习中秋、习仲泰转往苏区，天亮前又赶回"河南会馆"。

特别是在红军到达陕北以后，国民党对陕甘宁苏区实行严密封锁，吃饭穿衣都成了严重问题。习中志、习中茂便从中联系，动员家族中的习中申、习良德、习安府等人，各自买了一辆自行车，加入从河南往陕甘宁贩运布匹、棉花、烟叶等物资的行列。在他们的带动下，许多人也相继参加了往陕甘宁贩运货物的队伍，其中习氏族人中就有习中才、习正业、习正钦、习富来、习金鹏等数十号人，周边县、区、乡村也有不少人加入这支冲破封锁的队伍。他们从邓县、内乡、新野、镇平等地采购物资，为了解决陕北红军的吃饭、穿衣、武器弹药等问题，他们用独轮手推车，或干脆背驮肩挑，不畏山高路陡，不畏悬崖水阻，勇闯敌人重重关卡，不顾生命危险，翻越秦岭抵达陕北。

其二是："会馆"也是输送革命人才的特别联络站。

"会馆"是无数革命志士奔赴陕北的落脚之所，也是红军侦察人员的重要据点。在"会馆"的西侧，是杨虎城将军手枪营营长李世功的居所。李世功因"西安事变"中杨虎城将军被夺了兵权而不满，与北塬一带的地下党员保持着一定的联系，共产党著名的交通员兰子敬经常以访友、访贤为由到李家，利用李世功在国民党中的影响，往革命根据地转运物资、枪支，并把一些投奔陕甘宁苏区的青年送往北方。

"河南会馆"亦是不少习氏族人走向革命的起点。"会馆"虽与邓州相距千里，但由于陕北红军领导人的精心安排，多位习氏族人首先来到"会馆"，然后再由这里走向延安等革命根据地，为中国革命作出了巨大贡献，如习强斋、习宗斌、习朝林等。

（3）忠烈厚道见本忠。革命成功后，村里人念及习中志为革命做过不少有益的工作，让连年不断逃难到"河南会馆"的乡亲们有个暂时落脚的地方，且能吃上一顿饱饭，这实非易事，认为应该记上一份功劳。当人们提起这些事时，习中志、习中权说："当时根本没想到革命，只想着宗德叔帮了穷侄儿，给找个好饭碗、好财东，他娃在北岸子（指边区），咱应该帮自家人做点事。"这真是：纯朴良善蕴心底，忠烈厚道是本真。①

2. 联保主任当八路——习强斋革命事迹二三事

（1）弃官回乡为安民。1910年出生的习强斋，受到孙中山三民主义思想影响，立志报国安民，曾参加冯玉祥的国民革命军。当家乡土匪猖獗，家乡父老不得安生之时，他即弃职回乡，当起了联保主任。要对付土匪，就要训练民团；要训练民团，就要有枪有炮；要有枪炮，就要有钱。要安民，就要提高百姓素质；要提高素质，就要办学；要办学，也要有钱。要安民，就要举办公益事业；要办公益事业，还是要有钱。

钱从哪里来？习强斋动员族众，卖掉了千年古柏，筹资购置枪支弹药，招募青壮年武装自卫，很快就清除了匪患。匪患清除，社会安定，之后便是办学。他创办了"梁庄学校"，解决了孩子就近入学接受新式教育的问题；再是修建梁庄街市，化偏僻乡村为繁华街市，让梁庄经济"活"起来。

习强斋以非凡的能力使其事业有成，并深得民心。然而，旧社会往往兵匪一家。习强斋肃清了匪患，却遭遇了兵祸。内乡有个别廷芳（1883—1940年），字香斋，西峡县阳城乡张堂村人，宛西自治首领，历任内乡县民团第二团团长、宛属十三县联防司令、河南省第六区抗战自卫团司令等职。别廷芳的势力不时进入邓县盘剥百姓。对此，习强斋积极谋划抵制之，由此成了别廷芳的眼中钉，并派人暗杀习强斋，必欲除之而后快，习强斋也几乎惨遭毒手。

（2）"精忠报国"上战场。面对如此残酷的现实，习强斋不肯屈服，打算组织兵变，然后奔赴延安。为此，他曾三次写信，让"河南会馆"的乡亲们将信转送给陕甘宁革命根据地的相关领导人，表达参加革命的愿望。兵变行动失败后，他逃到了"河南会馆"，由习朝林带路报名参加革

---

① 参见杨德堂：《邓州习氏源流考》，载杨德堂主编：《乡情》，2014年版，第12～82页。

命。当填表时他在简历中写上"联保主任"时，办事员非常不理解地问："当联保主任怎么也来参加八路军?"他风趣地说："革命不分先后，当联保主任就不能参加抗日吗?"

1939年8月，习强斋进入抗日军政大学干部训练班学习，毕业后分配到刘伯承部下任职。后曾任华北军区某部军需处处长，复员后任北京某幼儿园园长、河北省三河县地毯厂党委书记。[①]

3. 甩脱民团求真理——习宗斌革命事迹二三事

（1）摆脱群狼又遇虎。习宗斌生于1893年，字子中。因其聪颖好学，于河南陆军测量学校毕业后，在宜昌的国民党部队当营长。后因痛恨国民党军队的军阀统治和腐败行为，毅然辞官回家务农。

摆脱群狼，又遇猛虎。因习宗斌书法出众，文化水平高，被民团团长聂国政看中，在聂国政数次软硬兼施的邀请下，迫不得已当了邓县西北路民团支队部第六中队长。习宗斌衣黑心红，利用宛西地方自治的名义，尽一切可能维护乡亲的利益，从不与国民党反动分子同流合污。他常告诫人们说："钱多、地多，后代子孙祸多。"

1930年8月，西北军冯玉祥部第二方面军第一路第十军军长刘汝明部退守南阳，驻军邓县张村镇。军阀贼军似虎狼。为了家乡父老的安全，习宗斌心生一计，设宴款待刘汝明，并让儿子习中旺认刘汝明为干爹。

习宗斌对军阀部队可谓知根知底，洞悉他们的反动本质。果然，祸事从天而降。就在这年8月，团长李金田奉刘汝明之命，率部前往赵楼寨派粮，未能如愿，恼羞成怒之下血洗赵楼寨。因匪患多，赵楼寨筑起高墙，深挖护寨河，易守难攻。因习营村与赵楼寨毗邻，为了防土匪，习姓村民晚上均住在赵楼寨。在李金田攻打赵楼寨时，虽有命令"姓习的不杀"，但子弹不长眼，在血洗赵楼寨时，2 000多名百姓惨遭枪杀。习姓村民也被杀了不少。习宗斌得到李金田攻打赵楼寨的消息后，即修书刘汝明，请他制止屠杀。书到现场时，被攻下的赵楼寨一片惨状。集中在南场的老百姓就要被李金田枪杀时，总算被习宗斌一纸救下。习宗斌的义举与谋略远播十里八乡。

（2）天生我材终有用。1939年，习宗斌的人品、事迹以及他还掌握着

①　参见杨德堂：《邓州习氏源流考》，载杨德堂主编：《乡情》，2014年版，第12～33页。

一批地方武装的情况早已传入陕甘宁革命根据地领导人的耳中。按照党的统战政策，相关领导人便写信经习永俊、习朝林交给习宗斌。请他将队伍拉到陕甘宁参加革命大业，这也是习宗斌梦寐以求的。但是，军阀别廷芳严密地控制着他。习宗斌见发动兵变难以成功，便把准备兵变的一些枪支弹药拆装，由熟悉陕西路径的习朝林运往"河南会馆"，再转运到旬邑关中特委驻地。

1948 年，习宗斌实在不堪忍受国民党政府的腐败行径，毅然甩脱民团，辗转到西安，在路边摆摊设点，靠卖字卖烟为生，等候时机，向陕甘宁革命根据地领导人自报家门要求参加革命。在对他进行严格的组织审查后，根据其特长为他安排了适当的革命工作，从此，习宗斌为中国革命作出了应有的贡献。①

4. 编外红军功劳大——习朝林革命事迹二三事

（1）坐堂行医当掩护。习朝林是河南邓州习营村习氏第 15 代人，虽年龄不算太大，又出身贫寒，但人穷志大。因当时的环境和医疗条件所限，伤寒、霍乱常常威胁人们的生命。他从张仲景的《伤寒杂病论》入手，遍览古典名方，结合实际，虚心求教名师，练就了一身本事，成为当地颇具名气的中医大夫。

在旧社会，如果你为人正直不趋炎附势，即便有再大的本事也无法施展。习朝林在家乡待不下去了。1930 年从河南逃荒到三原"河南会馆"，行医糊口。后来经习中志带往富平县淡村镇坐堂行医。因当地政府怀疑他与陕甘宁革命根据地有密切关系，而多次受到当地乡公所、民团的盘查与询问。但是，他并不惧怕，还利用自己医生的身份，经常为中共地下党传递情报与信件。

1933 年，陕甘宁革命根据地霍乱流行。习朝林经我党安排，带上大量的中草药，冒着生命危险赶到陕甘宁边区一带，亲自动手熬制汤药，为红二十六军官兵治病医伤，并带领红二十六军的卫生人员到山上采集草药，贡献药方，传授熬制方法，疫情很快得到了控制。后来他在三原"河南会馆"附近隐居下来，为地下党员和来来往往的共产党联络员医伤治病。

（2）编外红军功劳大。抗日战争时期，习朝林受党的指派前往甘肃天

---

① 参见杨德堂：《邓州习氏源流考》，载杨德堂主编：《乡情》，2014 年版，第 12～37 页。

水、环县及陕西彬县、旬邑、黄陵一带行医，并为驻扎在这些地方的红军部队治病疗伤。

1953 年，习朝林被安排到陕西典陵县隆坊镇卫生院工作，因其医术精湛，服务热情周到，多次受到县乡相关部门的表彰。二十世纪六七十年代回邓州老家两次，还把医治创伤和熬制膏药、治疗各种无名肿毒的方法传授给族人。1980 年他在三原病故，享年 83 岁。这样一位不求名利且对红军有功勋的老中医，虽然不是共产党员，也没有参军，但对我们来说，他却是一位放心医生，在缺医少药、遭到封锁的年月是有特殊功劳的。①

① 参见杨德堂：《邓州习氏源流考》，载杨德堂主编：《乡情》，2014 年版，第12～79 页。

第五章　习凿齿家风研究

　　家风族风，是中国传统文化中一个重要的概念：家，汇而成族，聚而成国，它是构成国的基础，是中国基层社会最为稳固、最为坚定、最为完善的组织。因而，家风族风文化，在中国传统文化中占有举足轻重的地位。

　　中国优秀传统文化从某种意义上来说，是优秀的家风族风文化在国家、民族层面的积淀，它与社会主义核心价值观，均根植于中国优秀的传统文化。两者具有文化的同根同源性，故社会主义核心价值观能够引领优秀家风族风的传承，而优秀的家风族风的传承，则有助于社会主义核心价值观和中华民族精神内化于族众之心灵，外化于族众之行动。家风族风文化对社会主义核心价值观的践行和中华民族精神构建的意义十分重大。

　　在中国人民正在为实现中华民族伟大复兴的中国梦而奋斗的今天，优秀的家风族风的传承尤显重要。据2015年2月17日中国网讯所载：

　　　　习近平强调，春节是万家团圆、共享天伦的美好时分。……中华民族自古以来就重视家庭、重视亲情。……家庭是社会的基本细胞，是人生的第一所学校。不论时代发生多大变化，不论生活格局发生多大变化，我们都要重视家庭建设，注重家庭、注重家教、注重家风，紧密结合培育和弘扬社会主义核心价值观，发扬光大中华民族传统家庭美德，促进家庭和睦，促进亲人相亲相爱，促进下一代健康成长，促进老年人老有所养，使千千万万个家庭成为国家发展、民族进步、社会和谐的重要基点。

　　说到家风对个人的影响，李东东深有体会地写道："家风无言，却可以奠定一个人一生尊崇并延续的做人做事的基本原则。父母没有用说教教过儿女做人做事的道理和方式，而是用自己一生的所作所为，做了儿女最

好的教科书。"①

　　"好的家风，决定一个家族的命运。""家风文化承古今，家族命运系乾坤。"② 由此可见，家风影响一个人的一生。从这个意义上来说，有什么样的家风，就会出现什么样的后代，接受过什么样的家风族风文化的熏陶，就会造成一个人有什么样的德行与品格。

　　家风族风，岂止影响一个家庭与一个家族？有时甚至影响整个社会，古代尤其如此。

　　如："阮氏家风对当时和后世的士人作风沾溉颇深，西晋元康中，放荡越礼之风渐盛，'贵游子弟相与为散发裸身之饮，对弄婢妾，逆之者伤好，非之者负讥'。这种社会风气实际上多是祖述阮氏家风。而诸阮的作风又不能简单地概括为狂放不羁，他们的行为实质上代表了一种时代精神……这些个人风度可以说带有一种个性解放的特点，往往给人以心灵上的启迪，甚至成为后世文人仰慕和效仿的风度范式，对中国士人精神产生了不小的影响，从《世说新语》到《儒林外史》我们都可以看到阮氏家风的影子。"③

　　又如：胡秋银在总结谯郡曹氏家族家风后说：谯郡曹氏"从尚武转向尚文""通脱不守礼""刻薄强狠残忍""耽于声色""由俭入奢"。"因曹氏家族特殊的社会、政治地位，这种门风直接影响到汉晋间士人风尚、世风与学术等等。……曹氏家风因此表现出复杂而与时俱进的变化。作为统治集团的曹氏家族，其家风直接影响到这一时期政治、社会和文化变迁。"④

　　在当今，坏的家风族风影响社会的现象，同样不容忽视，更不可掉以轻心："有研究人员对被劳教的青少年进行统计，他们中80%的人都与低级趣味的家风有关。……当前，高校学生恋爱现象已经十分普遍，在校生怀孕生育的例子也不鲜见。有一项针对90后大学生的调查显示，当被问及'家庭对您的婚恋观影响程度'时，30.1%的学生认为'影响很大'，48.6%的学

----

　　① 李东东：《尽忠尽孝　家国情怀——我的家风小故事》，《光明日报》，2014年5月23日。
　　② 《中国传世家风书画真迹》，《参考消息》，2014年4月25日。
　　③ 王建国：《魏晋陈留阮氏及其家学家风考论》，《天中学刊》2004年第4期，第61页。
　　④ 胡秋银：《汉魏时期谯郡曹氏家族家风》，《许昌学院学报》2013年第1期，第1~7页。

习凿齿家族家风研究

生认为'影响比较大'。"① 总体而言："家风建设是国家建设、社会主义建设的重要基础，是民族文化道德传承的重要载体，是社会和谐发展的稳定器。"②

家风既然如此重要，大家都关注家风，关注好的家风的建设，那么我们则更应深入研究家风、探讨家风。但是，何谓家风？目前定义不一。故有必要对家风的概念有个明确的界定。

何谓家风？这看似众所周知，其实不然。据笔者所掌握的资料，不同的研究者从不同的角度有着自己的分析与解读，导致其定义不下十余种，且多有差别。家风有着一种潜在无形的力量，它有着穿越时空的力度，胪列这些对家风定义的阐释，不仅有利于我们对家风定义从多个不同的层面、不同的视角做一定的了解，同时也可使我们对练就好家风的重要意义有新的认识，从多个层面得到教育和启迪。同时，要对家风做出较为精准的界定，先胪列这些定义，并对这些定义提出自己的看法，有利于比较研究探讨。

家风有别于族风。家风族风育心志，家风族风是一种精神的延续。笔者以为，家族要比家庭复杂得多，故家风与族风亦不能等同视之。简言之：家风就是一个家庭的作风。族风是一个家族或整个宗族的作风。家风是相对族风而言的，因为家庭相对于一个家族或宗族来说，它只是"家族"或"宗族"中的一个"成员"而已，故"家庭"相对"家族"或"宗族"而言，它只能是个小概念。家风也只能是族风中的一"分子"而已。所以家风不能等同族风。

民风有正、邪之分，家风亦有好、坏之别。整个"家族"或"宗族"中世世代代的子孙通过修族谱、建族祠、组织家祭、家教等形式，将祖先留下的家训、家规、家诫、家仪、家法、家则、家制（实则族训、族规……只是要求每个家庭均要遵守、均要做到，故冠之"家"字）等确立为制度，并让子子孙孙接力式地恪守上述制度，践行先祖的懿言嘉行，从而形成一个家族鲜明的道德风貌与审美规范。这种鲜明的道德风貌与审美

---

① 黄礼峰、王雄杰、王宁宁：《家风对高校学生德育的影响与对策》，《浙江理工大学学报》2015年第3期，第252页。

② 柯华、欧阳慧、邱明：《红色家风的内涵及其时代价值》，《中国井冈山干部学院学报》2015年第6期，第84页。

规范就是族风。

好家风的树立在于持之以恒，败坏好家风则轻而易举。因此，好家风只有在长期坚守中随着时代前进才能让其不断增值，从而形成诸如"德行敦厚""崇尚耕读""俭朴自立""自律立志""克勤克俭""清正廉洁"等各种良好风范。但族风好，并不是其族中所有的家庭的家风都百分百地好。也有好族风下的极个别家庭出"败家子"。同样，族风不好，并不是其族中所有家庭的家风都坏。

所有家族的好族风也并非千篇一律，而是各有侧重、各有其显著特点。这些族风的显著特点往往是"一个家族之链上某一个人物出类拔萃深孚众望而为家族其他成员所宗仰追慕"（鲍鹏山语）而形成的。如包氏族风的"清正廉洁"，源自包拯；习氏族风的"忠烈重德"，源自习珍、习凿齿；司马氏族风的"俭素立德"，源自司马光；范氏族风的为官"莫营私利"，源自范仲淹；杨氏家族的为官"廉洁清正"，源自杨震……

总之，中华民族的每个姓氏中，均产生了一批道德高尚、良善正义、修德力学、处世忠厚、精忠报国的群体。中华民族先贤之德，乃民族根基所在，魂魄所系，承载着民族文化基因，可谓山高水长，永耀千秋，世代令人景仰。这个群体中的人物，是践行精忠报国的重要动力与推手，是凝聚族人向善与抵制不良习俗、不良家风族风的标杆……这也是中华民族能够矗立于世界民族之林的重要缘由！

为了尊重人们通常将家风族风并称的习惯，本书亦将家风族风并称而用。况且本书中的"凿齿之风"是习氏家风与族风的统称，也是绝大多数习氏家庭之风，但习氏族风又基本上涵盖了"习氏家风"。

一、习凿齿家风族风的源流、传承与影响

1. 习凿齿家族家风族风的源流

（1）习凿齿家族家风族风之奠基。笔者考察习凿齿的一生，认为他是一颗历经艰苦磨砺之珠，有如沙底沉埋之金。他上承襄阳习氏千年良好的家风族风，下奠白梅习氏、湖洲习氏、邓州习氏诸习氏良好家风族风之基。习氏经历千百年的历练，各族逐渐形成了崇尚道德高尚、能力突出、富于社会责任感的群体。

就其家风奠基者习凿齿而言："具体地说，习凿齿的五大闪光点是：以史论名世，秉笔直书当朝皇帝司马氏先祖的秽行；敢于批评抵制曾对自己有知遇之恩但一心要搞分裂的顶头上司桓温；精通佛理、协助释道安弘扬佛法有实绩；更敢于拒绝前秦皇帝苻坚聘其为高官的征召……尤其是他在临终之时，向皇帝呈上的'越魏继汉论'即'大一统论'。宏论要旨醒天下。经过历代仁人志士的深刻解读，意指国家的版图应一统，国家政权应归一，最高统治者应是爱民勤政的明主，国家的重臣廉洁奉公像诸葛亮一样，为了国家的大一统'鞠躬尽瘁，死而后已'……这是中华民族文化的精髓和精神要义的凝聚。它影响后世史书和世界名著罗贯中的《三国演义》及蔡东藩的《中国历史通俗演义》等著作的撰写，使得永远不忘国家应和谐统一、坚决反对搞分裂的思想深入人心。让东西方国家中某些对华心怀恶意，一有可乘之机便挑起中华民族纠纷、居心歹毒的人士的阴谋诡计永远不能得逞。"①

（2）"凿齿之风"的由来。因东晋时期编撰的《习氏家谱》中的习氏家风资料已佚，笔者关于习凿齿家风的资料，主要来自习凿齿的著作和宋明以来的《习氏家谱》中关于习凿齿的记载等。由这些资料的年代可知，习凿齿家风，历数千年风雨沧桑，在时代的变迁中不断地积淀凝聚、发扬光大。

正如有专家在研究《襄阳耆旧记》等有关习凿齿的著作后写道："从上述汉末三国时期襄阳习氏家族十二位成员的生平事迹可知，他们中有的'有德行'，有的'博学有才鉴'，有的'有威仪，善谈论'，有的'才气锋爽'，有的'仗剑自裁'，有的有'义节'，有的'守养弱女十几年'，他们或服事于蜀汉，或入仕于孙吴。总之，襄阳习氏家族成员都是好样的。他们博学多才，学识渊博，有骨气，有自我牺牲的精神，能吃苦耐劳，尊老爱幼，他们继承了千百年来中华民族的优良传统，不愧是中华民族的优秀儿女，他们是值得后人学习的榜样和楷模，是值得人们永远称赞和记住的好一代。"② 这实际上是习凿齿先辈家风族风的展现，也是习凿齿

---

① 吴直雄：《史书诗坛耀三星 千秋万古当齐名——论习凿齿与王羲之、陶渊明未能齐名之原因》，《南昌大学学报》2013 年第 6 期，第 115 页。

② 余鹏飞：《汉末三国时期襄阳习氏家族考释》，《襄樊学院学报》2009 年第 3 期，第 18 页。

家风族风形成的基础。

习氏的家风能够不断积淀传承，而徙居江西新余白梅后的习凿齿及其子孙又何尝不是如此。基于此，为了论说的方便，故笔者将习凿齿身上源自习氏先贤的家风，及习氏诸贤如习允亨、习汉舟、习均秦、习均谦、习怀恭、习怀清、习侃、习嘉言等所发扬光大的习氏良好的家风族风，在文中统称为"凿齿之风"。

笔者所说的"凿齿之风"，包含着习凿齿传承积淀的家风族风、习凿齿的风度风采与人品节操以及其后世子孙经其熏染，将其良好家风族风不断弘扬光大的家风族风。"凿齿之风"具有深层内蕴，它是习氏文化中别显光彩的重要组成部分。

2. 习凿齿家风族风的传承

优秀的家风族风兴，国风民风才会淳，社会风气才会正。家风族风是一个家庭或家族最为重要的精神财富。因此，每一个家庭家族，都会注重家庭家族成员优秀的精神品德及行为规范的传承。

始于童蒙的家风族风通过家教、家诫等予以传递，这是人一生的功课。中国古代家风族风的建设，一般都是注重以德教为主体的传统家风族风文化教育。其方式一是劝学勉学，以此奠定家风族风文化中的德行教育之基石；二是注重家风族风文化教育中的立德修身，用以涵养族人的道德情操；三是坚守家风族风文化中的孝悌人伦，用以彰显族人的人格风尚，让本族优良的家风族风的薪火世代相传，以点亮族众的心田。在这些方面，习氏家族优良家风族风教育与对"忠烈重德"精神的顽强坚守，是比较成功的。

正所谓："万石家风惟孝悌，百年事业在诗书""几百年人家无非积善，第一等好事只是读书"。习氏家风族风中讲究"孝悌""积善成德"，国家有难时便能"移孝作忠"。而要达到此等目的，就要在"读书"上做文章，知书方能达理，达理方知"守身如执玉，积德胜遗金"。让族人在脑海中稳固这种优秀的传统文化记忆，让族人争当"凿齿之风"的传人。只有这样，好的家风族风才能千百年地传承下去。

习氏先祖之风滋润着习凿齿，"凿齿之风"激励世代族人。习氏优秀的家风家族文化之所以数千年不坠且文脉绵延、不断向好，是习氏子孙深知良好的家风家族文化，是一种对子孙最为直接的、能触摸子孙心跳的教育资源，必须不断完善并随着时代的发展而不断向前迈进，并有所超越。且族人深知，长期以来所积淀的良好家风族风，亦须有其切合族人的传承形式，以便从中汲取精神养分。

修谱，是优秀家风族风的重要延续方式。笔者阅览与通读了多部习氏族谱，经过比对，发现"凿齿之风"之所以长续不断，启迪后昆，与习氏家族世世代代定期修谱，通过谱牒的方式延续与坚守家风族风中精粹，并能长期坚持以如下四种主要形式传承"凿齿之风"，不断彰显其生命崇高价值意义之所在，关系甚大。修谱使"凿齿之风"真正地成为一种垂训子孙最直接的教育资源，让习氏子孙把"凿齿之风"藏胸间，家国情怀永常青！

（1）凡在朝为官者的政绩，用载入谱牒、进入宗祠、立碑等形式，用"上行下效"之法，以此来激励子孙，鞭策子孙争当"凿齿之风"文化的传人。

翻阅《梅田习氏族谱》《高山习氏族谱》《湖洲习氏族谱》《塘头习氏族谱》《邓州习氏家训》《永丰冈下习氏族谱》等谱牒①，它们无不记载着习缩、习郁、习珍等的业绩。而对于江西开基始祖习凿齿的崇高品德，所记颇详：或载其传记，或载其书信，或记其从教的业绩，尤其是习凿齿拒苻坚征召的气节，先在江西万载，后落籍新余白梅的事迹，几乎诸谱皆载。这些事迹的记载，并非全为本族名贤所写，而多是出自当朝名臣大儒的手笔，如出自梁寅、黄子澄、王直、曾鹤龄等。

如习凿齿，在万载虽只一年，其办教育的影响至今不绝。当地民众乡贤不仅将其所居地"俨田"改名为"书堂"，而且将其事迹载入当地张氏的族谱。千余年之后，万载县职员张明芳、张慕绅，耆民张堂珩、张清元、张景周、张秀中等，禀请"重修彦威书院"。县令汤宪当即批文曰："该处草堂，旧址既系前贤遗迹，自未便听其荒今废。该职等及士民合解囊金，创为乡学，殊堪赏。本县虽愧不文，亦当勉作记言，以成善举。"举人辛宗泗、陈中实，贡生郭光笏、辛炳蔚，廪生龙汝临等具禀，请县令为"书堂彦威书院作序载志"，汤县令当即为之。凿齿在政为官、在野为

---

① 本节所引，皆出自这些谱牒，故一般不重标出处。

民的德行论著载入族谱，事迹载入县志，这是对习氏后人的激励！

再如习嘉言，他是"凿齿之风"的弘扬光大者。他身历永乐、洪熙、宣德、正统、景泰五朝，其德行与才华，为五朝皇帝所赞赏，在《梅田习氏族谱》中，有洪熙皇帝对他的提升任命以及对其父母妻子的褒奖旌表，称有他这样的人才在朝，是国家和生民之福；在也先攻打北京之际，景泰帝对他百般信任，令其据守阜成门；在正统皇帝被俘、也先强攻北京、国家遭危之际，习嘉言连上三疏，景泰帝一一采纳。习嘉言的业绩还展现在其作品、奏疏、诗词等之中，更有当朝名臣杨荣、杨士奇、杨溥、金幼孜、于谦等三十余人为其父母、为其本人用诗词等文体赞颂他为官的贤德与政绩。这一切，在《梅田习氏族谱》均有很好的载录，这也是对习氏后贤的勉励与鞭策！

自宋至今，习氏从政者的德行政绩在其谱牒中多有载录，习氏先祖为家国"立德、立言、立功"人生之"三不朽"业绩，对当代习氏后人颇具启发意义。争当"凿齿之风"文化的传人，表现在他们的价值取向、文化修养、接物待人的方式以及对待生活的态度等方面。

（2）即便在野为民的习氏子孙的懿德嘉行，亦多载入谱牒乃至被视为族规，且用于"潜移默化"中来教育子孙，诱导子孙争当"凿齿之风"文化的传人。

我国传统家风族风、家教家诫等，是传统家族制度中的一种重要的文化现象。其中心就是通过说居家之道，申修身齐家、为政以德、居安思危、德才兼备、去奢崇俭、存善克昌、忠恕仁义、以义为质、以民为本、孝为德本之理，形成符合社会要求的道德标准与行为规范，达到垂训、教育子孙成人的目的。

何谓"成人"？笔者认为，"成人"，就是即使是个文盲，也要做一个堂堂正正之人，做一个有人格的人，而不是那些见风使舵、欺善怕恶、欺上瞒下的势利小人。

家风族风文化，几乎涵盖了社会生活的方方面面。在"凿齿之风"熏陶下的习氏族人，在他们的谱牒中，对在野为民的先祖在为学、修身、处世诸多方面那种忠孝友悌、诚信为人、志存高远的懿德嘉行记录颇多。

如习凿齿的三十三世孙习均谦，在他作为一个徵士（不做官的隐士）

时，于洪武十一年正月元旦所写的诚词、箴言等均载入《习氏族谱》之中，以教导子子孙孙。鉴往以足佐察今，明今亦裨识往。特别是其《诚词一首》可视为一篇习氏家族简史，是垂训子孙的系统表达。它上承东汉至晋的"凿齿之风"，下启自习凿齿以来，白梅习氏曾遭兵燹等灾而不坠，经栉风沐雨千百载的"历练"，秉承守正出新为国为家的理念，接力续写习氏家风族风，家教、家规、家诚、训诚之词等。

这是对白梅习氏千余年历史的总结，更是他们经元朝之难后仍能再度奋起的历史见证，让习珍、习凿齿等习氏先贤的德行再次闪烁着生命的灵光。虽说距今有600余年，然在今当已不限于习氏，于世人仍不失其教育启迪作用，故笔者点校之并以"直雄按"的方式作简注。其词云：

风俗之果淳乎！乡井殷富，合族辑睦，闺门以正，少长有礼，耕者让畔（直雄按：畔，在这里当指田地的界限），行者让路，里无游博之男，家有耕读之子，修崇礼教，遵守典法，疾病相扶，急难相助，有无相周，老不失养，少不失学，凶事相吊，吉事相庆，如此而谓风俗不淳？吾不信也！

风俗之果不淳乎？乡里凋耗，宗族妒侵，闺门无法，少长无礼，耕者侵界，行者竞途，里多饮博之徒，家有游惰之子，礼义不修，故违刑律，疾不遗问，难不顾援，乏不周恤，急不通济，老失其养，少失其教，尊者凌幼，卑者慢长。如此而谓风俗之淳，吾亦不信也！（直雄按：习均谦以对比与反问手法提出习氏对风俗的要求与标准）

自吾祖之来居于斯，世代相承，子孙蕃衍，衣冠俨伟，家储丰富，族里睦谐，养生送死，各尽其道，读书论道，以训后人，风俗之可谓淳矣！是则何由而致之？盖由前人立教之有法，而后人受业承教之不违。迨夫六七十年之后，古训不修，教育无实，遂有四五失学之辈，轻蔑典常，毒乱乡井，视耕农为鄙陋，务游聘为清高，以文法为可侮也，而不守之以律，以乡老为无能也，而不谘之以善，以非礼可行也，而不谨之。独乃至于慢尊凌卑，而宗族之礼废，争界割垠而让畔之风毁；骨肉相残而典常之义乖竟；至于殒身覆宗而后已！是由何由致之？盖因父母惜子之大过纵弛，于婴孩之时而不教以礼义之节，子亦持父母之慈，而不习之于幼少之时也！虽有硕师良友，其能改而善乎？是不可不慎也！（直雄按：习均谦在这里

提出了一个习氏风习之美由好变坏的缘由，可谓扣住了众多望族由盛而衰的关键所在。能及时发现问题并引起高度警觉，这是习均谦自强不息的表现，也是他之所以要修谱并写作诫词重申家规家教等的缘起。由此可见，"凿齿之风"之所以能久长，与有远见卓识的族众能坚守关系甚大）今丧乱既平，六合一家（直雄按：当指洪武扫灭蒙元及其他割据势力，天下大一统），而吾宗族之幸存者，皆忠良悌顺，非若衰世之强御横逆者比也！然前车之覆，不可不知其戒，祖德之兴不可不知其本。今之伯父世父（直雄按：一个家族经大浪淘沙后留真金也！所谓真金，即"凿齿之风"经过考验仍存且光大。世父，即大伯父，后用为伯父的通称。历经磨难家族兴，均谦以此激励族人）及诸兄弟之长者，则曰："吾弟侄诸幼之在吾目者，吾抚而恤之，字（直雄按：这里的字，当指待出嫁的女子或怀孕或生子的妇女）而爱之，犹吾之骨肉也！则为长者之礼得矣！"其弟侄诸子之幼者，则曰："吾伯叔诸兄之在吾上者，吾敬而奉之，定而省之（直雄按：即定省之意。定省，就是子女早晚向亲长问安。亦泛指探望问候父母或亲长），犹吾之父兄也！则为幼之礼尽矣！"能皆若是，虽有悖逆（直雄按：违背正道之意）之心，奚（直雄按：何、什么、哪里的意思。这一段是族人对振兴习氏家风族风及重修家谱的表态。此举对习氏在尔后人才辈出至关重要）自而兴焉？此吾之所忧而以告吾之宗族者，而吾之宗族亦当忧之，而以是为意也。遂为之诫词曰：

悠悠我祖，来自西田。种德贻后，明伦（直雄按：即明道理、义理及人与人之间的道德关系。也指明伦常、纲纪、礼教规定的人与人之间正常的关系，也特指明尊卑长幼之间的关系）是先。三世（直雄按：当指祖、父、子三代）未迈，五柯并妍（直雄按：美丽茂盛之意）。椒聊蕃衍（直雄按：椒聊即椒。聊，语助词。因椒子实蕃衍，故亦用以喻子孙众多。这里是说，习氏三代以来，生齿日繁），爪瓞绵绵（直雄按：指习氏人丁繁盛之意）。爰及（直雄按：意为就到）中叶，源远派分。礼服是守，众善是闻。处事曰义，治生曰勤。俨兮（直雄按：恭敬、庄重之意。这里指习氏的良好家风族风已经重振并光大）衣冠，乐在斯文（直雄按：文雅，温和有礼貌，多读书之人。指习氏人文蔚起的好风尚）。延及衰世，浮俗乱纯。莸败薰德（直雄按：莸，又名兰香草，山薄荷。"薰"同"熏"。古书上说的一种香草，又泛指花草的香气。菀败薰德，意为全族守德如故。喻指在衰世中的习氏先辈对道德的坚守与对"凿齿之风"的弘扬），艾妒兰荃（直雄按：艾妒兰荃，表面意义是说臭草妒忌，实喻人事，意为习氏为人高洁）。罕田义路（直雄按：罕，为稀有之意。义路，即正道。罕田义路，意为少见有田地不是来自正道的。意为习氏先辈坚守"凿齿之风"行正道），不入礼门（直雄按：礼门，一指君子循行的礼仪之道。亦指孝友的门族。亦是指习氏先辈坚守道义）。殃孽洊至（直雄按：殃孽即奸诈邪恶。洊至，即再至，相继而至。殃孽洊至，就是奸诈邪恶相继而至的意思。道出了习氏先辈当时所处的境遇的艰难），丧败奠言。历历残系（直雄按：历历，零落貌。亦是对先辈所处境遇的描绘），归于故墟（直雄按：上述一大段及后文中的数句，均言氏曾遭大难，在大劫难之时，习氏勇于面对而求得生存），在剥之上，在复之初。既生斯殖，既繁有居。岂不日戒，鉴此覆车。蛰蛰后裔（直雄按：这里的剥，当指盘剥、掠夺。复，当指光复之意。言为在白梅习氏遭受盘剥、掠夺打击之时日，在当今刚光复之初始，在这儿生存发展的习氏，应吸取教训以为鉴戒。蛰蛰，众多貌。言习氏劫后仍顽强繁衍生存，发展壮大），累世克昌（直雄按：累世，意即历代、接连几代。累世克昌，即是说连续几代子孙昌大。仍然是描绘习氏先辈在艰难的环境中发展）。行必孝悌，语必安详。敬兹诚言，服膺靡忘（直雄按：服膺靡忘，就是铭记在心不忘记的意思。此处认为习氏先辈之所以能够度过劫难，就在于坚守了良好的家风族风）。克绍祖德（直雄按：克绍祖德，是指能够继承祖德的意思。克绍，能够继承。克绍祖德讲的是继承了"凿齿之风"，所以白梅习氏能够度过劫难，不断发展繁盛），永远无疆！洪武十一年戊午（1378 年）大岁（直雄按：这里当指大年）正月元旦三十三世孙宇（直雄按：宇，本指屋檐。这里是指习凿齿之后，代"习"字）均谦因叙谱书。

与此同时，习均谦还制定了"箴戒九则"即"父子箴""兄弟箴""夫妇箴""朋友箴""正家箴""守己箴""保身箴""勤俭箴""戒赌箴"。其"戒赌箴"中的"赌博十败"，尤为当今赌博者戒。其云：

天下惟赌博，之途万不可入。人一入其中，人品以此败；心术以此败；德业以此败；家资以此败；贻玷前人，家声以此败；作法不良，后裔以此败；心惊胆战，神色以此败；废寝忘餐，精力以此败；贵贱无等，体面以此败；匪类混杂，门风以此败。有此十败，何可轻蹈？子孙其戒之哉！子孙其戒之哉！

除此之外，还从天下家国的角度，制定了"家长""睦族""孝亲""立嗣"的家训四则，以期有效地教育管理族众。

明至清白梅在野为民的习氏子孙，他们与在朝为官的习氏子孙一样，多是按照习氏家规家诫家训等所形成的行为规范做着有利于家国之事，诱导子孙成为"凿齿之风"文化的传人。这些"凿齿之风"文化的传人，不只是为习氏族众服务，而且对社会多有回馈。

一是行善。提倡"积善，不必积而自积"。何谓善不必积而自积？这就是"……积善之道，必如老者安之；幼者怀之；孤者抚之；独者怜之；鳏者痛之；寡者恤之；困者济之；危者扶之。此皆倡善之端，好善之源。不必积而自积矣……"（习均谦《积善堂记》）

二是强调自身的德行以乐善。提倡"终其身为德是好，惟善是修，不惟得之已，又以乐之于心"！明代名臣金幼孜记习均泰曰："新余习均泰氏，诚笃谨愿，士也！尝名其所居之堂曰：'乐善'。……嗟夫！天下之物若金、玉、珠玑、珍奇、玩好、声音、采色之属，有可乐者多矣！苟无道以制之，孰不沉酣汩溺以丧其本……均泰儿有见于此，终其身为德是好，惟善是修，不惟得之已，又以乐之于心……"（金幼孜《乐善堂记》）

习氏修桥、修路、办学的义举体现了行善积德的传统家风，这种传统家风数百年来"活"在习氏族人心中。

助人为乐者的事迹记入族谱，如，"均泰，上舍生号'梅隐'，居乡里，能急难解纷，人称为先生长者"。

出款助学者的事迹记入族谱：如习芳圃先生，"虑'河汾塾'窄，不足为受业容，乃于始祖荥阳祠后创建'半山书屋'。众款不足，甘填补钱文若干，取始之号以名塾。盖欲后裔继《汉晋春秋》之书声也！由族而乡，仿范文正之义学，倡建'西昌学宫'"。

修桥积德者的事迹记入族谱：如习元卓，深信"德隆则福至，积厚则流光""力行善事，何不可转祸为福"，他靠行医之资，一人"独修'湖陂桥'"。"更修江南板桥，易之以石。公输金数十串，日夜亲自出力。"

不要功名留钱济穷病者事迹载入族谱：如习丽生，"有劝其纳监者，翁（习丽生）则以为难得之钱，当施之有用之地。乃多集医家验方，于端阳日采买药料制丸散，疗贫民痼疽疥癣等症，多所全活。尤长于治病瘵，与治者无不应手取效……行其术数十年，未尝一受谢金，并不索取药本……道光乙未岁大祲，野有饿莩，翁乃罄其累年积储，赈济乡邻"。

除上所述，几乎在所有《习氏族谱》中，普通的习氏族人所做的好人好事，多所载录，这也是弘扬优良家风族风的好形式。

（3）每次修谱，必修订与重申家规、家训等为族众行为准则，用"重申家训"之法，以保障优秀家风族风的传承，落实子孙弘扬"凿齿之风"文化的具体措施。

风气自家庭始。切实可行的良好家规、家训，是家人、族人得以将良好的家风族风不断延续的重要形式。一个家族之所以能成为望族，并非全赖其子弟的权势与财力，而要维系家族永不衰落，与其家学、家规、家训等所形成的家风家族文化关系极大。故从周公、孙叔敖、孔子、敬姜、楚子发母、刘邦等人迄今，留下了不少著名的家规、家训。

当一个人大富大贵、飞黄腾达时，便自然会对赐给他姓氏的祖先怀有一种感恩之心，努力发扬光大家风族风，并用修谱的形式，使之程式化、持久化。当一个人因厄不幸、贫困潦倒之时，也会用先人创业发家的事迹来激励自己，努力寻找创新的出路，以无愧于先人，无愧于这个姓氏。家谱里的族规、家训，又从各个方面警示本姓的子孙，恪守做人处事的道德底线，从而提高人们的道德水平。"白梅习氏""湖洲习氏""新淦习氏""邓州习氏"，自其立谱以来，均注重立下家规、家训以训导子弟。他们的家规、家训涉及为人处世的方方面面，其相同之处是无不凸显"精忠报国"的忠烈重德之风。

在白梅的每一部《习氏族谱》中，无不记下习飧、习融、习郁、习珍、习凿齿、习嘉言等习氏先贤对国家的忠烈事迹，用以激励族众，训导子孙，为了让子孙能够做到这一点，其族谱中的《箴戒九则》对子孙的行

为有严格的要求，强调的是做人"心术要正"，做人应做到："人皆用机巧，我独守愚拙。""失固不为忧，得亦不为悦。"且以五言诗的形式表述，富于哲理，好记易诵。如：

其一，父子箴云：子孝父心宽，斯言诚为确。不患父不慈，子贤亲自乐。父母天地心，大小无厚薄。……

其二，兄弟箴云：兄须爱其弟，弟必敬其兄。勿以纤毫利，伤此骨肉情。周人赋唐棣，田氏感紫荆。……

其三，夫妇箴云：夫以义为良，妇以顺为令。和气千祥来，乖戾百殃应。举案并齐眉，如宾互相敬。……

其四，朋友箴云：损友敬而远，益友宜相亲。所交在道义，岂论富与贫。君子淡若水，交谊情愈真。……

其五，正家箴云：正人先正己，治家如治国。先须敬祖宗，慎勿慢亲族。竭力孝父母，小心敬伯叔。……

其六，守己箴云：人皆用机巧，我独守愚拙。有耳静不闻，有口讷不说。失固不为忧，得亦不为悦。……

其七，保身箴云：人本无根蒂，有损多夭折。寿算欲延长，身体贵调摄。言语贵慎省，饮食须撙节。……

其八，勤俭箴云：人生天地间，富贵谁不欲。己力不经营，日用安能足。成立最艰难，破荡真迅速。……

其九，戒赌箴云：天下惟赌博，之途万不可。人一入其中，人品以此败；心术以此败；德业以此败；……

《湖洲习氏族谱》亦强调"抒忠尽以报朝廷"。翻开此谱，首见其先祖留下的《申明家规二十则》，简明扼要，且有管理措施和违规处分办法。其中的不少在当今仍有深刻的现实教育意义：

"敦孝悌以笃天伦"，讲父母之恩、兄弟之情……

"礼让以睦宗族"，讲征论恶俗……

"务耕织以丰衣食"，讲勤俭持家……

"勤学问以大显扬"，讲要有勤学精神……

"积心田以贻子孙"，讲求积善积德……

"修实行以立人品"，讲求脚踏实地、品行端正而心术正矣……

"黜侈靡以崇俭节"，讲要有"常将有日思无日，莫待无时思有时"的节俭之风……

"内外以正闺范"，讲求气节、处分伤风败俗……

"谨物恒以示表率"，讲修身齐家……

"择婚嫁以重四偶"，讲求婚姻不贪财……

"平曲直以息争讼"，讲求和谐相处……

"禁赌博以绝匪类"，指出赌博是窃盗之源……

"抒忠尽以报朝廷"，主要讲要尽忠报国……

"戒淫祀以屏僧道"，讲勿求神拜佛……

"慎溺女以葆天和"，讲要反对溺女婴。称"虎狼虽恶不食子，带血女娃何忍笈（直雄按：当为'贱'字之误刻。贱，轻视之意）稽之，倘日家贫，则生女亦当鞠养"……

在河南邓州习营，《邓州习氏家训》计有八条。其云：

精忠报国——有国才有家，爱国尽大忠。敬业多奉献，丹心照汗青。
勤俭持家——从俭入奢易，由奢返俭难。勤俭立家本，耕读代代传。
孝亲尊长——寸草报春晖，反哺孝双亲。吾老及人老，长者皆蒙心。
敬夫爱妻——举案互敬重，携手奔前程。同心育儿女，合力振门庭。
恭兄友弟——本是同根生，互爱又互敬。莫为一己私，损伤手足情。
和族睦邻——四海皆兄弟，何况族与邻。和睦相互相，仁德裕后昆。
修身养德——崇德又尚贤，遵纪严守法。清白净自身，修德以齐家。
除恶远毒——黄赌盗毒事，千万莫染指。恶行积习日，败家人不齿。

这些篇幅长短不一、内容健康向上的箴词、诫词、家训、家规，易诵易记，幼而学者，如见朝阳之光，至今亦不失为教育子弟的好材料。这正是自习珍以来，"襄阳习""白梅习""新淦习""邓州习"历数千年不坠

且代有闻人的重要原因之一！

（4）全国各地习氏代表举行别具特色的仪式祭扫习凿齿墓，用"弘扬彰显"之法，以"凿齿之风"警示子孙，进一步告诫他们要成为"凿齿之风"文化的传人。

自习凿齿葬分宜枣木山以来，每年清明节，白梅习氏子孙中皆有绅士、文秀前去祭扫祖坟，并请山下村落的村民看守墓地，到明朝时，因习嘉言等在朝为官，对看守墓地村落的村民实行洼田免税政策。枣木山扫墓除"文革"有过中断之外，可谓为时千载以上。

习氏"祭祖扫墓"，仪式特别，而且子孙来自全国各地，人数极多。祭祖扫墓不光是对自己祖先的一种信仰与礼敬式的祭拜活动仪式，更是慎终追远、敬宗穆祖，让过去的传统，显现出当下的意义，以便充分发挥"凿齿之风"的文化教育功能，让祭扫地成为传承家风家族文化"课子弟"重要的场所。

白梅习氏"祭祖扫墓"与其他姓氏"祭祖扫墓"有着不同的特点。

一是注重记忆仪式。每当清明祭扫开基祖习凿齿时，都要在白梅村习氏宗祠隆重举行"中华习氏祭祖大典"的仪式。让来自全国各地的习氏族人代表"回溯本原，记忆根基"。参加的人数最多时过万，凸显了"凿齿之风"的强大凝聚力。

宗祠举行仪式之后，这些前来参加的习氏子孙，还要到枣木山祭扫习凿齿墓。这有利于相互交流、相互促进、相互激励、凝聚亲情、加重亲情、超越亲情、共谋发展。

子孙们来到始迁祖落籍的白梅村，先祖们种下的小樟树已是绿荫如盖，甘泉清澈依旧，古井生机仍存，斑驳沧桑的古石桥、缭绕的青藤年复一年地记下了时代的变迁，令人遐想无限。族人代表们来到那新修建的习氏宗祠，见到习凿齿等列祖列宗的画像和事迹，有如回到自己的精神家园，大有"千祥云集，百福骈臻""聚天地灵气，兴家族福祉"之感。

二是恭读祭祖训文。在祭扫时代表们一遍又一遍地诵读着与时俱进、新鲜出炉的祭祖训文，让习氏先祖留给子孙的优秀传统经典、优秀的家风族风文化走进习氏族人的当代生活，融入血脉而世代相传。且看其名曰"习氏祭祖训文——少习古芳"的祭扫铭文，其词云：

云霓春秋，少习古芳。白梅傲雪，风骨铿锵。枣木吉祥，辉映朝疆。
蒙山右峙，孔目江长。龙窝老屋，狮山镇将。老泉涵碧，凝凤徜徉。
浩然碧宇，岘山威扬。簪缨迭出，千秋泱泱。经史传承，翰苑世光。
文风昌华，金马流芳。汉晋春秋，越魏继汉。方道大统，巨篇煌煌。
诸葛功名，异代相知。襄阳旧志，博学洽闻。魏晋遗风，退隐守诚。
道安元化，空为众形。宅心仁厚，本无宗生。半山书院，清风朗朗。
子孙修延，益久益昌。修身德业，谨言慎行。戒惧约之，操守不失。
静坐心安，碌碌思齐。秉承家训，古风犹存。宽厚恭俭，养德明心。
威仪肃然，诚敬桑梓。天地正位，万物化育。扬名四海，增辉同筠。①

　　岁月不作响，追忆自闪光；年湮代际远，故里梦魂牵！习氏代表们读罢这样的祭祖训文，忆想先祖们的德业，习氏家谱中蕴含的底蕴深厚、源远流长的家族家风族风文化融入灵魂、注入心间，无不激励着族人要带领习氏族人再续辉煌！这正如习凿齿第五十一代孙习嘉裕曾归纳祭祀习凿齿的意义时所写：

　　（1）以隆重的仪式向国内外宣传习凿齿的历史贡献及其深远影响，从而使公众认知他在中国历史上应有的地位。

　　（2）郑重宣示：习凿齿晚年归宿在新余白梅村，葬于枣木山。以最张扬的方式破解对习凿齿晚年"不知所之，更不知所终"这一千古之谜。而过去所传"习凿齿从未到过江西""习凿齿墓当在襄阳"等等假命题和谎言将不攻自破。

　　（3）文化是城市的灵魂，竞争的软实力。宣传习凿齿将提升新余传统文化的底蕴，吸引国内外对新余的关注，提升新余参与国内外竞争的软实力，让新余市更加底气十足地迈步世界。

　　（4）有利于传承、弘扬始自凿齿公，历经1600年，历代前辈不断充实的优秀的习氏文化，以教育当今、后世凿齿公后裔，学习、继承凿齿公胸怀国家、心系民众、严谨治学、磊落为人的崇高精神品质，在各自岗位上为祖国统一、民族复兴、人民幸福，立业。

---

① 《归云轩》编辑部：《习氏宗亲文化研究系列·习氏宗亲文化探究》2013年第4期，第12页。

（5）促进白梅村作为千年古村、凿齿故里的建设及枣木山习凿齿墓作为重要文物的保护，并开发白梅——枣木山习凿齿文化旅游景区。[①]

笔者以为，习嘉裕的这一报告，对举办习凿齿祭祀活动的意义，从宏观与微观上作了全面的论述。

实际上，每次"清明节的祭祀活动的举办"，都全面地展现了这些方面的意义，都是"凿齿之风"文化内涵在新的历史条件下的一种传承，一种新的挖掘与弘扬。

作为个体成长的第一个社会组织的家庭，它实际上就是伦理道德教育的天然实体。习凿齿的子孙们深知家风家族文化在家庭教育中的意义与作用。习凿齿自定居白梅以后开枝散叶、繁衍生息，遍及全国各地的习氏子孙，不断地发掘"凿齿之风"的教育价值，被不同时代的习氏后裔传承创新着的"凿齿之风"的内蕴精华，在新的历史条件下，被注入红色基因，提升着子孙们的文化素养和道德水准，使其为家国努力作出自己的贡献！

3. 习凿齿家风族风的影响

对于家风的解释，诚如前述，因角度不一，故解说多样。笔者认为：家风狭义上是指门风，即指一家的传统习惯、生活作风等。广义上是指一个家族世代相传的、能展现该家族成员传统的家族风尚。家风为族风所涵盖，诸如精神风貌、道德品格、审美情趣、气质气度与素质风采的家族文化风格。

其实，人人有个性，家家有家风。只不过是有好坏之分、高下之别而已。只有好的家风才具有"文风昌华明德愿，万物化育增辉同"[②] 的正能量！

家风，与家教、家范、家学、家谱、家训、家诫、家规等密切相关。好的家风的形成，往往是通过家长或族长等严格地将优秀的家教、家范、家学、家训、家诫、家规等优秀传统文化施教于家中或族中子弟，且世代不绝、为时绵久地历练而成的。正如钱穆先生所言："一个大门第，绝非

① 参见2010年重阳节习嘉裕致白梅村党支部及习陆根书记、村委会及习告根主任，新余、分宜城内诸习的提议——《提议：二〇一二年举办"始祖习凿齿逝世1600年大祭的报告》。
② 谢向英撰、著名书法家谢云生书：《白梅习氏宗祠联》。

全赖于外在之权势与财力，而能保泰持盈持达于数百年之久；更非清虚与奢汰，所能使闺门雍睦，子弟循谨，维此门户于不衰。当时极重家教门风，孝悌妇德，皆从两汉儒学传来。"[1]

故笔者以为，良好的家风，源远流长，有着经久不衰的普世价值，其丰富、深刻的教化意义，在构建社会主义核心价值观的当下，有着不可替代的功能。

良好的家风族风，是优秀传统文化在家庭中的体现。家庭，它是个人与国家和社会之间最为重要的连接点，因此，良好的家风是传承中华优秀传统文化正能量的基因，是中华民族优秀民风的展现，是中华民族精神构建的重要路径。而"家风的形成往往是，一个家族之链上某一个人物出类拔萃深孚众望而为家族其他成员所宗仰追慕，其懿行嘉言便成为家风之源，再经过家族子孙代代接力式的恪守祖训，流风余韵，代代不绝，就形成了一个家族鲜明的道德风貌和审美风范"[2]。良好的家风族风与成就族中名人乃至名传四海的他族名人，不无关系。族中名人对构建良好的家风族风必然产生最为直接的影响。下面选用最为典型的正反两例来说明：

曾国藩出生于湘中普通的耕读家庭，其祖父曾玉屏虽不是文化人，但阅历丰富；其父亲曾麟书是位塾师秀才。曾国藩幼从父学，自小就深受两位先辈的道德教化。据曾国藩《大界墓表》载，曾玉屏年少时好游玩，性情懒惰，"裘马少年相逐，或日高酣寝"，长辈们讥讽他浮薄，将成为"败家子"。后来，曾玉屏幡然悔悟，"立起自责"，"终身未明而起"，苦心打理自己的家业，遂成为一位有德的长者。他还总结了一套治家方法，曾国藩的治家八字"早、扫、考、宝、书、蔬、鱼、猪"，就是继承其祖父经验而来。由于祖父、父亲的言传身教，曾国藩坚持、勤奋、隐忍、慎独，最终从一介布衣到中兴名臣。功成名就后，曾国藩始终对"富贵"与"权势"保持着清醒的认识。他曾写信给其弟曾国荃："傲为凶德，惰为衰气，二者皆败家之道。富贵人家，不可不牢记此二语也。"他还指出："居家四败：妇女奢淫者败，子弟骄怠者败，兄弟不和者败，侮师慢客者败。一家

---

① 钱穆：《国史大纲》（修订本），北京：商务印书馆，1996 年，第 310 页。
② 参见鲍鹏山：《家风乃吾国之民风》：《光明日报》，2014 年 2 月 24 日第 3 版。

能勤能敬，虽乱世亦有兴旺气象；一身能勤能敬，虽愚人亦有贤智风味。"确为修身齐家的至理名言。曾国藩还注重子孙的教化，一部《曾文正公家书》成为中华民族家教经典。到现在，曾国藩兄弟的后人已经绵延至第八代，如曾纪泽、曾广均、曾约农、曾宝荪、曾昭抡、曾宪植等，有突出成就的竟多达240余人。尤其令人称奇的是，后人中没有出现过一个"败家子"。真可谓"长盛不衰，代有人才"，堪称中国家族史的奇观。而位居"麒麟阁十一功臣之首"的霍光却是另一番风景。霍光是西汉名将霍去病的异母弟，历经汉武帝、汉昭帝、汉宣帝三朝，秉持朝政前后达20年，为汉室的安定和中兴建立了卓越功勋。应该说，作为具有深谋远略的一代政治家，霍光也曾十分注重自身的政治和道德修养，然而他终究摆脱不了"君子之泽庇荫后世"思想的束缚，未能教育、管理好自己的子女和家庭。他过世后第二年，霍家即因谋反被族诛，以至于班固在《汉书·霍光传》中为其留下了"不学亡术，暗于大理"的历史评价。像霍光家族这样的悲剧不唯在历朝历代，甚至于今天都在不断上演。我们这些年所揭发出来的大大小小的"老虎"和"苍蝇"们，昙花一现的"暴发户"们，又有几个传承了良好的家风、家教，真正做到了"正心、修身、齐家"？青年毛泽东曾是曾国藩的"粉丝"。他说："予于近人，独服曾文正。"他还曾向党的高级干部推荐过几本书，其中便有《霍光传》。联想到老人家反复强调的"要认真看书学习，要管好自己的子女"这两条意见，就不难看出其深意。①

自习明迁入襄阳后直街以来，历经千百年风风雨雨的考验而形成的"凿齿之风"，始终为习氏家族所坚守所弘扬，故历经千百年而不坠落。

在有关家风族风的研讨中，关于家风族风的文章不少，然笔者查中国知网等论文数据库时发现，专就一个名人如范仲淹、姚雪垠等个人的家风的专论虽时有所载，而专门研究习凿齿个人对习氏良好家风形成的影响的论文至今付之阙如。因此，探究"凿齿之风"对习氏良好家风的形成并不断延续精彩的影响和其穿越时空的当代价值所在，就显得很有必要。

鉴于习凿齿不少事迹被尘封，笔者曾对习凿齿进行过较为系统的研

---

① 周新寰：《从曾国藩和霍光谈家教》，《光明日报》，2014年4月2日。

究，发表《史书诗坛耀三星　千秋万古当齐名——论习凿齿与王羲之、陶渊明未能齐名之原因》一文，在论文中，为了将习凿齿、王羲之、陶渊明与为数众多的一般名人相区别和论述的需要，将其三人称为"顶尖级别"的名人，同时，用客观的历史事实，揭示习凿齿被尘封的事迹，以彰显"凿齿之风"。

名人，特别是像习凿齿这样的"顶尖级别"的名人，在他们身上，保存着他所具有的中华文化的精华，体现了中华民族发展中足以垂范后世的基因。往事可追，后人视今，有如今人之视昔。谁不会赞赏、珍视、推崇、敬仰与效法自己曾有过辉煌一生的先祖、前贤呢！

君不见：当我们与人初见，首先会自然而然地问：您贵姓？我姓杨，杨家将的"杨"！……我姓范，范仲淹的"范"！……这种情不自禁道及自家先祖，除了简单而确切地表明自己的姓氏外，更多的在于为自家出过能为国为民作过贡献的先祖而自豪。这种自豪，对人对己都应是一种很好的教育与激励。

"凿齿之风"，尤其是其中的"忠烈重德"之风，对于其家族来说，沾溉尤深，影响甚大，是教育、激励、引领其子孙后代为家国作出贡献的光辉榜样；从社会交往来看，则是一张显示家国深厚文化底蕴的名片；对于人类社会而言，他们的良好的影响、重要贡献与辉煌业绩，就是后人教育研究的取之不尽、用之不竭的重要资源，从这一角度来看，"凿齿之风"是经典的家风。

经典家风传千载，生命绵长无绝期。那么，"凿齿之风"对于习氏良好家风的形成与传承有哪些方面的影响呢？

诚如上述："凿齿之风"涵盖着对其先祖长期积淀的良好家风的恪守与凝铸，以及习凿齿自己的懿言嘉行对先祖德望的发扬光大与锻铸，并为习氏子孙世世代代所崇仰、追慕与激励阐扬，具有极强的凝聚力，从而使良好的习氏家风族风随着社会的发展而不断增值，使习氏家族历经千百年而人才辈出。概括起来，"凿齿之风"对习氏良好家风族风的形成主要有如下几个方面的影响。

第一，"崇尚忠烈、学习忠烈"的"凿齿之风"，对习氏"忠直爱国"家风族风形成的影响。

习氏先祖和习凿齿"崇尚忠烈、学习忠烈"的家风族风，在习氏家族中形成了一种"忠烈家风族风与忠烈文化"，这种家风族风和文化，大大有利于习氏家族爱国主义精神的铸就。

"忠烈家风族风与忠烈文化"，是习氏家族在长期的艰苦奋斗中族众精神的历史积淀之果。敬仰"忠烈"、崇尚"忠烈"、慼怀"忠烈"、褒扬"忠烈"、学习"忠烈"，是习氏先祖和习凿齿民族精神的具体展现，也是习氏家风族风的一种展现。

对于"忠烈"，屈原在其《国殇》诗有感人肺腑的吟咏与赞颂。最末两句云："身既死兮神以灵，魂魄毅兮为鬼雄。"意为：英雄啊！你们一去不复返，你们的精神却威灵显赫，魂魄则刚毅果决，成了鬼魂中之雄杰！

"崇尚忠烈、学习忠烈"的"凿齿之风"，几乎贯穿于历朝历代的习氏家族之中。

据北宋元符三年（1100年）的《湖洲习氏族谱》分析，其时谱中附有习凿齿所著之《襄阳记》（谱中称之为《襄阳志》）与《汉晋春秋》。其《襄阳记》中的习氏先祖的实录，当是据其时的《习氏族谱》撰成。即使不是来自东晋时的《习氏族谱》，其后裔附其著作于谱中亦属理所当然。《襄阳记》中记载有多位"忠烈"，其中习珍"忠烈重德"的事迹颇详：言关羽被杀之后，习珍被陷吴军重围，誓不投降，仍然起兵抗吴。事败之后，仍然坚守先祖习飨由秦仕汉，习融不事昏君，习郁事明主的忠烈重德精神，至死坚持拒吴事汉。

当孙权遣潘濬（潘濬，字承明，武陵汉寿人，蜀汉重臣蒋琬的表弟。原为蜀汉治中从事，关羽失荆州，最终为孙权所劝降，成为孙权所宠幸的心腹重臣。长期主管荆州事务，官至太常）讨伐习珍时，习珍仅剩疲乏不堪的几百人了，但仍率他们上山继续抵抗。潘濬多次给习珍写信，苦苦劝他投降，习珍不为潘濬承诺的荣华富贵与高官厚禄所动，不予理睬。潘濬为了表示诚意，只带几个人亲自来到山下与其面谈。习珍斩钉截铁地对潘濬说："我一定要做汉朝的鬼，不做吴国之臣，逼迫我也是没有用的！"说完，为示绝不投降之心，便向潘濬开弓射箭。潘濬攻打了一个多月，习珍箭绝粮尽，对其部下说："我受汉中王之厚恩，不能不以死相报，你们何必同死呢？"

生当为人杰，死当为鬼雄！习珍说完便拔剑自杀。对于这位"忠烈英雄"，刘备为之举行了丧礼，正式追赠他为邵陵太守，建忠烈堂。当贼人挖了习珍家的祖墓时，时人均为之伤痛！① 习珍的事迹，所有的《习氏族谱》均载录，是激励与鞭策习氏族人的精神力量！

"忠烈重德"是诸葛亮一生最为闪光之点。诸葛亮为了恢复大汉的一统之业，忠烈一生，德业高尚，"鞠躬尽瘁，死而后已"。同样一生忠烈的还有习隆。在诸葛亮死后不久，蜀臣与蜀地人民都请求为他立祠庙，后主不从，习隆便与中书郎向充等人向后主上表论辩，称："臣等听说周朝的人怀念召伯的德惠，保护着他曾在其下听政、休息的棠梨树，不使剪伐；越王勾践思念范蠡的功勋，使人为他铸了黄金的肖像，长期保存。自从汉朝建立以来，因有小的善行、小的德惠而得到画像立庙的，为数很多了，何况诸葛亮的德行足以为远古近今的典范，功勋足以超过汉朝中经衰微以来的任何人物，朝廷不致毁坏中断，实在是依靠着此人（的尽忠竭力）。然而祭祀只在私人家进行，祭庙和肖像都还没有建造和绘塑，使得百姓只能祭祀于里巷，少数民族只能祭祀于山野，还是不足以记存其德、思念其功、追想和传留其昔日（的善言美行）的。……臣等愚暗，认为宜因应情势，在沔阳立庙，按时赐予祭祀。凡是他的亲属、他原来的下属官员，想要祭祀他的，都只准到庙去祭祀，停止他们的私祭，以尊崇天子所定的礼制。"②

这篇表文，以忠烈重德的先贤比附诸葛亮，以自己所怀忠烈重德之心而敢于仗义执言，破后主不准为诸葛亮立庙的所谓"理由"，是赞忠、敬忠、崇忠的铭文，亦是自我忠烈重德的显现！开启了习氏尊崇诸葛亮、报效国家之先声！后主无奈，终于在"景耀六年（263 年）春，诏为亮立庙沔阳"，从此历朝历代开始官方崇祀诸葛亮并逐渐形成遍及全国各地的诸葛亮祠墓文化的先声！

习隆的事迹同样为《习氏族谱》所载录，同样是激励习氏族人崇忠、向忠、学忠、重德的榜样。

---

① （晋）习凿齿撰，舒焚、张林川校注：《襄阳耆旧记校注》，武汉：荆楚书社 1986 年版，第 109、173～174、214～216 页。

② （晋）习凿齿撰，舒焚、张林川校注：《襄阳耆旧记校注》，武汉：荆楚书社 1986 年版，第 109、173～174、214～216 页。

习凿齿罢职于荥阳后，首先想到的是当官事小，忠于朝廷事大。写信给桓秘，表示要忠于朝廷，同时前往诸葛亮宅，祭吊诸葛亮，写下了有名的四言诗《诸葛武侯故宅铭》，以缅怀诸葛亮的忠烈之心，表示自己虽然仕途受挫，忠于朝廷之志仍坚于磐石。习凿齿的事迹与其《诸葛武侯故宅铭》，同样载录于所有的《习氏族谱》之中，毋庸置疑，这是习氏忠烈精神的传承！

青史书忠烈，百世当留芳。习珍的事迹在《习氏族谱》中赋下了独具"追随忠烈、崇尚忠烈、学习忠烈"特色的一笔，习珍、习隆、习凿齿接武先祖，彰显着习氏"崇尚忠烈、学习忠烈、忠烈重德"的家风族风。

习凿齿于新余白梅与峡江湖洲的习氏子孙，在元军的铁蹄踏破宋江山之时，彰显了"忠烈重德"的"凿齿之风"，不贪生怕死，响应文天祥的号召与元兵抗争。

《邓州习氏族谱》又将习融习郁父子、习珍习隆以及习凿齿的忠烈重德事迹给予了重录与提炼，营造和弘扬了习氏家风族风中"追随忠烈、崇尚忠烈、学习忠烈"的"忠烈文化"氛围，让习氏后人加深了对这种民族传统的深刻理解与切身的体验。

自此以后，任凭风浪起，习氏显真诚。在大明帝国曾一度摇摇欲坠、风雨飘摇之际，历经明永乐、洪熙、宣德、正统、景泰五朝，且著作等身的习凿齿的三十五世孙习嘉言①不惧打击迫害，于公元 1449 年向景泰皇帝朱祁钰上《六事疏》。疏中劝告景泰皇帝要总结其兄正统皇帝为什么会当了也先的俘虏，为什么会宠用奸佞王振之徒，为什么不能像先皇一样重用杨士奇、杨荣、杨溥那样的贤臣，最后提出"奉天道，民为天""崇人道，民为本""隆君道，观今鉴古""重臣道，要勤政""简文职，裁庸官""修武事，强边防"的策略。② 同时，用自己忠烈重德的实际行动，成功地辅佐了景泰皇帝当政。公元 1457 年正统皇帝复辟，为官忠烈的习嘉言这一《六事疏》，就是给复辟的正统皇帝重新执政的有益警示！

特别是在国难当头之际，日寇凭陵，中华民族到了最危险的时刻，此时的习氏，更显忠烈之志。其中涌现出多位杰出的代表！

---

① 白梅村委会：《白梅习氏合修族谱》，2006 年刊本。

② 李木子：《新余风物录》，新余：新余市博物馆 1988 年版，第 139~141 页。

英烈人生展异彩，点点滴滴显精神。这就是"崇尚忠烈、学习忠烈"的"凿齿之风"在新的历史条件下所赋写的动人篇章！

忠烈家风族风励后昆。习氏家风族风的"崇尚忠烈、学习忠烈"，展现了为国牺牲的精神品质及其历史意义，彰显了个人对社会、对国家的责任和担当，是对民族精神的弘扬。家风族风中的"崇尚忠烈、学习忠烈"，是中华民族优秀传统文化中重要的内容，这不仅让习氏子孙常常敬仰先贤和身感荣耀，就连他姓族众读到之后，一样会受到为国牺牲的民族精神的忠烈文化的熏染。这种精神的弘扬与光大，必将有利于华夏民族爱国主义精神的培育。

第二，"慎忠追远、和谐忠孝"的"凿齿之风"，对习氏"和谐团结"家风族风形成的影响。

"慎忠追远、和谐忠孝"的"凿齿之风"对习氏家风族风的影响，表现在习氏家风族风的方方面面，尤以习氏在"堂号"的命名上表现最为突出，它是习氏家族文化的聚集点。

"堂号"，多挂于厅堂、祠堂的壁间正面的最显眼之处。是一个家族门户的代称，是一个姓氏的一种血缘的特殊标识或延伸，是家风族风文化的重要组成部分，可以说它是一个家族家风族风文化的高度概括，是家族家风族风与文化风格的展现。

"堂号"，是中国优秀传统文化中别具特色的一种文化现象。我国的每个姓氏家族均有"堂号"，而且都源远流长。其命名颇多讲究，且往往有其典故，有其故事。或为族人缅怀先祖功业而取；或为表示血缘关系而命名；或为表达本族发源地而取；或为以传统伦理规范而命名；或为显示祖上的情操雅量气节而取；或为记载祖先的嘉言懿行而命名；或为希冀祥瑞吉兆而取；或为示以良好的祝愿而命名；或为激励族人壮志而用；或为彰显家族中的科举功名而命名；如此等等，兹不一一。由此可见，这些"堂号"之名，从某种意义上来说，就是一个家族家风族风与家族文化的一张响亮而闪光的"名片"。

笔者考察诸多"堂号"之名，发现它们多是用来劝善惩恶、敦宗睦族、弘扬孝道、催人奋进、教育族人的，以维护家庭、宗亲和社会之稳定。"堂号"是各个姓氏编纂家谱的重要依据，是族人寻根问祖、缅怀先

祖、激励后人的一面旗帜，故其命名之后子孙不可擅自改动，它是家族家风族风和家族文化的昭示，当属中国优秀传统文化。

如，东汉名士杨震，他在东汉永初二年（108 年）调任东莱太守时，路过昌邑。县令王密因以往得到过他的荐举，便在夜晚带金十斤为礼去拜访。杨震当即拒绝这份礼金。王密以为杨震是虚情假意而做做样子，便说："幕夜无知者。"杨震怒道："天知、神知、我知、子知，何谓无知？"王密为之羞愧，狼狈而返。杨震此举传为千古佳话，垂馨千祀。杨震为官一世，清白自守，耿介奉公。后世子孙以此为荣，立"四知堂"激励后昆。这就是"四知堂"堂号的由来。

习氏的堂号，同样展现了习氏的优良家风，除上面提及的"忠烈堂"之外，由白梅村分出的习氏，就有多个独具特色的"堂号"。这些"堂号"，延续着"凿齿之风"！

新余白梅村习氏所立"堂号"，单在明清两朝，仅围绕"和""敬"二字就立有三个，分别是"中和堂""怡和堂""和敬堂"；湖洲花门楼则有"居安堂""丛桂堂""植槐堂""光裕堂""宪德堂""端居堂""敦本堂""宝善堂""兴仁堂""培元堂""广平堂""笃恩堂""存仁堂""本源堂""集贤堂""中和堂""余庆堂""中立堂""祥和堂"等；邓州习氏则以"承恩堂"闻名。这些堂号，均是以忠孝、仁义、和顺、感恩等美好愿望敦促后人向好向上。现就笔者所见白梅的堂号进行分析。

习凿齿徙居白梅村之后，其子孙传至二十五世时，村东头的寿增公生有三子：邦达、邦闻与邦信。"中和堂"为习凿齿的二十六世孙习邦信所立，堂上祀习凿齿遗像，像旁有联云："史笔擅春秋之誉；岘山留沼薮之华。"上联赞凿齿是有名的史学家，著有名著《汉晋春秋》，下联记先祖习郁的业绩。全联昭示要承继先祖的"凿齿之风"。

"中和"者，乃儒家伦理也！《礼记·中庸》有云："喜怒哀乐之未发谓之中，发而皆中节谓之和。"认为人的修养能达到"致中和"的境界，就会产生"天地位焉，万物育焉"的效应。孟子则强调"天时不如地利，地利不如人和"。"中和"这一堂号，也是对先祖习凿齿崇儒信佛理的继承与发扬。取此"堂号"，习邦信可谓用心良苦！他以此来教育子孙，习氏子孙受此教育而多出有学问之人。

明正统至正德年间，白梅习氏所居的白梅村已是人稠地少，习翱便举家迁往"兰峰"（即今之新余市渝水区官巢镇南下村），为"兰峰"习氏的开基祖，并创立"堂号"曰"怡和堂"。"怡和"者，和悦喜庆、怡情悦性、和谐协调也。《楚辞·大招》诗云："曼泽怡面，血气盛只。"杜甫《赠卫八处士》诗云："怡然敬父执，问我来何方。"《礼记·乐记》："其声和以柔。"品味上述这些词语与诗句，取号为"怡和堂"的主旨便跃然纸上。"堂号"展家风，"堂号"及其家规家教对于凿齿的子孙，有着异乎寻常的鞭策与激励效果。

习凿齿的二十六世孙邦鲁自村东头徙居到村西田里之后，白梅习氏人丁繁多，人文蔚起，族大鼎盛。习氏各房均能和睦相处，互敬互爱。兴建一个大的宗祠，乃众望所归。这个宗祠有五进厅堂，造型别致，结构坚固，外观华美，村中节日的游戏、戏剧、耍龙灯等娱乐活动，或村中喜事都在这个大宗祠中举行，故取名为"和敬堂"。"和敬堂"的取名和建造，正是习氏后裔传承"凿齿之风"的体现。

"敬"者，尊敬之意也。《礼记·曲礼上》云："贤者狎而敬之。""和敬"乃和谐且相亲相爱之意。这个"和敬堂"曾遭兵燹之灾，但习氏宗亲"和敬"意浓情深，多次重建重修。2006 年竣工的"和敬堂"，厅长 60米，宽 12 米，高 9.6 米。厅堂屋柱上镌刻着古时流传下来的楹联，如："斑流管馨，擅荆襄之秀；蓉楸垂映，挹汉沔之华。"上联言东晋先祖习凿齿博学洽闻，以文笔著称。下联道东汉习郁，于岘山之南依范蠡养鱼之法作鱼池，在堤岸种竹、长楸及芙蓉。对联传家风，联语追述着古村的渊源与历史，彰显着凿齿等先辈开创的习氏家风族风、习氏文化的品位。

尤其是每年一到清明节，江西、河南、湖南、陕西、云南、江苏等省数以千计的习氏子孙，云集于白梅"和敬堂"，举行祭扫凿齿墓的祭奠仪式，然后秩序井然地前往凿齿墓上坟祭拜。"和敬堂"前呈现出一派和谐、和乐、和敬的景象，催人奋进、场面激动人心！

"和敬堂"成了传承与发扬"凿齿之风"及光大中华文化慎终追远、和谐忠孝传统的平台，同时亦是激励族人要为父母尽孝、为国尽忠的精神堡垒，又是体育娱乐、文化教育中心。而这样的平台，蕴含着礼治、礼节、礼制等丰富内蕴，将慈孝、和敬、仁义、恭顺的"凿齿之风"等，尽

233

纳其中。这种继承与学习先祖良好家风和家族优秀传统文化的祭扫，对于振兴宗亲、强化宗亲凝聚力、稳定地方社会秩序起到了积极作用。

《论语》有云："礼之用，和为贵。"世代为望族的白梅习氏光大凿齿"和敬和谐"之风，他们有效地化解了宗族中排他性的消极面，展现其所倡导的"和敬""和谐"潜在的无穷魅力，它不仅影响其本族族众，亦潜移默化地影响着与白梅习氏同住一村或相邻村的张姓、邹姓、陈姓、叶姓、罗姓、王姓、严姓、程姓、潘姓、曾姓、熊姓等姓的族众。千百年以来，这里从来就没有发生过宗族间械斗与争吵，均和谐相处，真是难能可贵。

在官场上，有明一代，白梅习氏与湖洲习氏为官者不少，他们在为朝廷尽忠尽力的同时，均能与同僚和谐相处并受到称赞。杨士奇、杨荣、杨溥、王直等名臣名宿为习氏题诗作序者就有不少，就连与白梅习氏紧紧相邻、明代权倾朝野的严嵩父子，白梅习氏也不曾与其发生过纠葛。这就是明证。

由是观之，习氏"堂号"所倡导的"和敬"，有利于弘扬孝道，有利于社会团结，有利于社会稳定，有利于民心的寄托，有利于中华民族向心力、凝聚力的加强，展现了中华优秀传统文化中"以和为贵"的思想，这是中华民族优秀传统文化中的瑰宝。

展现"凿齿之风"的"堂号"，在正史和地方史中一般不会载录。毋庸讳言，挖掘富于"凿齿之风"的习氏"堂号文化"中的习氏家风族风精华，是弘扬中华优秀传统文化的有效途径，颇有利于华夏民族和谐团结精神的培育。

第三，"热爱教育、注重德行"的"凿齿之风"，对习氏"尚学敦厚"家风族风形成的影响。

千秋大业，教育为先。中华优秀传统文化之所以能够延续五千余年至今，与中华民族崇文重教、崇德重教有很大关系。将道德作为教育的一种精神资源，是人们心目中的根本内容。孔子教其子孔鲤，要他学《诗》学《礼》，称"不学《诗》，无以言""不学《礼》，无以立"。提出教育要重德、重言行的理念。《颜氏家训·勉学》中说："不肯读书，是犹求饱而懒营馔，欲暖而懒裁衣。"唐朝韩愈在其《符读书城南》中云："人不通古今，马牛而襟裾。行身陷不义，况望多名誉。"亦是将读书与做人紧密相连。

"热爱教育、注重德行"的"凿齿之风"，对习氏"尚学敦厚"家风族风的形成影响甚巨。

翻阅《习氏族谱》及其谱中所附凿齿的著作（北宋元符年间以前的《习氏族谱》虽已亡佚，但所附著作有的仍在），查其人才情况，便知习氏诸脉诸房是尊崇文化教育并注重德行教育的，且教学有成，人才辈出。《襄阳耆旧记》中载：东汉习融"有德行"；习询、习竺"才气锋爽"；习承业"博学有才鉴"；习温"识度广大。……从容朝位三十年，不立名迹，不结权豪。……长子宇，执法郎，曾取急（归），车乘道从甚盛。温怒，杖（宇，责）之曰：'吾闻生于乱世，贵而能贫，始可以亡患，况复以侈靡竞乎！'"习祯"有风流，善谈论。名亚庞统，而在马良之右"。

东晋的习凿齿，则更是一位人品高洁、学问渊博、著作等身的大家，也是一位出色的教育家，他56岁一到万载佴田便办书院开讲授徒，当地张氏族人为纪念习凿齿办教育有功，将佴田改名为"书堂"。

至清道光九年（1829年），该地习凿齿的"墨池尚存"。为使先贤遗迹不至湮没，张氏诸族出重金在原地基上创办"彦威书院"。①

习凿齿自57岁始即在白梅创办了"半山学舍"（旧址犹在），直至85岁仍在白梅开馆授徒，经他创作并流传下来的对联"半榻琴书陶性分，山岭风景畅胸怀"，就是他28年从事教育、提倡要注重德教的形象写照！

习氏后贤将习凿齿创办"半山学舍"的勤学精神不断发扬光大。至清代，创办了"枕山书院"。该书院有记云："白梅之峰，古称緱山，山之下有家塾焉！祖父珠浦公所创建也！先君子丽翁永言继志，延师课读，其中费不少。靳长兄伟堂先生善体亲心，学勤而教，不倦也！有年于兹。博齐、子功两兄尝出其门下……修天德以预王道，而梦寐不忘其以山作温公之警。"（芳圃逢春《枕山书院记》）"枕山"之名，取自"温公警枕"的典故，教导在学子孙要像温公司马光一样勤奋励学！在提倡勤学的同时，书院更重德教，提倡"济世为怀而心存有主，故能严气正形敦厚而善所止，不为人欲所摇夺，盖其寝于义理也！熟矣！"（《枕山书院记》）由此，

---

① 参见赐进士出身原任安徽知县就教授职邑人郭大经《创建彦威书院记》。

显见其教育宗旨是要将爱国、忠烈、勤学、修身、养性、济世、治平等理念融入办学的教育之中。

再看《湖洲习氏族谱·申明家规二十则》（此二十则的内容，多能扣合汉末两晋时上述习氏人物重视德行的行为规范，是否为汉晋时期佚失的《习氏族谱》中遗留下来的"家规"，还有待考证），将崇教重德写入了族谱：在学方面，要"勤学问，以大显扬"；在德方面，要"修宪行，以立人品"。这就是对"热爱教育、注重德行"的"凿齿之风"的发扬光大。

《白梅习氏族谱·箴戒九则》则更凸显其注重教育，提倡做人要陶冶性情、要胸怀坦畅，心术要正；要注重个人的身心修养，戒除一己之贪欲；处理好人际关系，要达到"人皆用机巧，我独守愚拙""失固不为忧，得亦不为悦"的为人境界！

在这种"热爱教育、注重德行"的"凿齿之风"的氛围陶冶下，习凿齿崇教重德，为人师表，自他在万载创建书堂，在白梅开办半山学校之后，历代后裔，均具有崇教、尚学、敦厚、奋进的精神品格，他们以崇教兴学为第一要务，且将这种重视德教的文化资源落实到习氏子孙的具体行动之中，并形成了优良的习氏家风族风。

万丈深根参天树，家风良好人才出。经习凿齿的亲自教育培养，其子习辟强才学有父风，任骠骑从事中郎。仅以习辟强长子习安邦为例：安邦子习叔万，叔万子习岗，习岗子习崇华，富而能施，被乡里称为"习长者"。又习凿齿其子习光祖，刘宋元嘉年间为鄞州金判。其曾孙习义章官南朝梁平江长史……此后代有闻人，由唐至今，习氏可谓大才辈出，人才济济。

习凿齿的高风亮节、人品学问，更深刻影响着其后裔，千百年以来，他们无不忠诚于国家、民族，其中不乏国家和民族的栋梁之材。

翻检《习氏族谱》和其他相关资料，以习凿齿为开基祖的新余习氏，人才流布于我国大江南北乃至美国。据《习氏八修族谱》载，仅白梅及邻近的高山、分宜塘西、峡江湖洲，自宋以来，有进士邦鲁、嘉言、刚如、家驹、振领、怀济、启颜、芳桂、必延等达数十人之多。有敢于为国为民奋斗终生者，他们无不为先贤时俊所赞叹。

习凿齿后裔，承凿齿崇教重德之风，在海外求学、创业、图发展者，

亦大有人在。如现定居于美国加州的习笑梅博士，就是习凿齿第五十二代后裔。年轻的习博士已有三十余项科研成果获美国专利，以资深科学家身份加盟 MAXWII 公司后，开发超级电极材料达当前同行业的世界领先水平。她有成就但不忘祖国，十分关心祖国的社会主义建设事业。其子习党骥虽出生于美国，不忘回籍入谱。新近，在白梅村，又有习明明、习文、习炜墦（女）三位博士走向社会、走向世界开创业绩！

曾胸怀"济天下"的"四海习凿齿"最终壮志未酬。现正逢盛世，他数以万计的后裔，已遍布四海，在各自的岗位上兢兢业业、奋发进取，为国家强盛、民族振兴、人民幸福、人类进步不懈地作贡献。

这种"热爱教育、注重德行"的家风族风传承于习氏各个支系，必出杰出之人。……从 1882 年至今，富平习氏经历 120 多年，已繁衍五代 40 多人，成为邓州习氏的一支重要族群……

"忠厚传家久，诗书继世长"这副古联几乎随处可见。从某种意义上来说，它是对中华民族崇教文化最为精练的概括，也是"热爱教育、注重德行"的"凿齿之风"的诗联表述。它道出了崇文重教更当重德的辩证关系，它是一个宗族之所以能繁盛不衰的缘由，也是中华优秀传统文化最为经典的阐扬。

第四，"行善积福、破男尊女卑"的"凿齿之风"，对习氏"男女平等"家风族风形成的影响。

"行善积福、破男尊女卑"的"凿齿之风"，对习氏"男女平等"家风族风的形成，影响甚巨。

在我国历史上，"男尊女卑"观念根深蒂固，对绝大多数的中国女性来说，在社会历史的舞台上，演出的是她们的人生悲剧。《列子·天瑞》中云："男女之别，男尊女卑，故以男为贵。"女性一直受到各种歧视，特别是到了宋代，程朱理学更是迫害妇女的典型。什么"三从四德""夫为妻纲""未嫁从父，出嫁从夫，夫死从子""男女授受不亲，笑不露齿""大门不出，二门不迈，饿死事小，失节事大""立贞节牌坊""裹小脚""女子无才便是德"等等五花八门的沉重枷锁，均强加在妇女的头上。

然而，在习氏的族谱和族谱的附著中，却赫然地记载着习氏女性的名字和作为、贡献，由此可见习氏家族对这些女性秉持了公正态度，这是在

其他族谱中所不多见的。为了凸显习氏谱牒中的这一文化特色，故笔者将其称为"行善积福、破男尊女卑"的"凿齿之风"。

构成"行善积福、破男尊女卑"的"凿齿之风"这种良好家风族风的文化现象表征有三：

一是载有称赞习氏妇女不仅充满政治智慧，而且能廉洁自处、品德高尚的内容。

如《襄阳耆旧记·李衡》中写的是李衡，但相当篇幅记述的却是李衡妻习英习。习英习是"才气风爽"的习竺之女。李衡从政，不畏强权、不畏上司的威严蛮横。他初任郎官，就说动了孙权，将其心腹、操弄权柄、罪恶累累的校事吕壹杀掉；他出任太守，多次用法制去约束后来为帝的琅琊王孙休。对此，李衡妻习英习便不时提醒他说："地位低的使地位高的过不去，关系疏的使关系亲的互相间变疏远，这是招致祸害的路！"李衡不予听从。后来，孙休果然当了皇帝，李衡身处困境，便害怕起来，要叛逃到魏国去。

人生料事，难在身处困境之时。李衡妻习英习便坚决地予以反对，"知人者智"。英习既知李衡，亦知孙休。她对李衡的处境和孙休的心理状况作出了富于哲理的分析，之后，教给了李衡解决的办法，不仅避免了将给李衡一家带来的灭顶之灾，更获得了孙休的重任与高度信赖！

为子孙后代敛聚资财，可以说是绝大多数父母的心愿或通病，也是不少人"栽倒"在子孙前面的一大原因。作为丹阳太守的李衡亦未脱此俗。他在任太守期间，总想干一些增加家庭收入的事，但均遭到其妻英习的反对，直至临死之时才道出了他与英习就要不要为子孙敛财而论争的秘密。李衡对子女说："你母亲讨厌我做增加家庭收入的事，以至于穷成这个样子。但是我们家乡有'木奴'一千个，不愁供应你们衣服、饭食。"李衡死后二十多天，儿子将李衡的话禀告了母亲。

英习说："这当是种植了柑橘的意思吧。你家走失了十个家客，至今已有七八年，一定是你父亲派遣他们另建住宅去了。你父亲经常说，太史公说过：'在江陵种植一千棵橘树，就抵得上一个受有封邑的贵族之家。'我回答说：'士人引为忧患的，是没有德、不行义，而不以不富裕为忧患。

如果官位高，却能过不富裕的生活，那才好，用这些柑橘干什么呢?"① 这种"富而能贫"的操守，是何等高尚的境界！

二是载有习氏妇女节义与操守的内容。如《襄阳耆旧记·庞林妇习》中，则是专门叙写"有风流、善谈论。名亚庞统，而在马良之右"的习祯之妹习氏是如何为人妻的。文中称：庞林的妻子习氏是同郡习祯的妹妹。曹操攻取了荆州，庞林的妻子习氏与庞林被分隔在两个敌对的阵营，但她一直坚守，独立抚养幼女十余年之久。后来庞林随同黄权投降了魏国，这才又得团聚。魏文帝得知此事，称赞习氏的贤淑，赐给床帐和衣服，以显扬她的节操与义行。

三是在宋代，是妇女遭迫害最为酷烈的历史时期，特别是到了明清时期，"溺女俨然成为风俗，人们也知道这是一种恶习，但大多数人对于这种恶习是容忍的，有些人还觉得应该提倡"②。

当此之际，习氏发出了妇女也是人、"反对溺女婴"的正义呼声！并以此作为族规写入其家谱之中。而在首编于北宋元符三年（1100 年）的《湖洲习氏族谱·申明家规二十则》中写道："慎溺女以葆天和"，称"虎狼虽恶不食子，带血女娃何忍贱稿之，倘日家贫，则生女亦当鞠养"。行善积福、以人为本、破男尊女卑的"凿齿之风"的美德在习氏的家风族风、家教中一直相传承。在编于元末明初的《白梅习氏族谱·箴戒九则》中，破除了"男尊女卑"劣迹，提倡夫妇之间要平等以待。其"夫妇箴"写道："夫以义为良，妇以顺为令。和气千祥来，乖戾百殃应。举案并齐眉，如宾互相敬……"

"行善积福、破男尊女卑"的"凿齿之风"，在习氏男女平等家风族风中得到了彰显。这是对中华传统文化中的"男尊女卑""女人祸水论"的颠覆与否定，是"行善积福、以人为本、男女平等"传统文化的拓展。

第五，"精擅学术、宠辱不惊"的"凿齿之风"，对习氏"刚正不阿、勇于践行、学以致用，特立独行多创见"家风族风形成的影响。

"精擅学术、宠辱不惊"的"凿齿之风"，对习氏"刚正不阿、勇于

---

① （晋）习凿齿著，舒焚、张林川校注：《襄阳耆旧记校注》，武汉：荆楚书社 1986 年版，第 109、173 ~ 174、214 ~ 216 页。

② 柏华、周面杉：《明清溺毙子女现象分析》，《苏州大学学报》2014 年第 2 期，第 51 页。

践行、学以致用，特立独行多创见"家风族风的形成，影响深远，有利于华夏民族维护国家大一统精神的深入人心。

对于晋之断代问题，唯独习凿齿能"精擅学术"，以独特的视角，提出"越魏继汉论"即"大一统论"的观点，此观点远超一批晋臣。这皆因他有高深的学识。也正因为他有高深而渊博的学识，所以他能做到"宠辱不惊""识见高远"。

晋人潘岳（247—300年）《在怀县》诗中云："宠辱易不惊，恋本难为思。"当桓温器重他时，在简文帝看重他之际，习凿齿虽"得宠"而淡然不惊。发现桓温萌逆之际，他真可谓"恋本难为思"，不假思索地站在维护国家大一统的一边。

当苻坚给他赏赐甚厚并委以大任却同时又侮辱他、视他为"半人"时，他高度冷静地再一次表现出"宠辱易不惊，恋本难为思"的情操，让苻坚将他放归襄阳，并从此一去不复返，使苻坚的"征召"落空。

继习凿齿之后，当元朝一统全国之时，从元初至元末习氏遭到了元代统治者的严酷打击并遭天灾人祸，其时竟至"兵戈遂起，盗贼扰攘，饥馑疾疫相仍，而族属之死于难者众矣，流离奔窜寄食四方"① 的地步。由"白梅习"分支的"新淦习"（两地相距不远），对族人遭元军的杀害则有具体的记载：毛润根主编的《习氏花门楼——中国历史文化名村湖洲探源》中说：习氏族人积极响应文天祥抗元的号召，从戎者达数十人之多。因"勤王"抗元而惨遭元军杀掠。至族人"徙外无音讯"。然习均谦的先祖贵发、贵达、允诚、允忠、允享、汉佐、汉道、汉舟、国清等人"宠辱不惊"，坚守"凿齿之风"，坚守祖德，"而宗祀之未泯者，皆祖宗阴骘之扶，前人积善之久。岂可不修礼教绍祖风乎"！② 有元一代的白梅习氏先祖，有如东汉末的远祖习融不仕王莽乱世，均不见仕元朝，而是居于乡里行善积德。直至朱元璋灭元，告诫族人，修谱而兴族。在修谱的当世，"凿齿之风"大显。习氏即开始繁盛。湖洲花门楼习氏也是如此，虽遭元兵之难，凭借其祖德"凿齿之风"，明清两代亦人文繁盛！

---

① 均见《习氏族谱·习均谦〈梅田习氏源流序〉》《习氏族谱·黄子澄〈族谱原序〉》等资料。

② 均见《习氏族谱·习均谦〈梅田习氏源流序〉》《习氏族谱·黄子澄〈族谱原序〉》等资料。

习嘉言更是不忘先祖的德行，"恋本难为思"，在家国危难之时，在向明景帝宣传习凿齿的"越魏继汉论"即"大一统论"的同时，亲自镇守阜成门，使也先不敢来犯，同时综合当朝六大弊病，提出自己的解决办法，显现了在也先大兵犯境、兵临首都之际的镇定与对国家的忠诚！

至近现代，邓州习氏先烈在新的历史条件下，将"凿齿之风"不断丰富与拓展光大。

二、家族传承与宗亲文化的关系

2013 年 12 月中共中央办公厅发出《关于培育和践行社会主义核心价值观的意见》，2014 年 2 月 26 日，习近平总书记在主持座谈会专题听取京津冀协同发展工作汇报时强调："要利用各种时机和场合，形成有利于培育和弘扬社会主义核心价值观的生活情景和社会氛围，使核心价值观的影响像空气一样无所不在、无时不有。"如何重塑社会价值的共识，使社会主义核心价值观更好地融入社会实践，从而成为人民群众的行动，这是目前学术界与基层政府部门亟须解决的理论和现实问题。

"历史上与中国文化若后若先之古代文化，……或已夭折，或已转易，或失其独立自主之民族生命。惟中国能以其自创之文化永其独立之民族生命，至于今日岿然独存。"[①] 作为生命密码的基因，它记录与传递着生命赖以延续的遗传信息。文化也是有其生命的。它的"基因"则承载着文化赖以延续的遗传信息，这就是"人的真理"。"中国文化是世界诸主要文化中唯一的非宗教性文化，因为中国文化的生命遗传信息不承载于任何宗教信条。中国文化的'基因'，就是阐述以良知为本的人的真理的儒家思想。"[②] 在努力实现中国梦的今天，"民族文化基因是中国梦的魂与根"。作为民族文化中的重要组成部分的优秀的家风家族文化，它与社会主义核心价值观有着一脉相承、推陈出新的关系，在民族文化中扮演着不可或缺的重要角色。

《孟子·离娄上》云："天下之本在国，国之本在家，家之本在身。"

---

① 梁漱溟：《中国文化要义·中国文化个性殊强》，上海：上海人民出版社 2011 年版。
② 吕嘉：《中国文化的"基因"》，《中共宁波市委学校学报》2015 年第 1 期，第 56 页。

家谱、家族、族风、家风文化育心志：读书，是从家庭开始，家庭教育是人生启蒙教育的第一课堂，是一种文化的延续、一种精神的延续，是家风族风传承的开始。而优秀的家谱家族文化中所蕴含的"仁、义、礼、智、信、忠、孝、俭、和、廉"，在有良好家风族风的国人心目中根深蒂固，它所铸就的优秀良好的家风族风也凝结了中华传统美德中最重要的道德要求与核心价值，饱含着"正能量"，这与社会主义核心价值观同根同源、高度契合，家风族风、家谱家族文化在其中成为非常核心的、为一般文化所难以替代的"顶梁柱"之一。

讲到家风族风文化，特别值得一提的是家风族风文化与一般的典籍文化大不相同，它既包含着"典籍文化"，同时又隐含着不载入家谱族谱载籍的"习俗文化"。如有的家庭家族存在"好窝里斗""好拉帮结派""好抽烟酗酒""好懒散""好吃懒做"，甚至"好嫖好赌"等种种恶习陋习。而这些是绝不会写进家谱族谱中的，但它却会如影随形地隐含在家风族风之中。优秀的家风族风中的优秀习俗文化是与这些恶劣的习俗文化长期斗争取胜的结果，是他们数代族人与种种恶劣习俗文化斗争取胜并长期坚持优秀的习俗文化的结果。如本书中习均谦在其诫词中，就写到了白梅习氏是在与困难和恶俗的斗争中坚守并弘扬"凿齿之风"的。中国的诸多优秀家庭家族，也是这样过来的。

为了与恶俗陋习作斗争，中国古代留下不少动人的佳话。如"孟母三迁"的故事，其实就是要避开"劣俗"对孟子的不良影响。《孔子家语》中有名言云："与善人居，如入芝兰之室，久而不闻其香，即与之化矣；与不善人居，如入鲍鱼之肆，久而不闻其臭，亦与之化矣。丹之所藏者赤，漆之所藏者黑，是以君子必慎其所处者焉。"

任何一部族谱都不会写上"恶俗"与"陋习"的，但是，反观其典籍的正面记载，则是可以清楚地看到的。如《习氏族谱》就明确将"不准溺女婴""不许赌博"作为家诫写入族谱。如其"朋友箴"中写道："损友敬而远，益友宜相亲。所交在道义，岂论富与贫。君子淡如水，交谊情愈真。小人甘若醴，转眼如仇人。"这是从做人的正面提出如何交朋友，但其反面所记就是本族之中、他族之中那种"无形的恶俗"在这些人身上的体现。这就是习氏优秀家风族风与不良社会恶俗长期斗争的历史记录，"溺女婴"与"赌博""转眼如仇人的小人"就是某些不良家风族风在世人身上的表现。

从上述这个意义来说，优秀的家谱家风家族文化，包含着家谱家风家族文化中优秀的"习俗文化"与优秀的"典籍文化"。它是中华民族用生命践行、用意志坚守，经久不衰、代代相传的文化基因之一。而作为孕育名人家风族风的优秀的家谱家族文化则是宗亲文化的重要组成部分，是"以文化人"不可或缺的重要措施之一，是社会主义核心价值观大众化的重要路径与切入点。俗语云：国有国法，家有家规。在某些时候，家规与国法互为表里，如果家规族规家风族风不严，做人没有立德修身的意识，则易于触犯国法。因此，"从家风家教做起，家家都继承弘扬传统美德，那就成为促进社会和谐、人人积极向上的动力，功莫大矣"！①

有的家谱研究者经过研究认为，家谱（他说的虽是客家族谱，其实，一般族谱亦当如是）的社会功能有三：一是集中展示宗族朴素治族的理念；二是维护家族血缘稳定；三是社区和谐发展的基础。家谱的现实价值有四：一是历史价值；二是文化价值；三是社会价值；四是旅游价值。新修族谱的现代社会功能有四：一是推动中国"以人为本"治国方略的实施；二是维护祖国统一；三是有利于海外宗族回国投资建设家乡；四是重新恢复渐行渐远的宗族文化。② 所以，家风族风文化，因为它与"习俗文化"和"典籍文化"紧密连接，在中国传统文化的价值体系中，必然占据着天然的优势地位。优秀的家风族风文化是一个家庭、一个家族的灵魂，家有魂，则家兴；家无魂，则家败。

同样，文化是一个民族、一个国家的灵魂，国有魂，则国存；国无魂，则国有危亡之险！国兴才能家兴，人人当有爱国家、爱民族的家国情怀。"家谱是一种与整个民族、整个民族的每一个成员都息息相关的文化现象。……家谱就是一种具有强大生命力的文化力量。这种力量可以使一个民族百折不挠、奋斗不息。正如有人所说：'家谱更重要的意义是文化传承，而不是血脉传承。自己有哪些优秀的祖先，应该在一个宽泛的前提

---

① 陆士伟：《重读包拯与司马光家训》，《光明日报》，2014 年 3 月 27 日。
② 毕剑：《传统与现代的博弈：客家族谱的社会功能变迁》，《赣南师范学院学报》2013 年第 4 期，第 3~6 页。

下寻找自己的文化根源，而不必太局限于狭隘的血统。'"① 因此，作为家风族风的主要载体的家谱族谱，挖掘研究其中优秀的家风族风文化，深入研究家谱族谱中的方方面面，是传统文化精华在民间的深度发掘，使其能够穿越时空，照进现实，让其生命力绵延不绝地浸润百姓的心灵，不仅有其必要性，而且有其紧迫性。

中国名人的家谱族谱中的家风族风文化，与"凿齿之风"一样，是已经受过岁月洗礼和检验的中国古代良好家风族风文化。而这种良好的家风族风，与社会风气紧密相连，家风族风好了，社会风气自然会好。

这些优秀的家风族风文化，均多记录在其家谱族谱之中。家谱族谱，是一个地区一个姓氏的文化载体，其所展现出的家族家风文化，必然令人深受教育，是当代文明社会传承优秀传统文化的重要资源！

在谈良好的家风族风文化与宗亲文化的关系，看挖掘优秀家谱家族家风族风文化的必要性时，我们仍然有必要厘清下面两大关系。

1. 祖先崇拜与爱国的关系

中国人是世界上最富于祖先崇拜传统的一个民族。列祖列宗中的英雄业绩，是其子子孙孙永恒的记忆。崇拜祖先，继承先祖的良好家风，说明一个人未忘其根本。而祖先崇拜，在家谱家族文化中得到最为集中的体现。毛泽东有言："祖宗都不敬，谈何爱国？""家庭和宗室同是人生的两个支撑点，有家才有族，有族才有民族和国家。只有全家团结和睦，家庭才有兴旺；只有全体族人齐心协力，家族才能昌隆……"

毛泽东的谈话，道出了作为家国同构的中国社会，其治理之根本在于家庭这一观点，道出了良好家风族风之所以千百年来有着绵延不绝的生命力之所在；道出了从古到今的华夏儿女敬祖爱国的赤子之心，这就是清明必祭祖，有的甚至远渡重洋寻根问祖的真谛之所在。寻根祭祖是爱国主义精神的弘扬。

由许多个姓氏宗族家庭所构成的中华民族，他们无不对每一个于家族有所贡献的先祖怀着敬意与敬畏，并有着强烈的自豪感和荣耀感。当修订家谱之时，他们无不会将有贡献的先祖的事迹在谱中赋下光彩的一笔，祖先们所创造的良好家风族风，像甘霖似的浸润着族人的心灵，并影响着宗

---

① 倪义省：《家谱文化是民族文化的根基》，《炎黄纵横》2008 年第 2 期，第 1 页。

亲们的社会生活和精神风貌。故而，历经数千年积淀凝聚成厚重而独特的良好家风族风，依然有着巨大的生命力，是滋育和产生中华民族优秀传统文化的母体和沃土，是联络姓氏宗亲们乃至全国民众情感精神的核心。

所谓崇拜祖先，崇拜的是什么？无非是崇拜良好家风族风和先进传统文化，既有崇拜之心，汲收学习就快，这是常理。一个家庭、一个宗族能够尊崇接受本宗族中良好的家风族风及其优秀传统文化，崇拜祖先，就能自动接受祖先制定的家规、族规的制约，全国各族均能结合现实和祖宗流传下来的良好家风族风去搞好每一个家庭。"一花独放不是春，百花齐放春满园。"只有家家家风正，民风国风才能清。千流最终归大海，国家便会自然治。

2. 家谱与正史、地方史的关系

由于种种原因，不少人对家谱族谱文化仍然心存偏见。他们总是重视正史而轻视家谱族谱，这是很不利于深入挖掘家谱族谱和家风族风文化的。其实，从某种意义上来说：家谱族谱是"正史""地方史"的老祖宗。何以见之？

"柳诒徵先生说，我国史书有四大类：（一）个人历史（如年谱），（二）家族历史（如家谱），（三）地方历史（如省志、府志、州志、县志、镇志），（四）国史（如'廿四史'、《清史稿》）。他指出家谱的作用是：'由世次而得其增加之级数，与其由盛而衰或繁或绝之迹'，'或自本省而转徙，或自他省而流寓，或出自色目，或来自西方，或以异姓而承祧，或缘避难而改姓，举凡文艺相承，经术继美，里称望族，世擅高资者'，都可'竟委穷源'。"① 柳诒徵先生所言极是。

明代陈献章（白沙）在《汤氏族谱序》中云："家之谱，国之史也。"此话是将族谱视为史的，也是我国"假谱存史"的一种传统。一般地说来，正史、地方史中所载录的中华优秀传统文化，均会为全国各地的宗亲优秀传统文化所涵盖。而正史、地方史为"官修"，常为经费所限、篇幅所制，或为政治形势所迫，抑或为人力水平所不逮。而族谱、宗祠、碑刻、楹联、诗词、绘画、传记、寺庙、陵墓等形式所记载的良好家风族风与家族文化，则不大会受到上述诸多情况的制约，特别是族谱，自宋朝下

---

① 卞孝萱：《"家谱研究"专栏主持人语》，《淮阴师范学院学报》2009 年第 1 期，第 50 页。

诏提倡修谱以来，一般每隔30年一小修，60年一大修，不修谱则被视为不孝，这就保障了传统文化中家风的精华大都不会出现遗漏。因为，"每一部家谱，照例记载该家族全部成员的名字、排行、生卒之年月日时，以及科名、官职、婚姻（包括配偶的姓名、籍贯、简历）等，除因犯罪而有碍门风，开除出族者外，没有故意的遗漏，比官方的记载要完整些、准确些。某些家谱中的序跋、诰命、奏章、田地房契、碑传、日记、诗词等，往往是史籍、地方志、诗文集、笔记小说中所见不到的"①。

所以，除了正史、地方史中的优秀传统文化必然会编入族谱、进入宗祠之外，在正史、地方史之外，族谱中还存有大量的甚至鲜为人知的史料有待发掘。如果说"中国传统文化的精华为《四库全书》，而早在唐朝编纂的《群书治要》为中华传统文化浓缩的精华"②的话，实际上存在于族谱中的中华传统文化的精华实可与之媲美。故而"著名的谱牒专家武新立先生在《中国家谱及其学术价值》一文中指出：'家谱是一种能够比较真实反映历史面貌、时代精神、社会风尚的载籍，研究各个时代、各地方的历史，都离不开这部著作。历代学者都把谱系之学看成一门重要学问，是史学的组成部分。'又说：'人物传记资料，这在家谱中最为丰富、最富史料价值。'"③

这些存有鲜为人知史料的族谱，是中华文明传承不可或缺的重要载体。事实也完全如此：许许多多在正史、地方史中不曾见载的逸文逸事多是在族谱中发现的，这已经成了常识。如借助族谱的记录："2010年，利玛窦逝世400周年之际，《利玛传》横空出世，在国内利玛窦研究及中西文化交流史研究学界犹如引爆一枚重磅炸弹，反响甚大……刘承范之《利玛传》是目前已知的记录利玛窦早期在肇庆、韶州活动情况的唯一一份中文文献，其珍贵性毋庸置疑。它对中国天主教传教史和中西文化交流史研究具有里程碑式意义，其重要性之一就在于以真实史料打破了这一研究领域的'西方中心论'，使中国学者在此领域具有了与西方学者同等的'话

---

① 卞孝萱：《"家谱研究"专栏主持人语》，《淮阴师范学院学报》2009年第1期，第50页。

② 韩丽华：《圣贤教育拯救危机——〈群书治要〉的圣贤教育思想与民族复兴中国梦》，《江南大学学报》2014年第4期，第127页。

③ 薛从军：《杜默诗文辑佚及其评价》，《巢湖学院学报》2013年第1期，第10页。

语权’。"① 像这样的史料，是不可能编入正史与地方史的。

优秀的良好家风族风和传统文化的精华，必然会汇入卷帙浩繁的全国各姓氏谱牒之中而成为良好的宗亲文化。如本书中提及的《习氏族谱》中五个方面的良好家风，正史、地方史中多难寻见。而这种能体现习氏良好家风族风即"凿齿之风"的习氏家规、做人箴言等，何尝不是习氏族人"从各个方面警示本姓的子孙，恪守做人处事的道德底线"。

孟子有云："天下之本在国，国之本在家，家之本在身。"用良好的家风，一家管好一家人，一族管好一个族群。家平安，则族平安，社会也就平安。家出人才，则族出人才，也是国家的人才，此乃社会之光，民族之荣。历经沧桑一千六百载，"凿齿之风"永弘扬。正因为习氏能长期坚守"凿齿之风"，用良好的家规、家教等措施坚守与发扬光大"凿齿之风"，使"凿齿之风"世代绵延、熠熠生辉。"习姓，为中华姓氏之一，总人口8万，居中华姓氏第296位。虽称不上大宗巨族，然其源远流长，英雄辈出，俊才迭显，在中华姓氏文化史上占有重要一席。"②

纵观中国史，任何一个历史悠久的家族，都有其异乎寻常的优秀传统与良好的家风族风，这良好的家风族风及其优秀的家族文化，从某种意义上来说，是中华优秀传统文化中的重要血脉，它可补正史、地方史中优秀传统文化之缺，其影响所及不只族人，同样会影响到社会上的每一个人，是推动社会文明进步的正能量。在扎实推进社会主义文化强国建设之时，尤其需要挖掘良好家风族风及由此形成的优秀家族文化中的精华，在挖掘与彰显中，必然会汲取传统文化的丰富营养，使其焕发出勃勃生机，这当是我们用以弘扬优秀传统文化的有效途径，以进一步增强中华优秀传统文化的国际影响力！

党的十八大报告指出了社会主义文化强国建设的必要性、重要性与紧迫性，强调了必须走中国特色社会主义文化强国建设的发展道路，指出"要增强文化整体实力和竞争力，建设社会主义文化强国"。而要达此目的，必须弘扬中国优秀传统文化，而要弘扬中国优秀传统文化，对于优秀

---

① 刘明强：《刘承范〈利玛传〉源流考略——以存泽堂〈刘氏族谱〉为中心》，《韶关学院学报》2014年第1期，第11～20页。

② 河南邓州习氏：《邓州习氏》，2005年刊本。

传统文化中的良好家风族风及其优秀家族文化必须进一步深入探讨、挖掘与弘扬。

优秀的中华传统文化，是中华民族最为宝贵的精神财富，是国家软实力的核心之一。而以血缘、姓氏为传承的宗亲文化，包括谱牒文化，宗祠、家庙文化，碑刻、陵墓文化，家规、族规、族盟文化，姓氏、家族文化，等等。在某种意义上来说，它的精髓涵盖了正史、地方史中的精华，它凝聚着民族的乡土情、骨肉情与真善美，是中华民族彼此认同的标志，是两岸同胞心灵沟通的纽带与桥梁，是中华优秀传统文化的基石，其生命力最旺、凝聚力最强、感召力最大。在大力弘扬优秀传统文化的今天，挖掘宗亲文化精华，复兴宗亲文化，是弘扬中华优秀传统文化并使其成为国家的软实力最为重要而有效的途径之一。

三、家风族风文化在典籍中的地位与作用

家谱家族家风族风文化是中华优秀传统文化中的重要血脉，它可补正史、地方史中优秀传统文化之缺，其影响所及不只族人，同样会影响到社会上的每一个人。在扎实推进社会主义文化强国建设之际，需要深层次挖掘家谱家族家风族风文化中的精华，在挖掘与彰显中，必然会汲取这一传统文化的丰富营养，使其焕发出勃勃生机，这是我们用以弘扬优秀传统文化的有效途径，以进一步增强中华优秀传统文化的国际影响力！

1. 从历史的角度来看，应正视家谱家族家风族风文化在典籍中的应有地位

"国家必有史，地方必有志，宗族必有谱"，"中华民族文化根基深厚，故能古不老，旧而常新"。① 这是华夏民族文化之所以能永耀世界民族文化之林的根本之一。"迄今为止，还未发现有哪种档案资料比谱牒的历史更悠久，影响面更广。从商代到民国，从帝王将相到黎民百姓，从城市到乡野，从汉族到众多少数民族，谱牒资料所影响到的深度和广度几乎使其成

---

① 任继愈：《1997 年为〈寻根〉题词》，《寻根》1997 年第 5 期。

为中国古代的一种全民性文化运动。"① 而谱牒资料"包括族谱、家庙宗祠、坟墓陵园、历史名人等社会各层面",已经拂去了尘埃的宗亲文化中的精华,从某种意义上来说,涵盖了正史、地方史中的精华。

因为正史、地方史富于文化精华意义的人物与事件,又必须是有名有姓且均来自华夏各个宗族的宗亲。故笔者以为,宗亲文化几乎囊括了正史、地方史中涉及的人物与事件的精华。除此之外,在家谱家族家风族风文化中,其重要价值还在于保存了正史、地方史中已经失传的重要文化精华,因为,"在一定意义上,家族史或文学史,都与国家和民族的历史相关联,国家和民族历史的具体事件往往可以由家族史或文学史体现出来,或者说在家族史和文学史中庋藏和积累了许多国家和民族历史的细节"②。

"每一部家谱……除因犯罪而有碍门风,开除出族者外,没有故意的遗漏,比官方的记载要完整些、准确些。"③

如赵朴初家的家谱资料就充分说明:早在清嘉庆朝时,"国人心目中尚以钓鱼岛属于中原范围,还谈不上边陲"④。这些富于地域文化意义的精华,像民族的血脉,有如人民的精神家园,给中华民族打上了永远挥之不去的烙印,它永远渗透于该宗族的各个领域之中,是对社会现实产生影响的意识形态及其物质表现的重要载体。由此可见,不分地域的家谱家族家风族风文化,它涵盖着全国宗亲的情谊,是中华传统文化中经久不衰的璀璨明珠,在传播中华优秀传统文化、建设和谐世界的软实力中,能起着其他文化所不能替代的作用!"中华传统文化的瑰宝与基石"就存于其中。

2. 从对族众、对社会的影响角度来看,应正视家谱家族家风族风文化在典籍中的应有地位

家谱家族家风族风文化的影响,小到一个家庭、一个宗族,大到影响整个社会(文中有例足以说明,此不赘言)。因而,挖掘家谱家族家风族风文化的精华,就抓住了中华优秀传统文化中的"根、脉、魂"之一,中

---

① 王云庆、刘振华:《谱牒资料的社会意义及文化价值刍议》,《图书与情报》2007 年第 5 期,第 129 页。

② 姜鹏、罗时进:《清嘉庆赵文楷钓鱼岛诗歌写作考述——以赵朴初先生二通书札为中心的讨论》,《苏州大学学报》2013 年第 4 期,第 162 页。

③ 卞孝萱:《"家谱研究"专栏主持人语》,《淮阴师范学院学报》2009 年第 1 期,第 50 页。

④ 姜鹏、罗时进:《清嘉庆赵文楷钓鱼岛诗歌写作考述——以赵朴初先生二通书札为中心的讨论》,《苏州大学学报》2013 年第 4 期,第 162 页。

华优秀传统文化的"重要基石"就难以动摇，因而挖掘家谱家族家风族风文化的精华，就是弘扬中华优秀传统文化并使之成为国家软实力最为有效的途径。

父母是大部分人人生的第一个老师，父母、宗亲的道德修养与情操影响着子女。

例如洞庭秦氏，正因为自其先祖秦少游以来一直能够坚守"孝友传家""乐善好施""孝义殉国""山中望族，书礼家声"的良好家规、家教、家风、族风，所以，"少游之后""家声不坠"，"洞庭秦氏自宋元以来聚族西山，经历朝代更替，虽然支分派析，至清末共七百多年时间里，家族能够得以传承和发展……族人中有儒有贾，跌相为用"。他们有一定的文化知识和经济基础，又比较务实，即使遇到改朝换代也不会因政治上的打击而一蹶不振。另外，洞庭秦氏系宋龙图阁学士秦观之后，虽然得不到直接的实际的荫庇，但祖先余泽仍源远流长，后世族人为淮海公（秦观）文章气节所折服，从而受其激励，诗礼传家。

再者，洞庭秦氏宗族观念强烈，对迁出的支派有收族的愿望，而一些迁徙他处的族人亦能不忘其本，整个家族具有很强的向心力。而长久以来形成的孝友、乐善好施的家风又为洞庭秦氏在当地社会赢得了良好的口碑，再加上持续的修谱活动更使洞庭秦氏家族承前启后、门祚久远。①

一个宗族的文化，影响着世代的族人。其实，岂止影响本宗族之人？它同样影响到族外之人，特别是从这样的家族中走向社会的官宦，则直接影响社会乃至家国。如"洞庭秦氏自宋以来聚族西山，乃'山中望族，书礼家声'，但考察其宗谱尚未发现有族人在元代走上仕途，而这一情况的改变发生在明朝初年。'至有明肇兴则有靖斋公伯龄，由岁贡荐辟历任山东道监察御史'，并且在其官任上'发奸摘伏，明若烛照，而不事深刻，故法严而人不怨。所上章奏，皆凿凿可行'。又有'秦英，字仲雍，伯龄族人，洪武中中举秀才，陈当世事授顺德府邢台县薄'，还有'秦文彧，字盛之，洪武中知长沙醴陵县'，皆有政声"。②

---

① 秦婷：《明清时期洞庭秦氏家族研究——以〈洞庭秦氏宗谱〉为中心》，《江苏第二师范学院学报》2014 年第 6 期，第 38 ~ 42 页。

② 秦婷：《明清时期洞庭秦氏家族研究——以〈洞庭秦氏宗谱〉为中心》，《江苏第二师范学院学报》2014 年第 6 期，第 38 ~ 42 页。

习凿齿家族家风研究

本书提到杨震后裔家谱家族家风族风文化中的"拒贪"精神和吴氏家谱家族家风族风文化中的"三让"品格，其对社会可谓产生了世世代代的影响。

后人对自己祖宗的态度，也同样影响到族外之人。如有名联云："人从宋后羞名桧；我到坟前愧姓秦。"① 这副对联是秦桧后人，对杭州岳飞墓前名联"青山有幸埋忠骨；白铁无辜铸佞臣"的一种最为坦诚的诠释，其影响同样深远。

这副对联的写作缘起是：秦桧的后人、清乾隆进士秦涧泉回杭州探亲，与其师袁枚共游西湖，在岳飞墓前，面对先祖秦桧的跪像，袁枚要他撰对联以明志，于是他写了这副对联。钱剑夫评曰："至今秦姓亦无自称秦桧之后者，问其姓亦无言秦桧之秦者，忠奸之判，严若冰炉。"②

3. 从中华民族寻根与彼此认同的角度来看，应正视家谱家族家风族风文化在典籍中的应有地位

优秀的家谱家族家风族风文化是中华优秀传统文化的组成部分，是民间文化的重要组成部分，是宗亲文化的主体。它包括谱牒文化，宗祠、家庙文化，姓氏历史名人文化等等，它凝聚着民族的乡土、骨肉情与真善美，是中华民族彼此认同的标志，是两岸同胞（笔者以为，亦当包括海外华人）沟通心灵的纽带与桥梁。③ "一个中国人不管他在什么地方住，居于什么样的社会地位，也不管他漂泊多远，编入宗谱，列入门墙，敬宗祭祖，托庇于列祖列宗的福荫之下，总是他最大的心愿。这生生不息的寻根情结，使整个中华民族具有强大的文化凝聚力，具有强烈的同化感和文化认同感。……随着改革开放的进一步发展，海外游子过去梦想的'寻根谒祖'已成为现实。因寻根问祖去档案馆查阅档案文献的人次猛增。诺贝尔奖奖金获得者、著名美籍华人学者李远哲博士，万里迢迢来寻故地，几经周折，归后依靠族谱档案，终于在明代思想家李贽的故乡——南安县榕桥村找到了自己的'根'。……特别是 1997 年 7 月 1 日香港回归祖国后，更增强了海内外炎黄子孙的向心力。林则徐的第四代至第八代的 200 余名后

---

① 钱剑夫：《中国古今对联大观》，上海：上海文化出版社 1998 年版，第 293 页。
② 钱剑夫：《中国古今对联大观》，上海：上海文化出版社 1998 年版，第 294 页。
③ 宗亲文化推广中心——今日中国新闻，http://blog.sina.com.cn/s/blog_439304670100s46，2011 年 7 月 24 日。

裔从海内外各地会聚在家乡福州进行家祭活动，'香港回归日，家祭慰英灵'生动地说明了家谱档案对进行爱国主义教育、开展寻根认同、促进祖国实现完全统一方面确实具有其他资料所不能取代的重要作用。"① 因为，宗是一个族的本源，亲则是其血缘，宗亲是既定的客观事实，亲是靠情意与交往来维持而形成凝聚力的。

家谱家族家风族风文化，作为我国传统伦理型文化的最为基本的单位，它处处折射出我国文化精神架构及其价值的基准。优秀的家谱家族家风族风文化，是中华民族最为宝贵的精神财富，是国家软实力的核心之一。在实现中华民族伟大复兴的历程中，提升我国的国际地位、建设现代文化、与世界文化和谐发展，不断提升中华文化的软实力，以增强中华文化的国际影响力的问题，已成为人们的共识。因而，对于涵盖家谱家族家风族风文化的中华宗亲文化的现状，对于如何传承中华优秀传统文化并使其真正成为国家的软实力，也就成了人们十分关注的焦点，故很有必要对宗亲文化高度重视并进行深入挖掘研究。

四、我国家风族风文化发展的历史与现状

大致说来，家谱家族家风族风文化包括谱牒文化，宗祠、家庙文化，碑刻、陵墓文化，家规、族规、族盟文化，姓氏、家族文化，社交礼仪、风俗习惯文化，历史名人文化，等等。如果将上述内容单列逐一细细地予以考察，不是一本中等篇幅的书稿所能容纳的。好在谱牒的本身就包含上述的某些内容。

为节省篇幅，笔者拟就谱牒文化略作考察，为了论说的方便，笔者将其大致地分为"世系实录期""政治角逐期""体例一统期""明清大盛期""禁毁遭劫期""挖掘拓展期"，以揭示宗亲文化之大概。

1. 原始社会至奴隶社会的家谱家族家风族风文化已经开始迈入了明血脉亲缘的世系实录期

人类在原始社会时，就是以血缘关系相结合而组成大大小小的氏族

---

① 邓达宏：《从文化层面探析谱牒档案文献的社会价值》，《福建省社会主义学院学报》2003年第3期，第39～40页。

部落与氏族公社。其氏族成员均出自同一祖先。出于婚姻、丧葬、财产以及确定继承人等方面的需要，必然有口头的或刻画记号之类的世系记载。

进入奴隶社会，这种血缘的世系关系仍然不会改变，虽说难见文字记载，但《史记·夏本纪》中对夏代姒姓本支的世系已有记载。我们从司马迁的《三代世表》《夏本纪》《殷本纪》《五帝本纪》等文章中，以及《五帝德》《大戴礼记·帝系》等著作和出土的甲骨文、金文材料中，可见中国宗亲文化在滥觞期之一斑。

2. 西周至魏晋南北朝的家谱家族家风族风文化逐渐进入了政治角逐期

谱牒具有极强的政治功利性，自西周至魏晋南北朝，中国的谱牒最突出的功用是用于"政治角逐"，故笔者将这一时期谱牒所表现的宗亲文化特点称为"政治角逐期"。

为了建立严格的等级与教化制度，谱牒不仅由专门官吏掌管，且完善的史官修谱制度亦不断强化，以确保天子、诸侯、大臣的等级身份及其政治教化。

周朝于这方面的史实，在《诗经》《周礼·春官》《隋书·经籍志》《史通》《国语·楚语》《国语·鲁语》《公子谱》等著作中均多有表述。

汉承秦制，设宗正，由宗室成员担任，为九卿之一。其时家谱的大致情况，在《汉书·艺文志》《后汉书·百官志》以及汉人孙叔碑和赵宽碑中，多所记载。

至魏晋南北朝，由于九品中正制的推行及门阀豪族势力的不断发展，统治者选官首先要看门第和家世，表明门第与家世的谱牒便起着无比重要的作用，这在《文献通考·选举》中多所记载。

由于取士与通婚唯视门第高下，谱牒就并非一家之私事，它影响到整个社会的方方面面，致使魏晋南北朝撰修谱牒盛极一时。国家设有谱局，置有谱官，谱牒著作的撰修者和研究者大量涌现，谱牒成了一门专门的学问——谱牒学。这样选官取士"政治角逐"的结果，导致"上品无寒门，下品无士族""世胄蹑高位，英俊沉下潦"，埋没人才、大量的庸才把持朝政的局面，致使国家走向日渐积弱难以一统的可悲结局。

3. 隋唐五代宋元的家谱家族家风族风文化进入了重在敬宗收族的体例
一统期

隋一统中国后不久，天下又大乱。待唐朝一统中国，修谱仍为"政治角逐"所需，只不过是重排"座次"而已。但是，由于唐朝的政治统治时间较长，谱学著作更为兴盛。仅唐高宗时修的《姓氏录》就收有235姓，2 287家。然经唐末五代之乱，"士族亡失其家族，今虽显贵名家，多失其世次，谱学由是废绝"①。

到了宋代，私家修谱以"尊祖敬宗收族"为宗旨，谱牒成为宗族的档案，皇帝也颇重视。《宋真宗敕文武群臣修家谱诏》云：

朕闻古者因生赐姓，故有著姓氏之书，别类分门，爰命司姓氏之职，其有关世教之大者，莫若谱也。黄帝二世，而颛顼三世，而高辛四世，而尧、舜、禹之先出于昌意，汤之先出于契，文武之先出于稷，帝王世系固已甚明。汉起沛中，出帝尧之苗裔，唐发陇西，实皋陶之派系。迨至我朝，原于伯益，振于涿郡，太祖皇帝肇造区宇，应天生圣人之祝，太宗皇帝继登大宝，符太平天子之祥。源积庆天，派攸分膺前代授禅之宜，接上世统历之正。尔在朝文武百官，亦必各有原委，其各述祖宗本末，以进朕省览，以知我朝人物之盛。于戏！源之深者，流必长；叶之沃者，光必华。秩秩昭穆，则知祖宗之有自；绳绳世系，实衍谱牒于无穷。故兹昭示，咸便闻知。天禧五年（1021）辛酉□月□日谱诏。②

上有好者，下必甚矣！皇帝对修谱有如此兴趣，臣子必然尽力。也许，这就是欧阳修、苏洵、王安石、司马光、曾肇、黄庭坚、文天祥等都积极参与私家修谱的动因。当时私家修谱在方式方法上有一套创新的体例与规范模式，使参与修谱的文人们可以选取范本效法。这就是谱牒的体例均宗欧苏之法之所由。怎么个宗从法呢？王鹤鸣写道："在家谱体例中最重要的是世系图，在宋代以前，从始祖延续到家谱编撰人的世代谱系，究竟以几代为一图的谱图之法并不统一，有的以六世为一图，有的以七世为

① 欧阳宗书：《中国家谱》，北京：新华出版社1992年版，第79页。
② 王鹤鸣：《宋代谱学创新》，《安徽史学》2008年第2期，第19页。

一图，有的以五世为一图等等。自欧、苏以小宗宗法，按近亲疏远的原则，创制了五世为一图的世系图，即上至高祖，下至元孙，五世为一图，第五世元孙别提为第二图之首，成为第二图之高祖，又是五世为一图，这样第一图与第二图共九世，既有五世服内之情，又有九世九族之亲。欧、苏的这种五世图、近亲疏远的谱图之法，是欧、苏总结了前人修谱法则，又适应了宋代私修家谱的需求而创制出来的，对宋代及后代的谱图之法有着巨大影响，基本上为宋代及后世编修家谱者所采用，开创了中国家谱谱图之法的新阶段。"①

4. 明清帝王下令修谱的诏令使家谱家族家风族风文化进入大盛期

谱牒发展到明清两朝，其显著的特点是帝王多为修谱下诏令且关注有关的谱中人物。

元代修谱之事仍盛，且多见刻谱于石碑，但未见元帝亲论谱事。

至明清两朝，帝王亲论修谱，使私家修谱之风进入大盛期。有明一代，明太祖朱元璋下有"乡谱诏"，还为云南《赛氏总族牒》（郑和家族）御制百字圣号和《祭咸阳王忠惠赛公文》并诗一首。明成祖御制《敕赐元平章政事赛典赤赡思丁祭文》，敕封赛哈智等恩荣录并诗一首。②

有清一代，顺治帝亦下有"乡谱诏"和"规定六训"。③"清康熙和雍正帝也号召百姓修撰家谱，说家谱可以'笃宗族以昭雍睦'，'修族谱以联疏远'。"④ 于是修谱也在少数民族中推广，有 60 年一大修，30 年一小修的规定。此种规定，一直延续到民国。

5. "左"倾干扰下家谱家族家风族风文化的禁毁遭劫期

对于相当多的古籍运用与学习，都必须"去伪存真""去粗取精"。然而，令人遗憾的是，由于种种原因，中国谱牒这一举世闻名的重要典籍，长期以来不仅被束之高阁，而且被视为学术禁区，人们不得问津，也不敢问津。

特别是"文革"期间，谱牒被当作"四旧"的封建糟粕，不加甄别，被全盘否定予以烧毁，直至前些年，"也还有人对族谱、家谱抱有成见，

---

① 王鹤鸣：《宋代谱学创新》，《安徽史学》2008 年第 2 期，第 23 页。
② 欧阳宗书：《中国家谱》，北京：新华出版社 1992 年版，第 79、108～109 页。
③ 历代帝王修谱诏文，http://www.10000xing.cn/x190/bbs/shosw.asp? curp，2012 年 1 月 2 日。
④ 欧阳宗书：《中国家谱》，北京：新华出版社 1992 年版，第 79、83 页。

称之为'地主阶级的东西',说'这些东西维护反动的族权统治'别无作用"①。这是中华宝贵的宗亲文化遗产的重大损失！

6. 曙光初照下家谱家族家风族风文化的挖掘拓展期

俗话说：乱世藏黄金，盛世修家谱。改革开放以来，宗亲文化研究中的谱牒研究已经成为繁荣学术的需要，成为海外炎黄子孙寻根认祖、渴望祖国统一的需要，正深入地朝着宗法制度研究、宗族法研究、经济史研究、教育史研究、民俗学研究、宗教学研究、民族史研究、历史人口学研究、历史人物研究、重大历史事件研究、华侨史研究等方面不断深入拓展。

特别是在 1984 年，国家档案局、教育部、文化部联合下发第 7 号文件，并明确指出："家谱是我国宝贵文化遗产中亟待发掘的一部分，蕴藏着大量有关人口学、社会学、民族学、民俗学、经济史、人物传记、宗族制度以及地方史的资料，它不仅对开展学术研究有重要价值，而且对当前某些工作也起着很大作用。"自此之后，中国宗亲文化在迎来了璀璨曙光的同时，亦遭遇了不可忽视的现实窘况。

7. 家风族风文化的现实窘况考察

党的十八大报告指出了社会主义文化强国建设的必要性、重要性与紧迫性，强调了必须走中国特色社会主义文化强国建设的发展道路，指出"要增强文化整体实力和竞争力，建设社会主义文化强国"。而要达此目的，必须弘扬中国优秀传统文化。但是，"21 世纪的人类历史场景与孔子所面对的文化疲敝颇有相似之处，既有文化传统已经崩坏，新的文化传统尚未建立。人类在21世纪的知识建树毋庸置疑，但在心灵的自觉与理想的坚持上，却殊多匮乏"②。

正因为如此，作为传统文化的重要组成部分的宗亲文化中的家谱家族家风族风文化必须复兴。然而，在复兴的过程中，它遭遇了比传统文化传承更为严峻的窘况。而要解除这些窘况，必须对这些窘况有个全面了解，方能找寻出其复兴之路径：

---

① 欧阳宗书：《中国家谱》，北京：新华出版社 1992 年版，第 79、139 页。
② 高柏园：《中国文化的悠久性与和平性》，《光明日报》，2013 年 9 月 30 日。

（1）就家谱家族家风族风文化的总体情况来看。

在谈家谱家族家风族风文化的总体情况之前，先让我们看看下面一则报道：光明日报记者在向美国著名汉学家、芝加哥大学终身教授艾恺，问到有的著名艺术家对媒体称"中国 2 000 年的文脉已经断掉了"时，艾恺所回答的是：

现代中国的特殊性在于它将自身的文化彻底废弃了好几次。从 19 世纪晚期开始，严复批判传统中国文化拖累了中国，致使中国无法走向西方的发展途径，他的这一切批判可谓开启了潮流。五四运动与新文化运动的方向都明显是要抛弃中国传统文化，虽然只有少数知识分子真的主张全盘西化，但绝大多数都赞成抛弃中国传统并提倡某种形式的西化。后来的文化大革命对社会与文化的破坏程度无论从什么角度来看都是最严重的。与此形成鲜明对比的是，世界其他地方的现代知识分子大多都在积极地捍卫他们的本土文化。令我感到奇怪的是，纵观 20 世纪的中国知识分子，很少有人捍卫整体的中国传统文化。少数人确实捍卫过传统文学与文言文，例如林纾以及其后的学衡派，但除了梁漱溟外，没有人称得上是在捍卫整体的中国传统文化。[1]

下面一则论述同样发人深省：

对于中国传统文化，百年来的历程大体是：五四时期是"看不起"，知识精英大都以反传统的面貌出现；极"左"和"文革"时期是"看不到"，传统文化等同于封建主义，而划入"封资修"之列；现在的情况则是"看不懂"，近来出版了不少中国传统文化典籍，但青年人以及许多中年人读起来都很困难，远不如西学熟悉。这不能不使一些有识之士担忧。[2]

这都是大实话。中华人民共和国成立以前的近百年来，中华民族屡屡

① 王传军：《中华文明震撼了我（下）——访美国著名汉学家、芝加哥大学终身教授艾恺》，《光明日报》，2013 年 9 月 3 日。
② 郭建宁：《略论民族复兴的文化基础》，《青岛科技大学学报》2013 年第 4 期，第 11 页。

遭劫遇难，使得国人甚至某些精英也一时间迷失了方向乃至心理发生"变态"，使中国的传统文化总是面临着帝国主义、资本主义文化的强势冲击而几近灭顶，更遑论弘扬传统文化中的核心——家谱家族家风族风文化！

（2）就当代学界某些现象来讲。

家谱家族家风族风文化的核心是优秀的儒家文化，但当代的大学生的认知情况如何呢？黄礼峰、王雄杰、王宁宁在经过调查后谈到"家风对高校学生德育的影响"时写道：

随着全球化趋势的深入发展，社会核心家庭的日益缩小，在当前"小家庭时代"，家风对高校学生的影响更是全方位的。特别是在家庭教育、学校教育、社会教育共同构成的德育教育系统和链条中，家风更是德育的基础和根基，其影响可以从以下五个方面予以分析。

一是对大学生价值观的影响。

我们说，有什么样的家风，就有什么样的孩子。家风对于个体的价值观的影响是直接而突出的，特别是其负面影响，更是不可估量，树好家风难而败坏家风轻而易举。目前，一些青年学生缺少对历史传统和人文精神的传承，不少青少年崇尚拜金主义，丢失了"自强""自尊""自爱""自立"的传统美德，他们只讲实惠，不思进取奉献，有的青年学生甚至为贪图享受铤而走险。在道德观念上，集体主义精神减弱，社会责任感淡漠；在生活方式上，贪图享乐、追求高消费等等。这些现象虽然某种意义上反映了社会上存在的一些不良风气，但是最根本的还是可以追溯到不良家风的影响。

二是对大学生健康人生态度的影响。

有研究人员对被劳教的青少年进行了统计，他们中 80% 的人都与低级趣味的家风有关。可见，良好的家风和健康的家庭生活方式对青少年的顺利成长至关重要。

三是对大学生人际交往模式的影响。

"小家庭时代"家庭成员间的关系虽然简单、直白，但是家庭中的不和谐关系也更容易暴露。如果家庭成员互相指责、埋怨、争斗，那么成长在这种家庭的学生必然感受不到家庭的爱和温暖，易产生冷淡、冷酷、敌对情绪，从而影响其正常的社会交往和人际关系。因此，在校园中，我们发现，经常出现人际关系问题的大学生，其实与他们受到不良家风的负面影响有关。

四是对大学生婚恋观念的影响。

当前，高校学生恋爱现象已经十分普遍，在校生怀孕的例子也不鲜见。有一项针对90后大学生的调查显示，当被问及"家庭对您的婚恋观影响程度"时，30.1%的学生认为"影响很大"，48.6%的学生认为"影响比较大"。可见，家风对于学生婚恋观念的影响是不容忽视的。

五是对大学生成长目标的影响。

由于受到当前社会上各类不良思想和现实的影响，有一部分家庭的家风受到了不良理念的"污染"，形成了与当前社会正气和社会主义核心价值观不一致甚至相悖的"不正"家风，从而误导了青少年的道德和价值取向，扭曲了他们的评价标准，导致他们逐渐成长为爱慕虚荣、唯利是图、追求享受的低级趣味的人。①

由此可见，这些大学生受到家风的影响竟然是如此之大，他们对于儒家优秀文化必然会采取弱化的态度，他们怎会有更多的热情去关注家谱家族家风族风文化的研究？那也就更谈不上对不良家风族风的抵制了。

更为愚不可及且令人不安的是："近来有一股思潮甚嚣尘上，其核心在于认为中文（一曰方块汉字）像一个猪圈，圈住了国人的思想和想象力。……沉渣泛起大有其因由。……中国欲得新生，必废孔学；'欲废孔学，不可不先废汉文；欲驱除一般之幼稚的、野蛮的、顽固的思想，尤不可不先废汉文'。……正所谓灭人之国必先灭其文字，而后灭其历史，对中文的怀疑背后其实还是与'中国威胁论'和'中国崩溃论'有关。此其一。其二是快餐文化、消费文化的蔓延越来越视中文为障碍，不仅洋人如此，就连不少祖国的花朵也恨不能将中文彻底消灭，再踩上一万只脚，以绝麻烦。当然，还可能有别的原因，甚至偏见和盲信。"②

① 黄礼峰、王雄杰、王宁宁：《家风对高校学生德育的影响与对策》，《浙江理工大学学报》（社会科学版）2015年第3期，第252~253页。

② 陈众议：《中文与想象力》，《光明日报》，2013年12月13日。

"中华文化源远流长，积淀着中华民族最深层的精神追求，代表着中华民族独特的精神标识。古典名句，是中华文化长河中历经砥砺的智慧结晶，是传承中华民族优秀传统文化的经典载体。"① 中华优秀文化是华夏民族之血脉与精神之家园，汉字之不存，中华优秀宗亲文化将何在？作为宗亲文化中重要的优秀家谱家族家风族风文化又何在？作为"中华民族优秀传统文化的经典载体"又从何谈起？

（3）从数字统计的实际情况而言。

在"中国知网"，自1981年开始至2013年8月15日，以传统文化为题的论文计发表21 325篇，平均每年发表达666余篇；自1990年（此前未见）开始至2013年8月15日，以宗亲文化为题的论文计发表63篇，平均每年发表仅约3篇；在大力弘扬传统文化的今天，作为我们这样拥有13亿人口的大国，每年666篇（且不说其文是否有新意）是不算多的，而作为传统文化"源头活水"之一的家谱家族家风族风文化，每年仅3篇，显然，学界对于挖掘家谱家族家风族风文化这个问题的关注是不够的。题名为"挖掘家谱家族家风族风文化"的论文，则未能搜索到。

（4）从应值得高度重视的七种情况去考察。

对如下值得高度重视的七种情况，有不少是笔者亲眼所见，感慨良多。但是还没有奋战在各条战线上名人名家所见之广、结论之确、说服力之强。故在每种情况的论说中多有引用，这是多方面专家学者之所见所感。理当引起我们的高度关注。

情况之一，有学者指出"微（博）时代的一个重要特点就是浅阅读，这对于传统文化传承产生了过程性伤害。同时，社会转型和体制转轨，功利性思想泛滥，对人们的价值观产生了深远影响。当下中国传统文化在传承方面存在的问题主要有传统文化的断裂、民族文化的弱微、技术文化的泛滥、现代文化的迷失、产业文化的落后、多元文化的冲突，传统文化呈现为失传、失位、失范、失向、失力、失序状态。"②

作者在其文中列举了不少令人惊异不安的事实，很显然，这种现象，

① 人民日报评论部：《习近平用典·编辑出版说明》，北京：人民日报出版社2015年版，第306页。

② 任福兵：《微时代中国文化传承问题及微博之价值》，《求实》2013年第7期，第71页。

作为传统文化重要组成部分的家谱家族家风族风文化，不仅同样存在而且更为严重。如：宗亲会和宗祠在侨务工作中具有独特作用，尤其是中原和陕甘姓氏发源地更应当开发和运用这种资源优势，然更有甚者，"我们还有些同志视宗亲会和宗祠为禁区，没有摆上侨务工作的位置"①。

情况之二，又有学者指出"中国传统文化源远流长、博大精深，流传至今的'四大名著''四书五经'等经典巨著是东方文明的象征，是整个人类的精神财富。如果对中国传统文化仅局限于单纯层面的分析，缺少实际意义的弘扬，那继承与批判中国传统文化将流于形式，民族精神的升华便无从谈起。'中科院杨叔子教授访美时，几位华裔教授直言不讳地批评，中国去的留学生懂 ABC，懂 XYZ，懂美元英镑，但不了解长城、黄河，不了解文天祥、史可法，不了解《大学》《中庸》。清华大学教授张岂之也曾说：中国的大学毕业生虽然拥有优秀的学业成绩，但缺乏合作精神，待人接物缺少文明礼貌。在现实生活中人们多数看不懂晦涩的《史记》《左传》等，对戏曲类民族艺术一窍不通，'国粹'京剧竟成为外国人争相学习的艺术，国人少有问津，单纯地了解中国有旗袍、茶道、端午节、辛弃疾、《易经》、太极等名词，不知其具体含义，不能融入浓厚的传统文化氛围之中，这种现状令人对当前社会整体文化素养的缺乏深感担忧，在现实中通过什么途径，怎样弘扬传统文化是不容忽视的问题。"②

这种现象，在作为传统文化重要组成部分的家谱家族家风族风文化中，则更为严重地存在。如：谱牒文化，宗祠、家庙文化，碑刻、陵墓文化，家规、族规、族盟文化，姓氏、家族文学文化，社交礼仪、风俗习惯文化，姓氏历史名人文化中的名篇，广涉古代的文史哲经典，承载着中华民族的历史文脉，但因几乎全是以文言文表述，宗亲族人无人点校，更谈不上翻译，族人绝大多数看不懂，即便是"国粹"，也只能是躺在"故纸堆中睡大觉"。诠释是优秀传统文化生命得以延续的重要方式，这些优秀的东西仍被尘封在"故纸堆中"，实在是一种莫大的损失！

阅读是传播最重要的一环，更是阅读者接受教育必要的一环。对这些

---

① 参见《海外宗亲会与大陆宗祠族谱文化》，http：//www. gboverseaschn. com. cn/ztz1，2010/zxzt2，2012年8月7日。

② 朱美荣：《中国传统文化的继承与批判》，东北林业大学硕士学位论文，2006年。

"国粹"不作出必要的诠释,就无法延续其文化的生命力。当今,"我们的孩子可以不会写汉字,汉语写作和书写可以只是辅修科目;孩子们普通话可以讲得不准,但英语必须发音标准地道。不可否认,在现代社会,英语是必不可少的一门知识,但英语一定是一门比母语更为重要的基础知识吗"?①

让后代从幼年起,就对汉字、母语采取如此态度,遑论对家谱家族家风族风文化之深度挖掘?

情况之三,还有的学者以警醒世人的标题著文《"文化兴国"之悖论:我们的"文化"在哪里?》,并在文章中无不满怀忧虑地写道:"一定程度上,严峻一些说,当今中国社会文化已经处于累卵之势态,如何探寻秩序之下的'合作精神'、重塑民族文化价值、修补与丰富完善被破坏侵蚀的文化根基已经时不我待。"②

这种现象,在家谱家族家风族风文化中同样存在。如:"由于宗亲文化过分强调亲疏层次、内外有别的观念,容易引发各族群间错综复杂的矛盾。各族群间因利益冲突爆发各种形式的械斗,宗亲观念成为辨别族群的重要标准,在社会上产生消极的影响。"③

这种现象,在文化大革命期间表现尤烈。现今虽已进入法制社会,本当绝迹,但亦有族人暗中拉帮结派干扰司法的现象出现。故而,"目前学术界的主流观点认为,农村宗族的发展,会成为中国迈向现代化道路的障碍"④。有这样的主流观点存在,深度挖掘优秀的家谱家族家风族风文化就显得时不我待!

情况之四,又有学者指出,尽管在继承与发展中国传统文化中取得了可喜的成就,但仍然存在很多不足,凸显了很多问题:一是"对中国传统文化继承与发展的重要性认识不足";二是"继承与发展中国传统文化的标准不明确";三是"西方文化对中国传统文化的继承与发展造成一定的

---

① 万俊人:《民族梦与人生梦》,《湖北大学学报》2013 年第 5 期,第 18 页。

② 李敢:《"文化兴国"之悖论:我们的"文化"在哪里?》,《中国农业大学学报》2013 年第 3 期,第 80 页。

③ 陈名实:《从闽南人开发台湾的聚落看闽台宗亲文化》,《泉州师范学院学报》2008 年第 1 期,第 27 页。

④ 杨永伟、王耀强:《现代宗族变迁及其复兴原因》,《长江大学学报》2013 年第 7 期,第 199 页。

冲击"；四是"中国传统文化的继承与发展缺乏法律保障"。①

这种现象在挖掘优秀家谱家族家风族风文化的过程中同样严重存在。如：尽管早在1984年，国家档案局、教育部、文化部在第7号文件中就明确指出了"家谱是我国宝贵文化遗产中亟待发掘的一部分"。这一文件的下达，可以说，是应对在挖掘优秀家谱家族家风族风文化时遇到上述四种负面情况的有力武器。可是，有的地区对家谱家族家风族风文化的挖掘认识仍然不足，对于参与修谱持消极态度，自己不参与还算小事，有的甚至拒不出示自家保存的陈年老谱；有的在修谱时，对祖上的名人的真假缺乏认真的考证；有时甚至连学者要看其所需要看的家谱也看不到。如："孝萱师晚年为了看第一手的家谱资料，不辞辛劳，四处奔波。去桐城参加学术会议，着重为访求桐城姚氏（姚鼐家）、张氏（张英、张廷玉家）家谱。去无锡江南大学讲学，主要是为查阅钱氏（钱穆家）家谱。但也常常吃闭门羹，碰软钉子。2009年4月孝萱师和我去某图书馆查阅一部家谱，管理员称该书破损，不能调阅。师和管理员商量：'我八十多岁了，出来一趟打的要几十块钱，不方便，能不能想想办法？'言语已近哀求，而终不果。张廷玉的家谱因掌握在私人手上，师多方求观未果，直到2009年8月31日躺在鼓楼医院的病床上，还对我说：'小武，今年桐城我去不了了，你和王思豪（时为南京大学文学院博士研究生，安徽桐城人）一定要去，带上照相机，想办法把张廷玉的家谱拍照回来。张家两代宰相，书香名门，家谱一定有可挖掘的东西啊。'"② 等等，造成族谱家风族风文化中的精髓不能传播的某些不尽如人意之缺失。

情况之五，据笔者所见，除海外有完备的宗亲组织之外，中国大陆尚无宗亲组织，涉及宗亲方面的某些工作，一般是由村委会兼管。兼管往往会造成难管或管理不到位，至于如何挖掘家谱家族家风族风文化，更未见有过系统的研究，这对深度挖掘家谱家族家风族风文化是十分不利的。

情况之六，正如有的学者指出"中国的政治文化一直受到西方国家的攻击，最典型的表现是美国长期以来不断打着'人权问题'的旗号对中国

① 齐晓静：《全球化背景下中国传统文化的继承与发展研究》，济南大学硕士学位论文，2012年。

② 武黎嵩：《卞孝萱：在人虽晚达，于树似冬青》，《光明日报》，2013年9月5日。

政府发难施加压力。……承载美国价值观念的生活方式、消费观念、物质文化产品和通俗流行文化的涌入在悄无声息中改变着中国人的情感理念，渗透其精神灵魂，尤其是影响冲击着中国青少年的人生观、价值观和世界观。这种文化冲击对中国文化的打压力度可称得上是空前的，在追求时尚、快捷、潮流的过程中，中国的青少年们潜移默化地接受着美国文化的熏染，而对自己的民族文化则失去了热情，变得越来越淡漠，甚至认为中国传统文化的精髓已经过时，乃至失去了存在的意义和价值。……中国传统文化的传承不仅在青少年群体中日渐疏落流失，其国际认同也受到了挑战。"①

又如张岂之所指出："我们不能忽视这样一种状况，即对中华文化及其价值观加以歪曲、构成威胁。中国新闻网今年5月6日有一则关于中国国家安全研究报告的报道，可供参考。其中提到，在复杂的国际国内环境下，中国意识形态安全面临严峻挑战：一是西方国家民主输出对中国政治思想构成威胁；二是西方国家文化霸权对社会主义价值观构成威胁；三是网络信息舆论多元传播对中国主流意识形态构成威胁；四是宗教渗透对中国社会主义信仰认同构成威胁。"②

情况之七，优秀的家谱家族家风族风文化中的核心内容是其中的儒家优秀文化。通过调查，事实告诉我们挖掘家谱家族家风族风文化具有紧迫性。覃雪源、付开镜写道："笔者在广西师范学院通过对不同专业的200名学生调查发现，当代大学生对儒家优秀文化的认知和认同存在不少问题。"其结论是：大部分大学生对儒家优秀文化的认知处于略知皮毛的层面；部分大学生对儒家优秀文化的认同存在非理性的态度；学生对儒家优秀文化的认同存在重言轻行和言行不一的现象。③

8. 优秀家风族风文化的主要路径

面对上述这些问题，学者们从不同的视角提出了解决办法，这对以家谱家族家风族风为主体的宗亲文化的挖掘，当然是有着重要的借鉴意义。

① 赵延彤：《全球化背景下中国文化复兴之路初探》，《齐鲁学刊》2014年第6期，第35页。
② 张岂之：《中华优秀传统文化是我们的精神根基》，《中共党史研究》2014年第10期，第32页。
③ 覃雪源、付开镜：《当代大学生对儒家优秀文化的认知与认同》，《广西师范学院学报》2013年第4期，第83～86页。

笔者认为，因为以家谱家族家风族风为主体的宗亲文化不能等同于传统文化，它有其自身的特殊性，故而，挖掘以家谱家族家风族风为主体的宗亲文化，更为主要的、有效的办法，应当从宏观和微观两个方面着手。

（1）在挖掘以家谱家族家风族风文化为主体的宗亲文化过程中，要从宏观上把准党的方针政策的贯彻执行。

第一，必须"巩固并将马克思主义理论及其共产主义理想作为现代文化建设的国家信仰"，并从有着深厚积淀的以家谱家族家风族风为主体的宗亲文化的根基上着手，去挖掘和弘扬以家谱家族家风族风为主体的宗亲文化。

在这一过程中，我们必须看到这样的客观事实："在中国古代儒道释多层信仰结构存在的事实背后起作用的是'封建宗族—血缘—祖先崇拜'的具体化——宗亲崇拜。作为上至皇家下至平民以姓氏为中心的民间信仰，……改变了儒释道的普遍性企图，并使其呈现出向宗亲民间信仰倾斜的世俗化过程。这是从古到今中国文明的本质差异性的基本现实。在香港、台湾、广东、东南亚，在海外那些华人经济最发达的地区，在内地民间的家庭、村落、社区，至今人们对于传统宗亲信仰的程度最烈，最具有非迷信非邪教的合法性。在中国当代社会政治、经济网络中，也无不显示出宗亲信仰的现代变异话语体系——关系，或权利、利益关系。宗亲伦理作为民间信仰，其发生、发展、变异，与中国自古以来的小农社会经济相适应，而与市民社会经济不相适应。儒学以中国最为显赫的先文人家学、后国教之学的至尊地位，也免不了被宗亲世俗化的根本命运。"①

然而，改革开放已经三十多年，我国已经逐步进入法制社会，我们只要紧密结合改革开放实际，"巩固并将马克思主义理论及其共产主义理想作为现代文化建设的国家信仰，去复兴中华优秀宗亲文化、逐梦文化强国，认准这才是社会主义中国发展的必然之路"②。这就从根本上把握住了在挖掘以家谱家族家风族风为主体的宗亲文化过程中的总体方向。

第二，必须认真领会中央领导关于中华传统文化暨宗亲文化的讲话精

---

① 刘圣鹏：《终极信仰与终极信仰的巨人化——中国古代文化信仰的知识学分析》，《学术论坛》2007 年第 7 期，第 168 页。

② 刘圣鹏：《终极信仰与终极信仰的巨人化——中国古代文化信仰的知识学分析》，《学术论坛》2007 年第 7 期，第 168 页。

神，深度挖掘以家谱家族家风族风为主体的宗亲文化。

中央领导关于宗亲文化方面的讲话有其特别意义，它展现了中央领导集体的执政思路，表达了党和政府对于挖掘以家谱家族为主体的宗亲文化的决心，其讲话精神实质是深度挖掘以家谱家族家风族风为主体的宗亲文化的政策方针，为我们挖掘以家谱家族家风族风为主体的宗亲文化指明了道路和方向。

如江泽民同志说："族谱文化是中华民族的传统文化，收集、研究族谱，有助于中华民族的团结和中华文化的传播。研究家谱，可增强民族的凝聚力。海外华侨都有宗亲会组织。改革开放以来，随着国际文化交流的增多，寻根问祖之风越来越盛。台湾同胞的祖先96%来自祖国内地，研究族谱，也有利于祖国的统一。"①

这就将研究挖掘以家谱家族为主体的宗亲文化的实质、意义之所在作了十分明白的阐述，是我们用以挖掘以家谱家族为主体的宗亲文化的指针。

又如胡锦涛同志在全国政治协商会议成立五十五周年大会上强调指出："以姓氏文化为代表的传统文化在港、澳、台和海外侨胞中有着广泛而深刻的影响。"他在中共十七大会议上的报告中说："中华文化是中华人的共同体生生不息、团结奋勇前进的不竭动力。要周全熟悉祖国传统文化，取其精华，去其糟粕，使之与今世社会形态相适应，与现代文明相协调，联结人的共同体性，体现时代性。"②

这两个讲话，不仅给我们指明了发掘以家谱家族家风族风为主体的宗亲文化所具有的重要现实意义，同时，指示了我们该如何挖掘宗亲文化，是我们该如何发挥宗亲文化在当下重大作用的指路明灯。

第三，必须全面揭示以家谱家族家风族风为主体的宗亲文化在全世界的重大影响，以坚定国人对挖掘以家谱家族家风族风为主体的宗亲文化的决心。

家谱家族家风族风中的孔子教育，可以说贯穿于中国所有的族谱文化

---

① 历届党和国家领导人论家谱摘录，http：// www. iwangs. com/bbs/read. php？tib = 22524，2011 年 7 月 15 日。

② 历届党和国家领导人论家谱摘录，http：// www. iwangs. com/bbs/read. php？tib = 22524，2011 年 7 月 15 日。

之中，是中国宗亲文化中的核心内容之一。在我国有"半部《论语》治天下"的实践者，在国外亦不乏借孔子的智慧取得巨大成功者。如果我们适当宣传近现代国外这样的睿智者和成功者，对于唤起国人对宗亲文化的高度重视，对复兴宗亲文化无疑是能起到巨大作用的。

有日本学者在分析了美国与中国的文化之后，十分清醒地提出："在欧美文化大行其道，东亚国家也日趋西化的当下……在当代社会西方文化尤其是美国文化风靡世界的背景下，我们更应清醒地认识到，美国文化固然有其自身的优势，但美国本身不具备悠久的历史积淀，美国文化中也不可能拥有业已传承千年的经典。因此，我希望汉字圈国家的年轻人特别是青年研究者们能够静下心来，从那些已经受过岁月洗礼和检验的中国古代经典中汲取出智慧和营养，用来滋润和充实当代人的精神世界。"① 以家谱家族家风族风为主体的宗亲文化中的中国古代经典，经受过数千年岁月的洗礼，其丰富营养足够我们品味终生！只要我们能够认真汲取其中的精华、陶冶自己的情操，就足以抵制西方不健康文化的冲击。

我国著名学者杨叔子则用世界上最成功的典型事例，论证中国文化在世界上的影响，他这样写道："孔子的思想在欧洲曾产生过巨大的影响。被马克思称为'现代政治经济学始祖'的重农学派领袖魁奈（1694—1778），对孔子的思想人格极为崇拜，自称为孔子的继承人，后人称之为'欧洲孔子'。直到 1988 年 1 月一批诺贝尔文学奖得主在巴黎集会，其中的 1970 年物理奖得主瑞典的汉内斯·阿尔文就讲：'人类要生存下去，就必须回到 25 个世纪以前，去汲取孔子的智慧。'……日本著名企业家涩泽荣一（1840—1930），日本称他为日'企业之父'、日'之王'、日'近代经济的最高指挥者'，他以《论语》作为'座右铭'，成功地办了 500 多家企事业，他在《〈论语〉与算盘》一书中总结他办企事业的经验时明确指出：'有士魂尚缮有商才，无商才会招来灭亡之运，舍道德之商才根本不是商才，商才不能背离道德而存在。因此，论道德之《论语》自应成为培养商才之圭臬。又处世之艰难，若能熟读《论语》且细玩味之，自然会大有所悟。故我平生尊孔子之教。同时以《论语》为处世之金科玉律，经常

① 谢宗睿：《"汉学研究就是对日本自身的研究"——专访日本九州大学名誉教授町田三郎》，《光明日报》，2013 年 8 月 19 日。

铭之座右而不离。'"①

更有当代世界汉学大家说:"在多元文化的现代世界,大概只有儒家才能让全世界在伦理道德的规范上达成共识。……若无中国文化与儒家价值,也就没有中国出色的经济发展。"② 联合国教科文组织泰勒博士说:"不管人类进步与否,时至今日,人类社会始终不能越过孔子在2500多年前所讲的范围。"③

有知名汉学家则针对中国年青一代的不足,不无警示地写道:"中国今天的繁荣与发展就是中国文化传承的重要依据,中国古文化越来越多地被认为是人类智慧的源泉。在全球化的今天,世界都在关注中国文化的演绎与传承,而中国年青一代对古文化的兴趣不足,他们更关注经济往来。殊不知,没有文化底蕴的经济交往是没有意义的,失掉传统文化的发展等于没有根基,没有根基融入全球化是经不起风浪的。"④

诚如前述,家谱家族家风族风文化中的孔子教育文化,《论语》是其教育的重点,因而,孔子思想中的精华,就是家谱家族家风族风文化中的精髓,它影响着绝大多数的受教育者。老祖宗的经典常读常新,常用常新,永远常青。世界上所有睿智的学者均洞见这样的事实:中国没有统一的宗教信仰,但能在传统文化,尤其是家谱家族家风族风文化这个"基石"的传承中维系五千年文明不衰,这不是世界上其他民族可以做到的。我们必须对深度挖掘家谱家族家风族风文化高度重视并努力实施之!

第四,必须客观地揭示中国家谱家族家风族风文化在现实社会生活中所隐含的危机感,以唤起国人对深度挖掘家谱家族家风族风文化的高度重视,并找到高度重视且使之振兴的钥匙。

在中国经济急速发展的今天,"传统文化的核心伦理价值也可能随之烟消云散",而中国家谱家族文化作为传统文化的重要组成部分,这种"可能随之烟消云散"的危机必然与之"与生俱来"。"'回顾中国过去30

① 甘筱青:《〈论语〉的公理化诠释·杨叔子〈修订版序〉》,南昌:江西人民出版社2012年版,第2页。
② 王传军:《中华文明震撼了我(下)——访美国著名汉学家、芝加哥大学终身教授艾恺》,《光明日报》,2013年9月3日。
③ 孔岩:《儒学与世界和平》,《青岛科技大学学报》2011年第2期,第43页。
④ 戚德刚:《中国古代文化是人类智慧的源泉——访塞尔维亚贝尔格莱德大学普西奇博士》,《光明日报》,2013年9月23日。

多年，所取得的成绩令人惊叹不已，往前看，未来光明无限。但是，如今的中国经济面临着一个重要问题，即缺乏思想市场，这是中国经济诸多弊端和险象丛生的根源。'林毅夫则认为，中国经济在未来20年甚至30年内还可以保持快速增长，中国将在2030年左右有望成为世界上最大的经济体，在这个过程中，以'仁'为核心伦理价值的中国文化有可能伴随中国经济的发展而复兴。不过，林毅夫也表示，在中国经济的快速发展过程中，如果放任不择手段追名逐利的情形继续蔓延，其将难以避免影响到下一代心灵精神的健康，而传统文化的核心伦理价值也可能随之烟消云散。"①

"传统文化的核心伦理价值也可能随之烟消云散"，这并非耸人听闻之说，有学者据实例而惊呼："时代精神大气候下呈现的文化断层……我们感到在我们这个商业的、消费的和技术的当代社会中，人文氛围越来越淡薄，人文情怀越来越少见，人文情致越来越缺乏，文化中的人文精神越来越难寻，'人文'正在流失，'人文'似乎正在成为一种难得的'奢侈品'……试想，如果一个民众失掉了人文的追求，只有时尚，只有娱乐，只有消费，只有物质欲望，只有功利性的目的，只有实用主义，只有技术主义的泛滥，那么，这个民族的文化历史将被割断，民众的心灵也将日趋浅薄，我们会丧失我们的文化感受性、道德同情心，我们的心灵中就没有了诗意，我们的记忆中就没有了历史，我们的思考中就没有了智慧和哲理，我们的民族生命中就没有了灵魂！"② 这对我们来说，不能不说是一个十分严重的警示！然而中华民族是一个智慧的民族、伟大的民族，应对上述情况发生的办法很多。作为传统文化中的重要组成部分的家谱家族家风族风文化，有着深厚的历史积淀，是数千年来宗亲中的精英与普通族众共同辛苦所创。在宗亲文化中祖先崇拜是我们的传统，在宗亲文化的挖掘中去请教"老祖宗"的同时，必须紧密结合当前中国特色社会主义文化发展道路的现实，不断地从深厚的以家谱家族家风族风为主体的宗亲文化中，去寻求资源和灵感，这就是一个很好的办法。

---

① 李敢：《"文化兴国"之悖论：我们的"文化"在哪里?》，《中国农业大学学报》2013年第3期，第80页。

② 袁跃兴：《呼唤"人文"精神的回归》，《光明日报》，2013年8月31日。

习凿齿家族家风研究

历经千百年历史风雨洗礼的优秀的以家谱家族家风族风为主体的宗亲文化，多数是已经受过岁月砥砺和检验的中国古代经典之一，在挖掘以家谱家族家风族风为主体的宗亲文化的精华的过程中，有效地学习包括全人类的一切文明成果，投入当代现实文化创造，并以此来教育族众，这不失为行之有效的重要措施！

中国人是世界上最富于祖先崇拜传统的一个民族。列祖列宗的英雄业绩，是其子子孙孙永恒的记忆。崇拜祖先，说明一个人未忘其根本，知道自己从何而来，该向何处而去。"谱乃家之史也，史乃国之谱也，谱不立则昭穆混，渊源憒，人不知祖，何异禽兽。"① 此语道出了谱之重要价值。

据《中华家谱学学刊》2011 年第 1 期《周恩来论家谱》一文中载："周恩来总理在第四届全国人民代表大会上与淮安代表座谈时说：'一个爱祖国的人，没有一个不爱家的。我经常想家、想家乡。爱家、爱家乡是爱国的起点，了解家情、乡情是懂得国情的开始，只有了解乡情，懂得国情的人，才能真正热爱家乡，热爱祖国。'""周恩来总理 1972 年 9 月 13 日在上海视察时指出：发行专代通谱，有利于深化本姓历史传统，加深血肉之情，巩固团结友爱精神，也便于抓好文道品德政治思想教育工作。"

周恩来总理的谈话，道出了作为家国同构的中国社会，其治理之根底就是家庭这样一个客观事实，道出了宗亲文化千百年来有着绵延不绝的生命力。由千百个姓氏宗族所构成的中华民族，他们无不对自己家族艰苦奋斗的每一个于家族有贡献的先祖，有着强烈的自豪感和荣耀感，当修订家谱之时，他们无不将有贡献的先祖的事迹在谱中赋下光彩的一笔，祖先们所创造的灿烂文化，像甘霖似的浸润族人的心灵，并影响着宗亲们的社会生活和精神风貌。故而，历经数千年积淀凝聚成厚重而独特的宗亲文化，依然有着巨大的生命力，是滋育和产生中华民族优秀传统文化的母体和沃土，是联络一姓宗亲乃至全国民众情感精神的核心。

第五，应积极寻找当今挖掘以家谱家族家风族风为主体的宗亲文化卓有成效的典型事例，树立挖掘以家谱家族家风族风为主体的宗亲文化的信心。

---

① 湖南新宁四川武胜《盆溪李氏族谱》序·凡例·目录，http：// lishengxian101. blog. 163. gov. com/blog/static，2011 年 8 月 20 日。

中华民族拥有以家谱家族家风族风为主体的宗亲文化的优良传统，所以，即使是在西方霸权文化上百年的强势冲击之下，即使文化全球化在很大程度上使其深度挖掘遭遇到前所未有的挑战，安东尼·吉登斯曾说："'全球化并不是我们今天生活的附属物，它是我们生活环境的转变，它是我们现在的生活方式。'文化本身并不是一种固化、一成不变的形态，而是一个动态、开放、不断演进变革的过程。"① 在当下的"现代文化语境中，中国传统也从来就不是一个仅仅意味着某种过去留存物及其精神性的历史概念，它能否进入现代世界，或以何种面目进入中国现代历史进程，都不是由中国传统的本身性质所决定，而是由现代人时下的需要决定"②。这是问题的一个方面。但从总体上来说，现代化进程与以家谱家族家风族风为主体的宗亲文化的传承之间没有根本性的冲突，我们只要将其中的有益因素进行现代化的演绎，使之适应现代化的需要，就可以达到两全其美的效果。

在上述问题上，仓修良先生是颇有研究的。他十分有见地地写道："我们研究发现，家训是在我国封建社会发展起来的一种特有的社会文化现象和家庭教育形式，它是随着家谱、宗谱的发展而产生发展起来的，以前一直不加分析地一律视作封建糟粕而弃置勿论。其实只要我们认真加以研究就不难发现，其中有许多非常宝贵的教育思想和教育内容。我们可以这样说，所有家训，都教育子弟读书上进，勤俭持家，从未见过要子孙去杀人放火、赌博偷盗的。只要我们剔除其封建性的糟粕，吸取其中优秀的精华，对于发展家庭教育、社会教育，弘扬优秀的传统道德都具有重要意义。"③

同样，在上述问题上，杨永伟与王耀强两位先生也做过调查研究。他们通过对华北地区 A 村的孙姓、杨姓、张姓、李姓四大宗族的调查，探讨宗族是如何调整自身，以适应中国农村社会的现代化转型的需要时，得出如下几点结论：

---

① 唐冰炎、彭影：《网络文化中传统文化艺术的传承与演绎》，《新余学院学报》2013 年第 5 期，第 47 页。

② 甘浩：《游走在腐朽与进步之间——对现代汉语学中"传统"的知识考古及其命运分析》，《郑州师范教育学报》2013 年第 4 期，第 36 页。

③ 仓修良：《家谱概述》，《淮阴师范学院学报》2009 年第 1 期，第 56 页。

习凿齿家族家风研究

一是通过对族中决策人的选举的变化、女子入谱、收养儿的入谱等的调查，得出的结论是："这种修改意义重大，它在进一步削弱宗族组织封闭性的同时，也为宗族组织向现代意义上功能性组织的发展提供了可能性。"①

二是通过对宗族势力对婚姻嫁娶的无权干涉、对于家庭内部矛盾处理的弱化、葬丧礼仪的举行、宗族的教化权力等的调查，其结论是："宗族不仅满足了人们对于历史感和归属感的需求，更重要的是，宗族组织成为连接传统与现实的媒介。此外，宗族的某些价值观、精神内涵，良性影响着农村社会的变迁。"②

三是通过对宗族族长与族内成员关系及族内成员已具有不稳定性的特征等情况的调查，其结论是："宗族在稳定性方面的变化，使得其对族内成员的控制力大大减弱，客观上适应了农村法制化、民主化的发展要求。"③ 在此基础之上，杨永伟与王耀强两位先生找出了 A 村宗族复兴（当然包括了宗亲文化的复兴）的原因："农村公共产品供给的需要，促进了宗族组织的复兴"，"农村村民现实利益因素的考量，促进了宗族组织的复兴……宗族可以利用宗族文化将族人聚集起来，因为宗族文化、宗族情感中蕴含着中国农村对本体性的需求，即对人类的认同感和归属感"，"在中国现代化的进程中，宗族组织的这种适应性和可变的不稳定性，可能正是其依然保持顽强生命力的源泉"。④

事实上，不少地方将优秀的家谱、家族、家风、家训文化当作践行社会主义核心价值观的"源头活水"，在培育和践行社会主义核心价值观方面，从中央到地方，各方面都已行动起来，在华东地区于上海召开"传承好家风，奉敬贤德人"的现场会，在浙江临安开展"诵'钱氏家训'奖'好家风家庭'"⑤，均取得了很好的效果。

---

① 杨永伟、王耀强：《现代宗族变迁及其复兴原因》，《长江大学学报》2013 年第 7 期，第 199 页。

② 杨永伟、王耀强：《现代宗族变迁及其复兴原因》，《长江大学学报》2013 年第 7 期，第 199 页。

③ 杨永伟、王耀强：《现代宗族变迁及其复兴原因》，《长江大学学报》2013 年第 7 期，第 200 页。

④ 杨永伟、王耀强：《现代宗族变迁及其复兴原因》，《长江大学学报》2013 年第 7 期，第 200 页。

⑤ 《光明日报》，2014 年 9 月 30 日。

特别是广东省河源市，在 2013 年搜集到家训 1 000 多篇，从中筛选出最优秀的 100 余篇，将这 100 余个姓氏的家训"请出"族谱，由全国百名书法家用隶书、行书、草书等多种书法字体，将这具有社会主义核心价值观要义的家训镌刻在黄蜡石上，形成 600 多米长的家训文化长廊，让家训文化成为涵养社会主义核心价值观的载体在墙上"活起来"，有利于让家训文化走向大众，这样一来，广大市民可以一边诵家训，一边赏书法，一边观奇石，在休闲中接受传统文化的熏陶，彰显其道德感召力。河源市连平县司前村村支书吴林新说，"家训还是很管用的"。村子自 2005 年以来无一宗群众上访事件和刑事犯罪案件，这与村里的"八条家训"很有关系。"一厚伦理，二尊王法，三救急难，四和乡里，五勤本业，六莫非为，七周贫乏，八谨祭祀。"600 年来，口耳相传的八条"吴氏家训"，接续着家谱、家族、家风、家训文化绵延不绝的生命力，使这种文化有如甘霖般地浸润着百姓的心灵，源远流长的美德一直哺育着这座安静祥和的小村庄，让村民树立起淳朴的民风，显现着家风族风文化那穿越时空的价值。①

再如浙江省临安市，2014 年"4 月份，在试点清凉峰镇时，3 000 余名党员走进 8 000 多户家庭，访家风、理家训，收集'好家风'调查表 7 000 余份，组织开展写家风、晒家风、传家风等系列活动。党员干部带头写家训家规，带头讲家风故事，带头践行好家风，做孝敬老人、尊老爱幼、夫妻和睦、和谐邻里的模范"。汇编全市民间家训集，组织开展"好家风"文艺巡演，邀请摄影家为村民义务拍摄全家福，组织"爱吾老亲情陪伴"志愿服务行动，举办"书香飘农家·共建好家风"讲演比赛和"品行端正、良好教养"家庭教育公益讲座……临安透过一个个普通个体，用理念、行动诠释了共同的核心价值观——敬老爱幼、崇学向善、律己感恩、诚实守信、助人为乐，以家风带民风树新风，让那古老的家风族风在这里延续着无限的精彩。②

网络是一把双刃剑。在网络时代，我们应该尽量减少它的负面影响，充分发挥它的积极作用，通过网络，将中国优秀的传统文化中的家谱家族

---

① 吴春燕、蓝思学：《广东河源市：家训文化传承客家古邑的"正能量"》，《光明日报》，2014 年 11 月 27 日。

② 严蓓蓓、严红枫：《浙江临安：以家风带民风树新风》，《光明日报》，2014 年 12 月 9 日。

文化更好地传播出去。

黄朝斌通过研究指出："网络游戏作为一种文化载体，同样可以在作品中体现民族文化所蕴含的哲学意识、道德观念和艺术见解。纵观历史，不论是过去还是现在，民族文化都在培育民族的优秀精神品格方面起着其他方式难以替代的作用。传统的民族文化及其所包含的民族精神，不仅凝结了过去，也可以滋生未来，尤其是其中所包含的中华民族特有的优秀精神品质，对于整个民族的发展，乃至于国家的进步，都是不能排斥的，因而，它的国家意义、民族意义得到了普遍认可。从文化本身来看，人们所主张的只有民族的才是世界的，只有保护民族文化的特色，才会使民族文化具有世界意义的观点，也同样意味着民族文化在任何一个国家都具有不可或缺的国家意义和民族意义。可以说，网络游戏是民族文化得以传播的又一个有效手段。"[①]

黄先生从"民族文化题材是网络游戏设计的丰富源泉""民族文化题材在网络游戏设计中的视觉审美""民族文化题材在网络游戏中的人文伦理导向""民族文化题材在网络游戏中的跨国界交互与传播"四大方面着手研究，并指出："我们应该把网络游戏与传统的经典民族文化相融合，凸显本土文化优势，宣传本民族的优秀文化传统……在多元一体的中华文化传统美德中，有许多都是值得我们传承的，文化作为网络的灵魂，它理应在传统文化和现实道德方面承担起应有的责任。"[②] 优秀的家谱家族家风族风文化，它是最具民族特色的文化，从上述四大方面着手进行阐扬，这也是我们在网络时代挖掘与弘扬家谱家族家风族风文化给人们奉献宝贵的精神财富的重要路径。

（2）在挖掘以家谱家族家风族风文化为主体的宗亲文化的过程中，要从微观上竭力彰显其精华，拂去其封建落后尘埃，赋予数千年宗亲文化以全新之貌。

"所谓历史包括国史、地方志、族谱，由此三足鼎立的史书才能构成整个国家历史的全部。五千年华夏文明，就是不同血缘姓氏的宗族繁衍生息、播迁交融、兴衰更替的总汇。在漫漫的历史长河中，中华姓氏传承延

---

① 黄朝斌：《民族文化继承与网络设计》，《湖北民族学院学报》2014年第2期，第62页。
② 黄朝斌：《民族文化继承与网络设计》，《湖北民族学院学报》2014年第2期，第64～65页。

续，升华凝练，形成了一种超越时空与地域、内涵丰富的文化体系，包括族谱、家庙宗祠、坟墓陵园、历史名人等社会各层面，是中华传统文化的瑰宝。以血缘、姓氏为传承的宗亲文化，是中华传统文化的基石，其生命力最旺、凝聚力最强、感召力最大。宗亲文化对于共同祖先和民族渊源的追溯，对于海内外炎黄子孙的寻根问祖，对于凝聚中华民族的向心力，都有着重要的现实意义。"① 笔者览阅多部族谱，实际上，它涵盖着家庙宗祠、坟墓陵园、历史名人等社会各层面的内容，为简省明白起见，因宗亲文化中的重要载体之一是族谱，更因在本章的前部分已有基本的论述，为了避免重复和内容的连贯，故在论述这一命题时，将本章前部分中已经论述过的内容概缩列出6题示意，以示内容的连贯，只对"6."予以专论。

1. 复兴宗亲文化中的"忠烈文化"，铸就华夏民族的爱国主义精神

2. 复兴宗亲文化中的"堂号文化"，培育华夏民族的和谐团结精神

3. 复兴宗亲文化中的"崇教文化"，提高华夏民族的人文道德精神

4. 复兴宗亲文化中的"尊妇文化"，拓展华夏民族以人为本的文化精神

5. 复兴宗亲文化中的"大一统文化"，升华华夏民族坚定地维护国家的大一统精神

6. 复兴宗亲文化中的"寻根文化"，搭建海内外华夏民族增强国家软实力的平台，弘扬寻根追远"孝悌为先"的尊祖爱国精神

习近平同志曾经指出，文化是一个国家软实力的重要组成部分，对促进不同民族之间的沟通有着不可替代的作用。中国拥有 5 000 年的灿烂文明史，应该充分利用好文化中心这个平台。②

中国不仅本身人口众多，在海外的华侨华人亦为数不少。2011 年 11 月 30 日在上海举行的第二届中国侨务论坛首次较为明确地统计出全球华侨

---

① 蔡嘉源、陈蘋：《台湾同胞寻根问祖之钥——论闽台宗亲文化交流》，《福建论坛》2009年第 6 期，第 98 页。

② 参见习近平视察柏林中国文化中心，http：//www.sina.com.cn，2009 年 10 月 12 日。

华人总数：2007—2008 年间已达 4 543 万人，如今约为 5 000 万人。①

这么多的华侨华人，他们在海外所传播的中华传统文化，最为主要的是宗亲文化，从他们的宗亲组织的宗旨来看，其宗亲文化的主旨是"寻根文化"。他们目前主要分布在新加坡、菲律宾、马来西亚、印度尼西亚、泰国、日本、韩国、越南、缅甸、老挝、美国、加拿大、墨西哥、哥伦比亚、古巴、秘鲁、委内瑞拉、澳大利亚、南非以及欧洲的一些国家。

据台湾宗亲谱系学会 1985 年编印的《谱系与宗亲组织》记载，新加坡有 200 个宗亲会，菲律宾有 110 个宗亲会，马来西亚有 4 000 个以上的华人宗祠和会馆。这些组织的宗旨主要是：弄清本姓氏源流，筹备、撰写、出版大族谱；完成祖墓的修葺，建立宗祠，定期组织祭祀仪式，尊祖祭祀，联络宗谊；定期举行聚会活动，作为世界各地同姓氏族人的联络中心，商讨宗亲会物业、公产经营，以维系其运作和发展，普及华文、华族历史的教育，保持文化的延续传递；开展音乐、戏剧、武术等文体活动，组织庆祝中国的传统节日，弘扬中华传统文化；回祖籍地寻根谒祖，省亲观光，办厂经商，设立奖项资助奖掖英才，支援家乡经济、文化、教育事业。在改革开放之后，宗亲这个职能得到了增强。② 与此同时，也是最先、最直接地让世界看到中国人重礼仪与道德的文化物质，是亮出中国优秀传统文化以消除中西方文化隔阂与误解的多姿多彩的"身份证"。

由中央宣传部、住房和城乡建设部、国家新闻出版广电总局、国家文物局组织实施，中央电视台组织拍摄的《记住乡愁》选取全国 100 个以上的传统村落进行拍摄，梳理传统村落的发展脉络，聚焦海内外华人记忆中的乡愁，是一部以看得见的传统村落为载体，以生活化的故事为依托，深入挖掘和阐述中华优秀传统文化的时代价值的大型纪录片。在央视中文国际频道每晚播出，每集讲述一个传统村落的生活故事和文化传承。片中细腻的故乡情感、厚重的文化沉淀，引发了海内外众多观众的关注和共鸣。很多观众通过客户端、微博、微信等各个平台，表达对故乡的思念，对中

---

① 全球华侨华人总数首次得出较为明确数字约 5 000 万，http：// roll. sohu. com/20111130/ n327454528. shtml，2011 年 11 月 30 日。

② 海外宗亲会，http：// baike. baidu. com/view/4063290. htm，2013 年 5 月 4 日。

华传统美德与文化的珍视和追寻。①

　　这何尝不是从宏观与微观上对以家谱家族家风族风文化为主体的宗亲文化最直观的深度挖掘,何尝不是以家谱家族家风族风文化为主体的宗亲文化对海内外受众的有效宣传,又何尝不是让以家谱家族家风族风文化为主体的宗亲文化成为电视节目创新的重要资源!"记住乡愁,就是记住社稷。记住乡愁,就是记住祖宗。记住乡愁,就是记住恩情。记住乡愁,就是记住根本。记住乡愁,就是记住春天。"②

　　实际上,这也就是通过对以家谱家族家风族风文化为主体的宗亲文化的深度挖掘所展现出来的中华民族生命力与凝聚力!它在实现中国梦,强化"对祖国的认同,对中华民族的认同,对中华文化的认同,对中国特色社会主义道路的认同",共同书写中华民族发展新篇章等方面,将起到无可估量的作用。

　　综览海外宗亲文化,其文化核心是"寻根文化"。这种文化有着极强的生命力和凝聚力。这正如"世界梁氏宗亲总会常务理事梁中英教授撰文说:'宗亲会根于原始,基于血缘的自然关系,不受时间地域之变异所影响。'海外宗亲会的性质定位为,是血缘性团体,即各行各业同一姓氏之总和。……现在与时俱进改革为宗亲谋福利,弘扬中华文化,参与政治活动维护族群权益。……寻根追源是万古精神。故此有其生命力凝聚力"③。这种宗亲组织不分地域、宗亲情浓,传承着弘扬中华文化的重任。如:"新加坡南洋梁氏公会成立于1913年,载明成立宗旨,是保留民族的根,让移民南来的宗亲,不会忘记自己的祖先与文化。""在神舟五号上天,国家强盛的今天,无须害怕外国影响流入,其实是自己的文化与世界交流,可以引导宗亲会保持发扬民族传统弘扬中华文化,这样的团体就更应对其进行工作,团结国际上对华友好力量,致力于振兴中华文化和中华民族精神,这是利多于弊的,也是政治文明应有的内容的。"④

----

① http：//www. sogou. com/sie? hdq = Afl2140&query = 记住乡愁在海内外的影响 &p = 50040111&oq = &ri = -2,2015 年 1 月 19 日。

② http：//www. sogou. com/sie? hdq = Afl2140&query = 记住乡愁,就是记住社稷。记住乡愁,&p =50040111&oq = &ri = -2,2015 年 1 月 8 日。

③ 海外宗亲会的联谊与思考,http：//tieba. baidu. com/f? =666929269,2013 年 8 月 30 日。

④ 海外宗亲会的联谊与思考,http：//tieba. baidu. com/f? =666929269,2013 年 8 月 30 日。

因此，深入挖掘以家谱家族文化为主体的"寻根文化"的工作大有可为，它在搭建海内外华夏民族增强国家软实力的平台中，起着独特的难以替代的重要作用。

清代学者张澍在其《姓氏寻源》中云："参天之木，必有其根；怀山之水，必有其源；慎终追远，孝悌为先。"香港、澳门相继回归。"台湾同胞的祖先96%来自祖国内地"，而"现今，台湾2 300多万人口中祖籍福建的近80%，其中约九成集中在闽南地区"①。

树高千丈，落叶归根；两岸同胞，骨肉难分；祖根祖源，心中了然；中华一统，理所当然。②"潮平两岸阔，风正一帆悬。"两岸同胞正在不断加强家族认同、增进民族认同，沿着实现和平统一的道路上迈进！梁漱溟在其《乡村建设理论》中说："一个民族的复兴，都要从老根上发新芽；所谓老根即指老的文化、老的社会而言……它发新芽的'发'，是靠它的教育，它的新芽是指它从民众教育生长出来的新社会……中国亦要从一个老根上（老文化、老社会）发新芽。自一面说，老的中国文化、中国社会已不能要了，一定要有'新芽'才能活；可是自另一面说，新芽之发还是要从老根上发，否则无从发起。所以老根子已不能要，老根子又不能不要。中国老根子里所蕴藏的力量很深厚，从此一定可以发出新芽来。"梁漱溟为什么如此及时而冷静地提出这样一个问题呢？因为中国"现代人注重科技和知识、理性，把古人最初的做人智慧丢弃了。中国传统文化的智慧使中华民族几千年来保存下来而没有灭亡。但是近代中国人学习西方理性科技、西方自由民主思想，崇尚科技和自由民主，丢弃了中国传统的圣贤教育和圣贤文化。理性科技教人怀疑一切，怀疑则没有诚敬。自由民主教人失去诚敬，我行我素，贪嗔痴慢疑盛行。新文化运动和五四运动以来，理性科技和自由民主向中国的传入冲击了中国的传统文化，中国古老的做人智慧、圣贤教育频遭厄运，濒临灭亡。近些年虽然也有一些专家学者注重研究国学、研究中国传统文化，但是大多学者将其作为知识和学问来研究，而不注重以身作则、以身示范地去笃行。修身做人的知识不能笃

---

① 蔡嘉源、陈蘋：《台湾同胞寻根问祖之钥——论闽台宗亲文化交流》，《福建论坛》2009年第6期，第98页。

② 卢钟山：《漳台同根宗亲情深——漳州宗亲文化交流团赴台参访侧记》，《政协天地》2013年第6期，第20页。

行，就不是做人的智慧，只能是世间学问。世间的学问与修身做人的智慧无可相比。英国著名历史哲学家汤恩比博士说'二十一世纪是中国人的世纪'，他指的是'二十一世纪是中国传统文化的世纪'。中国能够拯救全世界，不是依靠政治、军事、科技、经济贸易，而是依靠中国传统文化。地球上曾出现的四大文明古国，只有中国的历史文明没有中断，其他都出现了中断。中华文明几千年来没有中断的原因，就在于中国古代统治者重视中国传统文化，以中国传统文化教人民百姓懂得仁义礼智、孝亲尊师。因人民崇礼尊贤，本分向善，所以没有出现过大的灾异。自清朝末年慈禧太后执政，她抛弃了儒释道传统文化，使儒释道传统文化中断，人心不善，国运衰微，社会动乱，从而导致了清朝被外族入侵及清朝的亡国。贫穷不是清朝亡国的根本原因。社会动乱、国运衰微才是亡国的真正原因。如此文化被灭掉，这个民族永远不会复兴了，也就灭亡了。要使中国传统文化在中国复兴，并逐步在全世界推广，这样才能拯救中国、拯救世界"[①]。优秀的家谱家族家风族风文化，正是优秀传统文化的重要资源，它就是"老根子"之一，也是"圣贤教育"以身示范的根基之一。在新的历史条件下，我们要深入挖掘整理，不断地增强其文化的凝聚力、感召力与影响力，让这无数的"新芽"逐渐成长为耸立云天、无边无际的大树！

党的十八大报告指出："文化实力和竞争力是国家富强、民族振兴的重要标志。"宗亲文化是中华优秀传统文化中的重要血脉，我们必须使其焕发出勃勃生机，用以弘扬优秀传统文化，使其在进一步增强中华优秀传统文化的国际影响力中发挥重要作用！

---

① 韩丽华：《圣贤教育拯救危机——〈群书治要〉的圣贤教育思想与民族复兴中国梦》，《江南大学学报》2014 年第 4 期，第 130 页。

参考文献

1. （唐）房玄龄等：《晋书》，北京：中华书局 1974 年版。

2. 许嘉璐主编：《二十四史全译》，北京：汉语大词典出版社 2004 年版。

3. （晋）陈寿：《三国志》，北京：中华书局 1975 年版。

4. （宋）司马光编著：《资治通鉴》，北京：中华书局 1976 年版。

5. （南朝宋）刘义庆撰，徐震堮注：《世说新语校笺》，北京：中华书局 2001 年版。

6. （南朝宋）刘义庆撰：《世说新语》，长沙：岳麓书社 1996 年版。

7. 余嘉锡：《世说新语笺疏》，北京：中华书局 1983 年版。

8. 杨伯峻编著：《春秋左传注》，北京：中华书局 1981 年版。

9. 吴直雄：《破解〈习凿齿传〉〈汉晋春秋〉千年谜》，广州：广东人民出版社 2013 年版。

10. 余鹏飞：《习凿齿与〈汉晋春秋〉研究》，武汉：湖北人民出版社 2013 年版。

11. （唐）许嵩撰，张忱石点校：《建康实录》，北京：中华书局 1986 年版。

12. （清）王鸣盛撰，黄曙辉点校：《十七史商榷》，上海：上海书店出版社 2005 年版。

13. 沈玉成译：《左传译文》，北京：中华书局 1981 年版。

14. （宋）李昉：《太平御览》，文渊阁四库全书版。

15. （北魏）郦道元：《水经注》，文渊阁四库全书版。

16. （元）郝经：《郝氏续后汉书·自序》，文渊阁四库全书版。

17. （清）纪昀、陆锡熊、孙七毅等撰，四库全书研究所整理：《钦定四库全书总目》（整理本），北京：中华书局 1997 年版。

18.《梅田习氏世系总图》，清乾隆十二年（1747 年）。

19. 白梅村委会：《白梅习氏合修族谱》，2006 年刊本。

20. 江西峡江花门楼：《十一修习氏族谱》，1994 年刊本。

21.《习氏花门楼》编辑部：《习氏花门楼——中国历史文化名村湖洲探源》，2014 年刊本。

22. 杨德堂主编：《乡情》，2014 年刊本。

23. 中共邓州市委宣传部、河南省范仲淹文化研究会、邓州习氏文化研究会：《名人家风研讨会文集》，2015 年刊本。

24. 江西新干塘头华城门：《十一修习氏族谱》，1994 年刊本。

25. 河南邓州习氏：《邓州习氏》，2005 年刊本。

26.《高山习氏族谱》明万历甲申年（1584 年）刻本，1948 年重刊。

27.《梅田习氏族谱总图》，乾隆十二年（1747 年）刊本。

28.（晋）习凿齿撰，黄惠贤补校：《校补襄阳耆旧记》，郑州：中州古籍出版社 1987 年版。

29.（晋）习凿齿撰，舒焚、张林川校注：《襄阳耆旧记校注》，武汉：荆楚书社 1986 年版。

30.（晋）释道安撰，胡中才译注：《道安著作译注》，北京：宗教文化出版社 2010 年版。

31. 李木子：《新余风物录》，新余：新余市博物馆 1988 年版。

32.《黄子澄纪念馆陈列大纲》，分宜县博物馆 2008 年版。

33. 张习孔、田珏主编：《中国历史大事编年》，北京：北京出版社 1997 年版。

34. 汤球：《汉晋春秋辑本》，上海：商务印书馆 1937 年版。

35. 黄奭：《习凿齿汉晋春秋》，续修四库全书本。

36. 乔治忠校注：《众家编年体晋史》，天津：天津古籍出版社 1989 年版。

37. 熊明：《习凿齿及其杂传创作考论》，《沈阳师范大学学报》2008 年第 4 期。

38. 季羡林主编：《神州文化集成丛书·欧阳崇书〈中国家谱〉》，北京：新华出版社 1992 年版。

参考文献

39. 张承宗：《〈汉晋春秋〉在史学上的影响》，《史学史研究》1996年第2期。

40. 黄惠贤、柳春新：《〈晋书·习凿齿传〉述评》，武汉大学中国三至九世纪研究所：《魏晋南北朝隋唐史资料》第24辑，2008年。

41. 刘治立：《习凿齿与王夫之的三国正统论比较》，《成都大学学报》2010年第2期。

42. 赵海旺：《从〈晋承汉统论〉看习凿齿的正统史观》，《甘肃理论学刊》2006年第7期。

43. 黄惠贤：《魏晋南北朝隋唐史研究与资料》，武汉：湖北人民出版社2010年版。

44. 黄惠贤：《对习凿齿卒年及其著作的检讨和蠡测》，武汉大学中国三至九世纪研究所：《魏晋南北朝隋唐史资料》第26辑，2010年。

45. 黄惠贤：《习凿齿事迹丛考》，《襄阳师专学报》1988年第3期。

46. 黄惠贤：《对习凿齿卒年及其著作的检讨和蠡测》，《中国三国历史文化国际学术讨论会论文集》，武汉：湖北人民出版社2012年版。

47. 叶植：《习凿齿暮年遁隐白梅说质疑》，《南昌大学学报》2011年第3期。

48. 叶植：《论题系沙上建塔，铁证乃谬误堆成——答吴直雄先生并与其〈习凿齿及其相关问题于考辨〉一文商榷》，《襄樊学院学报》2011年第12期。

49. 叶植、李富平：《习凿齿左迁、卒年若干问题辨析》，《湖北文理学院学报》2013年第3期。

50. 余鹏飞：《汉末三国时期襄阳习氏家族考释》，《襄樊学院学报》2009年第3期。

51. 余鹏飞：《两晋南北朝时期襄阳习氏家族考释》，《湖北文理学院学报》2012年第6期。

52. 《习氏宗亲文化探究》，《归云轩》2013年第1期。

53. 《习氏宗亲文化探究》，《归云轩》2013年第4期。

54. 谢向英：《中华习氏千字文》，《归云轩》2013年第3期。

55. 习嘉言：《寻乐文集》（残卷），清乾隆十二年（1747年）刊本。

56. 马小能：《魏晋南北朝史学正统观念的特点》，《学习与探索》2010 年第 4 期。

57. 魏平柱：《读习凿齿〈与桓祕书〉》，《襄樊学院学报》2008 年第 12 期。

58. 魏平柱：《〈襄阳耆旧记〉及其所载宋玉小传》，《襄樊学院学报》2010 年第 9 期。

59. 梁中效：《汉水流域的诸葛亮文化》，《襄樊学院学报》2008 年第 7 期。

60. 刘静夫：《习凿齿评传》，《中国魏晋南北朝史学会第二届学术讨论会论文集》，烟台，1986 年。

61. 熊星萍：《汉晋龙亢桓氏家族文化研究》，华中师范大学硕士学位论文，2006 年。

62. 杨朝宁：《汉晋高平郗氏研究》，云南大学硕士学位论文，2010 年。

63. 江西新余白梅村委会、白梅实：《叶植〈习凿齿暮年遁隐新余白梅说质疑〉诋我家乘，毁我祖辈语段选点评》（2011 年 12 月 15 日江西新余市孔目江生态经济区欧里镇白梅村全体习氏村民致《襄樊学院学报》编辑部要求发表该论文及其函）。

64. 白梅实：《真作假时假充真——评叶植先生指白梅习氏"造假"的伪学术实质和反逻辑手法》，《萍乡高等专科学校学报》2012 年第 5 期。

65. 林校生：《桓温行年简表》，《宁德师专学报》1996 年第 1 期。

66. 胡秋银：《桓温并官省职考释》，《武汉大学学报》2000 年第 4 期。

67. 王仁磊：《魏晋南北朝家庭与家族、宗族关系初探》，《北方论丛》2011 年第 6 期。

68. 李星、刘昌安：《莫将成败论三分——三国正统与历史文化传统辨》，《汉中师范学院》1997 年第 1 期。

69. 金仁义、许殿才：《桓温与东晋史学》，《中国社会科学院研究生院学报》2008 年第 4 期。

70. 贾巨川：《习仲勋年谱》（1913.10—1937.7），《渭南师范学院学报》2011 年第 9 期。

71. 贾巨川：《习仲勋年谱》（1937.7—1949.9），《渭南师范学院学报》2011 年第 11 期。

72. 赵秀梅：《刘孝标〈世说新语注〉版本研究》，杭州师范大学硕士学位论文，2011 年。

73. 李建华：《〈晋书〉材料源于〈世说新语〉研究》，河南大学硕士学位论文，2005 年。

74. 赵志清：《〈世说新语〉刘氏注研究》，山东大学硕士学位论文，2007 年。

75. 侯颖：《顾颉刚的家谱观与〈侯氏家谱序〉内容述评》，《丝绸之路·考古与考察》2010 年第 18 期。

76. 刘星：《王献之年谱》，《临沂师专学报》1991 年第 4 期。

77. 任崇岳：《谢安评传》，北京：新华出版社 1997 年版。

78. 徐连达：《中国历代官制词典》，合肥：安徽教育出版社 1991 年版。

79. 吴海林等编：《中国历史人物辞典》，哈尔滨：黑龙江人民出版社 1983 年版。

80. 南京大学历史系《中国历代名人辞典》编写组：《中国历代名人辞典》，南昌：江西教育出版社 1986 年版。

81. 《辞海》，上海：上海辞书出版社 1979 年版。

82. 广东、广西、湖南、河南辞源修订组、商务印书馆编辑部：《辞源》，北京：商务印书馆 1988 年版。

跋

金秋十月，岁在甲午。为了参加在中央文献研究室召开的"毛泽东诗词与中华古典诗词的文化历史渊源及深远影响"学术研讨会暨中国毛泽东诗词研究会第十四届年会，我又一次心怀激动地来到了首都北京。

在会议结束的当晚，我与中央党校一位教授、博士生导师谈诗词、谈传统文化、谈人生……当谈到学术等问题时，他建议我去见见有水平、敢担当的杨玉圣博导。我接受了他的建议，于是决定在京再住几天。会议结束次日上午，我与夫人便一道赶到中国政法大学法学院"美国政治与法律研究中心主任办公室"门边恭候。杨教授整个上午都在上课。12：55，静静的四楼走廊上终于有了脚步声，这脚步声，蓦然唤起了我年轻时在北师大拜见钟敬文教授的情景：

1986 年 9 月初，我到北京香山参加茅盾研究学术讨论会。……我与钟老素未谋面、从未通信，既无师情血缘，更非旧友故交，我这样贸然造访，不是很唐突吗？……桑榆时未晚，红霞映满天。瞧，就在红楼的不远处，一位身材高高、精神矍铄的老人家，正步履轻盈地挥杖而至。我料想这就是大名鼎鼎的钟老，便不由自主地迎上去："尊敬的钟老，您好！"老人热情地伸手相握，不断地说"家里坐，家里坐"，……他老人家像久别重逢的父辈，……我打开了话匣子，钟老与我谈了一会儿后，即翻阅着我的《中国谜语概论》手稿，然后再度审阅着书稿的目录，点头笑说："好！"在再次翻阅了一遍书稿后，说："我马上要去见外国学者，过两天您再来取书名题签吧？"他老人家以征询的平和的语气对我说。……①

---

① 吴直雄：《字字千金价无比 一面情深恩永铭——深切悼念一代大师钟敬文教授》，北京师范大学中文系编：《人民的学者钟敬文》，北京：学苑出版社 2003 年版，第 320～321 页。

脚步声由远而近，在走廊的转弯处，一位英气满面、衣着整洁、身材中等、双手捧着一摞书的中年学者映入了我的眼帘……啊！也许这就是杨教授！听脚步之声，看其迈步的"方式"，我感觉到杨教授的行事风格有似"敬文前辈"……正遐想着，杨教授已到眼前，他对我说："久等了，请进！请进！"

东汉孔融有名联云："座上客常满，樽中酒不空。"进入办公室，则是："字书墙壁满，论著遍桌地。"一览其字其书，再览其满地、满桌、满座、满墙的论著，体味其礼貌而热情的待人风度，细观其办公室正位上，礼敬着与自己恩师江平（"法治三老"之一，"法学界泰斗"之一）教授的大幅合照……我深感杨教授是位热爱中国传统文化、知识渊博、尊师重道的好教授，这不禁令我们夫妻俩肃然起敬！

我们虽素未谋面，寒暄几句之后，即论及书法，进而谈及论著……无所顾忌，畅所欲言。我说，在人民出版社出版 244.8 万字的《毛泽东妙用典故精粹》等著作之后，鉴于有的研究生撰写学术论文论著时，多遇不便、常有不顺手之感，我便马不停蹄地赶写着 200 万字的《硕博士论文论著写作研究三百题》，已写了"学术章"的一部分。

这时我想起，我的老师习嘉裕两次到我家，谈到他的老家——千年古村白梅的种种情况。习老师是个诚恳忠厚的人。做学问就是要解决实际问题。尽管我知道做学问要是涉及当今人事的具体问题，日后将会有说不清的隐性风险和麻烦，但想到习凿齿确实牵涉到不少的人物与事件……我当即停掉手头的书稿，"封存"资料，欣然接受白梅村委会授予的"始祖习凿齿研究特聘研究员"的聘书，并开始深入调查，在掌握了第一手资料后，决心由"党史研究"涉猎"晋史研究"，由研究"伟人"、研究"诗文"转入研究"古代名士"。撰写并发表了多篇论文，论证了自己的新发现，否定了种种错误观点，明确了白梅确实是一个有着 1 600 余年历史的古村，明确习凿齿确实在公元 379 年先徙居于今江西万载书堂山，一年后落籍今江西新余白梅等等史实。但问题并未完全解决，我必须继续深入……

少壮奋斗入老年！老年岂能不奋蹄？于是我便夜以继日地撰写了《破解〈习凿齿传〉〈汉晋春秋〉千年谜》①一书，并于 2013 年 6 月 1 日在

---

① 是书 166.6 万字，广东人民出版社 2013 年版。

"岭南大讲坛·文化论坛"作了主旨为"习凿齿行踪的最新发现与习氏良好家风族风的传承"的学术报告。在这个问题的研究上，我以为问题就此解决，应该可以放心了，或是准备"捡起"并完成200万字的"三百题"研究的书稿，给做论文论著的学生们提供翻阅参考之便，或是对"大一统论"进行系统研究，或是试着写一部小说……

杨教授说：不！不能就此止步！我不由自主地为之一惊，因为我知道杨教授"学富五车、才高八斗"。他出此言，必有高见。我洗耳恭听！杨教授说："凿齿其人"很有风骨，桓温、苻坚手握重权，都要对他委以重任，在私人"恩德"面前，在荣华富贵面前，凿齿坚守以国家利益为重这个道德底线，舍弃私人"恩德"，不屑权势压迫，忠于国家、守大节……"凿齿之风"有别于中华民族众多优秀家族的优良家风族风，这种研究很有价值、很有意义……值得再次深入探讨，他建议我以家风族风为主线，写一部《习凿齿家族家风研究》……

自京返昌的列车在飞驰，我的思绪亦随着飞驰的车轮在不停地"转动"。车过九江，本书提纲粗成。进京的历历往事又一次浮现在眼前：见中共党史专家郭德宏，见红学专家邓庆佑、吕启祥，见编辑专家钟清清、陈鹰，见臧克家老、周振甫老、贺敬之老、逄先知老见人民学者钟敬文……尤其是见开国元勋何长工（广州两见，北京一见），元勋和蔼可亲待我如家人，当年曾任宁冈中心县委书记的何老，有如导师对我有问必答，老元勋的人格、品格与风度，给我以深深的教育与鼓励。自此之后，我写出并在《近代史研究》等刊物上发表了《袁文才、王佐的悲剧和井冈山根据地的失守》《试论宁冈客家首领袁文才在创建井冈山革命根据地中的地位和作用》等12篇共计11万余字的论文……

北京，亦是我学术生涯永铭心怀的"熔炉"。在这里有六家出版社的领导与责编对我的论著不辞辛劳地赐以"熔炼"，使我得以出版了八部著作。分别是：

开明出版社1993年版的《钢笔书法宋词元曲各百首·词曲解意》；

开明出版社1993年版的《钢笔书法唐诗三百首·诗解意》；

开明出版社1994年版的《钢笔书法千家诗·诗解意》；

当代世界出版社1995年版的《毛泽东楹联艺术鉴赏》（26万字）；

国际文化出版公司 1996 年版的《实用标点符号手册》（43 万字）；

京华出版社 1998 年版的《毛泽东妙用诗词》（上下卷 92 万字）；

人民出版社 2009 年版的《毛泽东妙用典故精粹》（上下卷 244.8 万字）；

西苑出版社 2009 年版的《跟毛泽东学楹联》（31.5 万字）。

出版界时贤们一切的一切，令我终生难忘，让我终身受教。

　　　　从昌赴京计几何？至今难忆次数多。

　　　　遥遥万里去朝"圣"，次次总可得"圣"果。

在北京大学图书馆，在国家图书馆寻觅着我急需的资料……

这一幕又一幕的情景，令人兴奋不已，令人感慨万千！

中青年时见前辈：他们赐给我学术经验，这些好人、能人，为国、为民不断地作贡献的贤人，是我心中的"圣"，他们的圣洁形象永远映留在我的脑海之中。他们之中有的给人民留下了丰硕成果，作出了突出贡献，之后驾鹤西归、含笑九泉；他们之中的健在者虽已高龄，为了"中国梦"，他们生命深处的梦想之船，仍在生生不息地吟唱与荡漾，有如晨曦日复一日地在不断发出永恒璀璨之光……

然而时光老人和与时俱进的事业，也在永不停息伴随着滚滚江流海浪，无情地荡涤着那些有如腐臭的败叶残枝的尸位素餐者、厚颜无耻的不作为者、贪腐者与违法乱纪、滥用权力、知法犯法的蛀虫与害人精……

　　　　欢歌骏马去，笑语吉羊来；

　　　　岁月催人老，事业永不老！

流金岁月历程展，征程至老难息肩。其间，时光和事业的追求在催生着一代又一代的新人……新人："圣"在其有学问，"圣"在其敢于担当，"圣"在其为人处世的坦诚，"圣"在其为人民服务的一举一动，"圣"在贵有自知之明……想着想着，这次进京，与以往进京一样，收获颇丰！不觉在我的提纲旁落下四句：

人生七十古来稀，当今七十何足奇？

我今七十得幸事，遥遥万里朝"圣"归！

骏马啸啸征途远，吉羊开泰九州春；

一心不改求索志，漫道时光流匆匆。

今日，《习凿齿家族家风研究》初成，进入自我修改完善阶段。每当我关闭电脑之际，那些予我以支持的人都会在脑海中浮现。

此书的成稿，我当首先感谢杨玉圣博导的指点、激励；感谢夫人饶忆梅、儿子吴晓、儿媳花希对我研究工作的帮助；更感谢学校的学报主管副校长谢明勇博导的鼎力支持；也不忘舒龙、周声柱教授和涂文兴处长对我的学术研究的关心鼓励；同样不忘朱圣桂、熊雪梅等聪明灵活而又正直的好心人总是无偿地、及时地惠我以资料；亦当感谢在京的吴志瞳老师、叶美珍老师、吴子华先生、夏顺茹老师、刘文成老师等先生们的鼎力支持。还当重重记下一笔的是：湖洲花门楼习国平村主任，白梅村以习陆根书记为领导的习小敏、习根珠、习平等一批村干部，使本书得以初成。对这些帮助过我的人，我永怀感激之情！

更为令人感激的是，暨南大学出版社领导及时发现并采用了这一书稿，并在百忙之中精心审读全稿并提出很好的修改意见，编校同志逐字逐句地推敲书稿，费尽心力，他们为本书又快又好地出版付出了辛勤的汗水，永铭我心！

2016 年 3 月 26 日
时年七十之际，撰于南昌大学劲松楼

附记：2015 年 5 月 8 日我在邓州参加由中共邓州市委宣传部主办，河南省范仲淹文化研究会、邓州习氏文化研究会承办的"名人家风研讨会"。会上，本人以"穿越时空千百载　积淀凝铸好家风——论'凿齿之风'对习氏良好家风形成的影响"为题作了发言，得到与会者的一致好评并被相关刊物全文转载。会后，邓州习氏文化研究会的领导认为：邓州习氏是凿齿后裔，他们将"凿齿之风"在新的历史条件下提升到了一个更新的高度……遵从他们对书稿所提的建议，笔者在书中加写了"近现代邓州习

跋

289

氏"一节，使书稿更为完善，凸显习氏良好的家风族风在新的历史条件下的延续。

本书在增写的过程中，得到了邓州习氏文化研究会杨德堂会长、杨廷玉秘书长、刘先锋副秘书长在资料等诸多方面的大力支持与帮助，本人难忘！

在拙著将出版之际，2016年新春伊始，对谢氏与习氏着手研究且卓有成效、享誉全球的书画大家谢云生先生及著名作家、书法家谢向英女士，分别为拙著题签作书；谢云生先生是我国知名的书画家，他的精品大作《孔子像》及其他名士人物系列及其真丝制作品，悬挂在世界各地的诸如"孔子学院"等文化机构和博物馆，获得极高的评价；今应出版社与笔者之邀，现将谢云生创作的《习凿齿公画像》，谢向英创作的《中华习氏千字文》之节选《少习古芳》书法作品，首刊于拙著之中，是为拙著增辉添彩。谢向英女士亦是研究姓氏宗亲文化的学者，在此深表感谢。

一部书稿的出版挂上的名字是作者，其实付出辛劳的何止作者本人。就这部书稿的出版，出版社的领导们就开会多次，从书名到内容也推敲数次。为本书的出版出力的知名者于此跋中只是择名而谢。对于本书可能出现的疏漏、缺点和错误，出版社领导和同仁们，虽费尽心力以避免，然限于笔者学力，舛错之处仍在所难免。敬请方家与读者不吝赐教，以利修正。这绝非本人谦虚，事实就是如此。